民主を進める中国

著者 房寧
監訳 佐々木智弘
翻訳 岡本恵子

SP TOKYO

監訳者まえがき

　本書は、中国政府直属のシンクタンクである中国社会科学院に属する政治学研究所の所長である房寧氏が、中国の政治制度の発展をまとめたものである。
　本書の特徴は次の２点にあるといえる。ひとつは中国の政治制度が長い歴史を経て現在に至っているという連続性を強調している点である。もうひとつは中国の政治制度を欧米やアジアの政治制度と比較し、その相対化を試みている点である。
　本書がこうした特徴を持つのには房氏の２つの立場が関係している。ひとつは歴史や国際比較を用いて多角的に分析しようという政治学者としての立場である。もうひとつは現在の政治体制を維持していくための政策を立案すること、それを正当化するための理論を構築することを役割とする中国社会科学院政治学研究所の所長としての立場である。この２つの立場のうち後者がより大きく関係していると思われる。
　現在の中国の政治体制が「中国共産党による一党支配体制」であるという見方に多くの読者は異論がないだろう。しかし、房氏は本書の随所で「中国共産党の指導の下での多党協力制」であるという。これは中国共産党が８つの民主党派と協力している政治体制であるということを強調することで、「中国共産党による一党支配体制」との見方を否定するものである。それは房氏独自の見方ではない。中国共産党の公式見解である。同様に本書の政治制度に対する分析が中国共産党の公式見解を逸脱するものではないことは房氏の立場が関係している。本書は現在の中国の政治制度が歴史の教訓の中から発展してきた結果であり、権威主義体制下にあって経済発展を実現したアジア諸国の政治制度と類似点が多いことを強調している。本書が２つの特徴を現在の政治体制を正当化するための根拠としていることも房氏の立場と関係している。

こうした房氏の歴史解釈や海外の政治理論、アジア諸国の政治制度に対する理解に対し、いくつかの点で疑問を持たないわけではない。しかし、ここでそれに反論や批判を展開するつもりはない。なぜならば、現在の政治制度をどう説明しているのか。現在の制度に至った背景や理由をどう説明しているのか。海外の政治制度、その発展の歴史をどう理解しているのか。こうした疑問に対する房氏の見解や考え方、ひいては中国共産党の見解や考え方が示されていることが本書の意義だと考えるからである。そのため、房氏が本書で示そうとしたことをできるだけ正確に翻訳することに最も留意した。

　例えば、本書の中国語のタイトル『民主的中国経験』にもある中国語の「民主」を日本語にどう訳すかという点には慎重になった。房氏自身がこのタイトルの英語訳を China's Experience on Democracy としていることから、日本語訳も「民主主義」とすればいいと思われるかもしれないが、そう簡単なことではない。本書の中で房氏自身は西側の「democracy」、それに基づく政治制度を批判的に捉えている。中国語のタイトルを『民主主義の中国経験』のように日本語に訳すと、西側の「democracy」を肯定しているかのような誤解を読者に与えてしまい、房氏の認識を正しく反映していないことになると考えた。そのため本書では中国語の「民主」は原則として日本語訳でも「民主」とした。ただし、房氏が"民主転型"のように引用符をつけている場合や、欧米学者の著書から引用している場合は、監訳者の判断で「民主」を「民主主義」と日本語に訳した。

　中国の政府系シンクタンクの学者の中国政治論など意味がないと思われるかもしれない。中国にも欧米の民主主義に傾倒する学者がおり、現在の中国の政治体制を批判する彼らの論調の方が心地よい、意味があると思われるかもしれない。しかし、中国の政権党は中国共産党であり、彼らが政治制度を構築し、その政治制度に基づいて政権運営を行っていることは紛れもない事実である。そこには中国共産党の論理がある。中国の政治体制に対する称賛や批判は簡単である。しかし、それらは中国共産党の論理を知った上でなければ単なる印象論や感情論、思いつきでしかない。さらに中国共産党の論理を知ることは、将来の予測可能性を

高めるヒントをより多く手にすることを意味する。本書は中国共産党の論理を知る上で欠かせない一冊といえるだろう。

2016年7月

佐々木智弘

目次

監訳者まえがき……………………………………………………………… 3

序　論　中国の経験から出発する ………………………………………… 7

第1章　現代中国における民主政治の歩み ……………………………… 21

第2章　権利の保障と権力の集中のバランス …………………………… 79

第3章　協商民主という考え方 ………………………………………… 131

第4章　権利意識の高まりとその制度的保証 ………………………… 151

第5章　政治制度改革の現状 …………………………………………… 167

第6章　各国における民主政治の比較 ………………………………… 183

第7章　民主政治の実現へ向けた政策と展望 ………………………… 209

結　語　中国なりの民主を語っていくために ………………………… 245

訳者あとがき……………………………………………………………… 260

〔注〕本書に掲載したURLについては、すでに変更されているものもあるが、原著に準じてそのまま掲載している。

序 論

中国の経験から出発する

民主政治は、工業化時代の普遍的な政治の流れである。中国はまさに工業化と近代化の過程にある。つまり、民主政治はこうした中国の工業化と近代化がもたらす必然の産物であり、今の中国社会の発展にとって不可欠である。

　しかし中国は、歴史的には民主政治の実践と経験に乏しい国である。現代中国で民主政治を構築するには、実践の中から模索し、模索の中から構築し、構築の中から発展、完成させていく必要がある。そのため、中国の民主政治をめぐる実践と経験を総括することはたいへん重要であり、これは民主政治の構築と発展を生み出す源でもある。また、民主政治のグローバルな経験と考え方についての理解と研究も不可欠である。他国の歴史と経験を知ることは、中国の民主的な実践と経験を総括する上でも有用であり、また、中国の民主に対する考え方をさらに精練させるための、比較・参考の材料を与えてくれる。

1

　中国における民主政治の建設と発展は、この国の歴史と現実に根ざしている。こうした歴史的な環境と現実的な国情が、現代中国での民主政治の建設と発展の起点であり、基盤である。

　一見すると、民主はある種の「普遍的価値」として「すべての道はローマに通じる」ように捉えられ、世界中の国々で行われている政治制度は形の上では類似しており、それらは総称して「民主政治」と呼ばれている。しかし実際には、それぞれの国が民主政治を執り行うに至った歴史的要因はさまざまであり、各国の近・現代の歴史的発展において民主政治が果たした役割も千差万別である。中国の場合、民主は、植民地主義による侵略によってもたらされた民族存続の危機に由来している。つまり、中国では国の存続を図ることが、近・現代における政治建設の歴史的な起点であり、論理的な基軸となった。民族の危機を救い、独立を勝ち取るための闘いの中で、民主政治を願う声が高まり、行われるようになった。新中国成立後は、国全体の工業化と富強が新たな歴史的任務となった。民主政治は人々による国家建設の動員のために用いられ、さら

に近代化のためのモチベーションや主体性という政治的なしくみへと変わっていく。このように、中国の民主政治におけるこれまでの軌跡と実際の歩みには、歴史的な起点とその時々の主題が色濃く映し出されている。

　改革・開放以降、中国は驚天動地の大きな変化を迎えるが、ある大きな特徴は変わることはなかった。1935年、地理学者の胡煥庸は、中国の人口分布と資源分布の不均衡を示す経済地理境界線である「黒河・騰衝線」[*1]を発表した。およそ80年を経て、30数年にわたる改革・開放政策は中国のかつての姿を一変させたものの、この「黒河・騰衝線」が未だになくなることはない。資源は国の経済発展にとって重要な物的基盤であり、中国は人・市場・水力・石炭の4つの資源で世界の上位を占めている。人と市場については言うまでもなく、水力資源は世界の首位を占め、石炭資源の産出量は第1位、埋蔵量では第3位である。こうした4大資源は、対称的な分布を示している。すなわち、人と市場の大部分は「黒河・騰衝線」の東側、そして水力資源と石炭資源はその線の西側に存在している。このような資源分布の状況は、中国経済とその社会活動の大きな特徴である。中国の政治体制がどのような具体的な形をとろうとも、必ずこうした国情に照らし合わせていく必要がある。つまり、今の中国の政治体制にとって、資源の大規模な割り振りは不可欠であり、広大な国土、人口の多さ、資源分布の不均衡といった、この国が抱える力を効果的に用いていかなければならない。

　民主政治とは人々による選択であるが、その選択は人々の思いだけではなく、歴史的な役割・国情・条件といった客観的な要素によって決められた可能性の中で行われる。つまり、これまでの中国の歴史と国情が今の政治制度を決定づけ、深い影響を及ぼしている。今の中国が直面する課題は国の工業化と近代化である。すなわち、今の中国の国情から言えば、こうした工業化と近代化の段階に適した政治制度や体制が求められ、そこでは国家建設と幸せな暮らしを願う多くの国民の積極性・主体

---

*1　黒河・騰衝線：「胡煥庸ライン」（Hu line）とも呼ばれ、中国東北部の黒竜江省黒河市（かつての瑷琿）から中国西南部の雲南省騰衝県を直線で結んだラインで中国を東西に分け、その東側に人口の大部分、西側に資源の大部分が集中していることを指摘した。

性・創造性を発揮させることが求められる。また同時に、国民の力と知恵を結集させ、国全体の合理的かつ効果的な資源の割り振りや、国の安全と社会の安定と団結を保証することに役立つしくみが求められている。したがって、今の中国の政治制度について言えば、国と社会という両者の発展に必要な事柄を満たすことこそ選択肢を与えることにつながり、かつ血の通った制度、すなわち国民が真に必要とする制度を作り出すことにつながる。これこそ真の民主的な制度であろう。

2

　中国における民主は、他の国と通じる点もあれば異なる点もある。中国では、民族の独立、国の富強、社会の進歩を目指し、奮闘し模索するなかで民主が次第に形成されてきた。こうした歴史的な経緯と国情が今の中国の民主に深く影響している。試行錯誤するなかで、中国は民主について貴重な経験を積んできた。これらの経験を他国と比較することで、今の中国の民主が持つ特徴が映し出される。筆者のこれまでの考察、思索、比較に基づき、こうした経験について注目すべき点が4つ挙げられる。

　1点目は、経済社会が発展するなかで、人民の権利を保障することと国家の権力を集中させることをひとつにしたことである。
　改革・開放は、中国に未曾有の経済的・社会的自由をもたらし、権利の開放と保障によって、何億という人民の生産への積極性・主体性・創造性を奮い起こした。天然資源には何ら変化がなかったにも関わらず、こうした人々の生産意欲の変化によって、中国経済は歴史的な飛躍を遂げたのである。これは中国の民主政治が社会へ大きな推進力を与えた結果である。改革・開放以降、中国は経済的に大きな成功を収め、この地に数えきれないほどの、才能に秀で無から有へと頭角を現した者たちのサクセスストーリーを生んだ。これこそ、権利の開放によって政治改革が進んだことを示す、最も説得力ある説明と言えるだろう。
　しかし権利の保障は、改革・開放と民主建設の持つ一面に過ぎない。仮に、世界中のあらゆる民主政治に権利の保障という要素があったとす

れば、こうした経験は中国だけに限った話ではないだろう。では、中国の民主政治が持つ別の側面とは何か。それは、国家権力の集中という特徴である。中国は後発国であり、大国である。中華民族は輝かしい歴史と文化を持つ民族である。そのため、中国は工業化と近代化によって立ち遅れた姿を変えるだけでなく、世界の先進レベルへと追いつかなければならない。「チャイナドリーム」(中国夢)は絵空事ではなく、偉大な民族として世界の頂点に立つという決意である。「三代は礼を同じくせずして王たり、五伯も法を同じくせずして覇たり」[*2]の言葉が示すように、これからの中国は西側先進国に追従するのではなく、自らの道を歩み始めなければならない。民主政治という観点から見れば、中国が目指すもうひとつの特徴は国家権力の集中である。中国共産党が長い間行ってきた「共産党の指導」は、国家権力を集中させた制度の具体的な表れである。

　西側の世論では、こうした中国に見られるようなモデルを「権威主義体制」(Authoritarianism)と呼ぶが、いわゆる「権威主義体制」の定義は、自由経済と専制政治が結びついたものである。西側諸国あるいは中国国内の人々が中国をこのように理解しているとすれば、それは事実から大きく乖離している。中国モデルとこうした「権威主義体制」は全く異なる。中国の現行の政治体制は、専制政治で行われるような一個人、一政党、一集団の特定の利益を目的にした体制ではなく、資源を集中させ、一括して計画的に割り当てを行い、工業化と近代化を見据えた戦略的発展を目指す体制である。そのため、中国では権力を集中させることはひとつの現象に過ぎず、権力が向かう目的こそが本質である。高度に集中させた政治権力と政治体制は、国の戦略的発展のために行われ、その政治体制をより効率的に集約し、発展させることを保証している。こうした形は、中国の民主モデルにおいて人民の権利の保障と同様に重要なもうひとつの要素である。

[*2] (夏・殷・周の)三代は、それぞれ礼制は異なるもののすべてが王者となり、五伯(斉の桓公・宋の襄公・晋の文公・秦の穆公・楚の荘王)は、それぞれ法は異なるもののすべてが覇者となった、という意味。『史記・商君列伝第8』。

２点目は、工業化の段階で「協商民主」*3 を民主政治の主な方向性とし、重点を置いていることである。

　民主政治を形の上から「選挙民主」と「協商民主」に分けることは、中国式の分類方法である。西側諸国の学術界の一部では、一般的な競争選挙の欠陥と、そこから派生する問題が指摘されている。そして、それに代わるものとして、審議による民主、あるいは民主的な話し合い（協商）によってその政治制度を補完し、調和させるやり方が提案されている。しかしその多くが理論に留まり、一部の学者がサロンで行う議論に過ぎない。一方、すでに中国では、こうした協商民主が長い間広く行われ、民主の重要なあり方として定着している。

　工業化は、社会の生産力を速やかに伸ばす段階というだけでなく、社会構造の大きな変化と転換をもたらす契機でもある。工業化が進むことで、社会の流動化、階層の移動、富の増進がもたらされる。しかしその一方で、社会に矛盾が生まれ、衝突や政情不安が起こりやすくなる。したがって、政治体制を選択することは、こうした工業化の進展と社会それ自体へ強く影響を与える。このように、工業化の段階で競争選挙を行うことは、社会が参画する権力へのルートを広げ、「分配的な参画」を招き、社会の利益集団が政治活動を通じて政治権力を得ることで、利益分配のルールとあり方を変え、影響を及ぼしかねない。そして、結果的には社会の階級間や集団間の争いを激化させ、社会全体に衝突と動揺を引き起こす。

　工業化の段階で協商民主を重点的に発展させていくことは、中国が得た貴重な経験である。こうすることで、選挙民主による社会矛盾や衝突の可能性をある程度は回避でき、「分配的な参画」を減らすことができる。こうした協商民主を発展させることは、主に次のような意義がある。

（１）社会の矛盾を減らし、共通認識を広げることができる。競争民主は対立を深め、「勝者総取り」（Winner-Take-All）が横行し、利益をめぐる排斥が起こりやすい。これに対し、「協商」の本質は利益の共有を求め、「最大公約数」を模索し、各所への利益に配慮し、協調し合

---

*3　協商民主：選挙民主や競争民主に対峙した民主のあり方のひとつ。話し合いで合意形成することによって、利益をめぐる競争や対立を減らし、民主的な意思決定を行っていくやり方。

いながら共通の利益を生み出すよう促すことである。つまりこうしたやり方は、工業化への移行期、また社会矛盾の頻発期にあって、矛盾を減らし調和を促すことができる唯一の方法である。
（２）民主の質を高めることができる。協商民主と選挙民主という多数決による民主メカニズムはどちらも、対立と矛盾を完全に解消することはできない。しかし、協商民主ではさまざまな意見が述べられ、話し合いによって各意見の長短を取捨選択することで偏りをなくし、できる限り一致させることができる。こうすることで、「多数意見に従うこと」と「少数意見を尊重すること」を両立させることができる。
（３）決定の効率を上げ、政治のコストを抑えることができる。競争民主、表決民主、選挙民主はいずれも開かれた競争と議論がその前提となる。こうした民主の形にはそれぞれのメリットがあるものの、明らかなデメリットも存在する。すなわち分裂や矛盾までが可視化されてしまうことである。それによって具体的な問題が抽象的・原理的に捉えられ、価値観の対立や道徳的な評価を生み出し、その結果、合意形成に至る取引コストがかさんでしまう。これに対して協商民主の場合は、共通点を探り、相違点を保留する立場をとるため、一般的には矛盾の先鋭化を避け、分裂を公開しないことで、結果として合意形成に至りやすくなり、取引コストを抑えることができる。

　３点目は、経済社会の進歩に伴い、国民の権利が拡大、発展していることである。権利の実現と拡大は、ひとつの歴史的な過程である。民主政治を発展させることは、世界中の人々にとっての願いではあるが、多くの途上国にとってその道程は平坦ではなく、これまで多くの国々が紆余曲折を経て、失敗に直面してきた。本来、民主とは多人数による統治を意味するが、民主を進めることで国によっては混乱を生じるのは何故なのか。そのひとつの要因は、国民の権利拡大が政治制度や体制の許容限度を超え、権利が過剰に重んじられる現象が生まれたためである。
　権利とはひとつの歴史現象であり、権利の実現は漸進的な過程である。西洋における権利観やその認識は先験的であり、生来具わる「天賦の人権」という観点に立つ。また、権利は法によって授けられ、法が定める

権利は神聖にして不可侵だと考えられている。しかし、人権を天賦とする考え方は、西洋の経験だけでは完全に証明することはできない。

中国ではイデオロギーと社会実践において、これまで人民の権利を神聖視・絶対視したことはない。また先験的で教条主義的な捉え方をしたこともない。マルクス主義の権利観では、権利は観念の産物ではなく、経済社会の発展による産物として捉える。すなわち権利は、経済・社会・文化の発展に伴って拡大し増進するものであり、必ずしも生来具わるものではないと考える。また、単に政治闘争で勝ち取るものでもなく、その本質は歴史的、相対的なものとして捉えている。つまり、一定の条件を備えた状況下で、初めて相応する権利が享受できると考える。したがって、経済・社会・文化の進歩に応じて人民の権利を発展・拡大させ、こうした進歩に応じて権利の質を徐々に高めていくことを、中国は主張している。

人民の権利は憲法と法律によって認められ、守られなければならない。憲法と法律は、ある種の社会的な価値基準と社会のあるべき姿を認めているが、結局、こうした法では現実を規制して作り上げることは不可能である。憲法と法律を実施すること、書面から現実に至るまでの権利を定めることは、実践の過程である。したがって人民の権利は、本質的には経済発展や社会進歩の産物であり、法の産物ではない。そのため中国では、人民の権利を発展させる基本的な道筋としては、経済建設を中心とし、社会の生産力を大きく伸ばすことに重点を置いている。こうしたやり方によって、中国の経済社会は速やかな発展を遂げ、人々の権利意識が高まり続ける複雑な社会環境の中で、依然として社会的安定を維持させてきた貴重な経験を積んできた。

4点目は、民主政治の建設と政治体制の改革において、問題を前向きに捉えて試験的な戦略を採ってきたことである。

長年の試行錯誤を経て、中国は問題があって改革を始め、試験という方法を通じて改革を進めるという貴重な経験を培い、民主政治の建設ではこうしたやり方を基本戦略としてきた。

民主政治の建設と政治体制の改革は、煩雑な社会的仕事である。理想

的な状態を想定することから始め、あらかじめ準備と計画を立てた上で実行に移していく。これは「トップダウン設計」(頂層設計)とも呼ばれる。こうしたトップダウン設計は、同一分野での豊富な経験と一定の経験に基づく科学的理論がベースとなる。しかし社会分野、とりわけ政治分野では実践対象が重複することは少なく、また自然科学や工学のように類似の環境を人為的に作り出して実験することはできない。ただし、これらは必ずしも不可能ではなく、歴史上そうした例も存在する。例えば、フランスの人権宣言、アメリカの憲政体制、中国の人民代表大会に代表される政治制度などは、人類政治史における重要なトップダウン設計とその実施例である。これらは皆、歴史的時運を備え、社会革命の新たな歴史の起点と発展の余地を切り開くことができた。

　改革・開放以降、中国の政治体制改革のやり方は、「川底の石を探りながら川を渡る」と例えられる。つまり、観念でなく実践の上で生じる問題から出発し、安易に一挙に行うのではなく、さまざまな試みを分散させて行う。このように問題から出発することは、改革の起点に具体的な問題を置き、その現象から着手していくことを指す。改革では、現象に着手することで物事の本質から乖離することを避けられる。そして未知の事柄については、その本質の範囲を定め、外から内へ、表層から深層へと改革を進め、問題の部分的な解決を通して、量的蓄積から質的変化を及ぼしていく。

　改革はできるだけ実験を経ながら、徐々に進めていく必要がある。もし改革に失敗すれば、やがて深刻なしわ寄せとなって挽回が難しくなる。当然ながら、リスクのない改革はなく、どの改革にも必ずリスクはある。しかし政治体制改革の場合、退路を断つようなリスクあるいは取り返しのつかないリスクを侵すことはできない。なぜなら、ひとたび挫折すれば国全体の失敗につながり、それは国と国民が補いきれないほどの損失を生み、数世代にわたって人々の生活を破壊しかねない。改革の失敗によって国が解体し、国民が災いを被った悲惨な教訓は、世界では決して例のないことではなく、旧ソ連の改革と崩壊という失敗の前例が身近に存在している。このことからも、政治体制改革では、政権や国が転覆する可能性を持つリスクは絶対に回避しなければならない。こうした改革

にまつわる想定・方策・実験については必ず「退路の原則」を守り、事前にリスク評価を行い、リセットできる予備案を持つことが前提となる。したがって、民主建設と政治体制改革において実験・実施・推進を行う目的のひとつは、リスクを分散させることである。実験を行うことで全体および転覆のリスクを回避することができる。つまり、実験の本質はリセットするためのひとつのメカニズムである。失敗や失策は模索と認識の一部であり、その影響が全体に及ばない限り、物事の法則に対する知見を深め、より科学的かつ正確な方法を見つけ出すことに役に立つ。

3

　民主には、価値と実践という側面がある。価値の側面では人民主権を意味し、実践として捉えると人民主権を実現させるためのあり方や政治制度という意味合いを持つ。しかし、歴史的にも現実的にも、西側諸国や第三世界であっても、それぞれにふさわしい民主のあり方を模索し確立することは、順風満帆とはいかない。人民主権というコンセンサスと政治的な正当性を実現させるためには、具体的な民主のあり方を模索、選択、構築しなければならないが、そこには多くの歴史条件あるいは実現可能条件といった制約が存在する。民主政治が世界で発展を遂げた歴史を縦軸に見ると、さまざまな国が民主へ向かう道程は、あたかも、山群の中にある一筋の曲がりくねった凹凸ある隘路を歩むようなものである。

　中国の民主政治建設の道も同様である。この先は思い描くような平坦な道程ではなく、さまざまな制約や制限を受けることになるだろう。今後の中国の民主については、確固たる姿勢を崩さず、実際から出発することが肝要である。つまり、これまでの経験に根ざしてこそ、中国は民主を積極的かつ確実に推進していくことができる。

　近い将来、工業化による多くの制約があったとしても、中国の民主建設において、競争選挙を拡大させる戦略を採ることはあり得ないだろう。この問題は、中国の民主政治建設と政治体制改革が今後直面する、大きな制限的要素である。こうした歴史的制約の下、中国の民主建設は、秩

序ある政治参加、民主的な話し合い、権力への抑制、監督システムといった全体戦略を、着実に拡大、推進していくほかないだろう。

１）秩序ある政治参加

　政治参加は、民主政治にとって重要な内容である。中国の民主政治の実践において、こうした政治参加は重要な位置を占め、共産党の指導下で人々が主体となる民主的な権利を実現するための重要な手段とされる。政治参加の主なやり方は政策決定への参加であり、民意を汲むシステムを通じて国の法律や政策に民意を反映させていくことである。人々の願いに耳を傾け、それを党の執政方策および各級政権が定める法規や政策に正しく反映させ、諸民族の基本的な利益を代弁していく。段階的な政治参加については、その秩序を担保することが要となる。今の時代の民主では、間接民主政治における「エリート」と「大衆」という基本的構図を適切に扱う必要がある。民主には一般大衆の政治参加という意味が当然含まれる。しかし、情報の非対称性、経験の非対称性、利益面の制約から、一般市民が政治参加を行う能力と範囲はおのずと制限される。そのため、段階的に進めることは、こうした人々が政治参加する上での制約をなくすための、基本的なやり方である。いわゆる段階的な参加とは、利害関係、十分な情報、連帯責任を基準とし、参加する主体・対象・方法を定めた参加方法である。これらの基準を尺度とし、政務ごとに関連性の強い団体や代表が段階的に政治参加できるようにしている。こうすることで、全面的な政治参加とは一線を画している。また、これによって一般市民の政治参加の権利を保障し、さらに無秩序な政治参加が引き起こす無意味な混乱を遠ざけることができる。

２）民主の質の向上

　2012年に開かれた中国共産党第18回全国代表大会で、中国版の「協商民主」の考え方が正式に打ち出された。また協商民主制度とそのしくみの確立が提唱され、協商民主を広範化・多層化・制度化させることが将来的な中国の民主政治建設のポイントとされた。今後はこうした発展の中で、社会情勢と民意を客観的かつ正確に全体として発現・反映させ

るしくみを、中国の民主政治建設をめぐる改革アジェンダに組み込んでいくべきだろう。選挙民主と比較した場合、協商民主は民意を表出させるメカニズムがやや弱い。そのため、協商民主を発展させるには、社会情勢と民意を調査するしくみを速やかに確立しなければならない。目下、中国ではこうした作業が不足しており、専門的で体系的なリサーチシステムは未だに確立されておらず、協商民主の基盤はまだ盤石とは言えない。こうした面で、中国は広く海外の経験を学び、自国の国情や現実に結びつけ、速やかに前述のリサーチシステムを確立しなければならない。特に専門化、職業化された独立した調査機関を設立して、協商民主の質を高めていく必要がある。

3）権力への抑制および民主的な監督システムの確立と強化

　民主建設の戦略として競争選挙を拡散しないとする現段階では、権力への抑制と民主的な監督システムは、より重要な位置づけと役割を担っている。権力に対するチェックアンドバランスは腐敗を食い止め、権力の質を保つための基本的施策であり、その効果と信頼性はこれまでの政治の歴史が示すところでもある。こうした権力へのチェックアンドバランスの基本原理は、同等の地位あるいは相似した権力主体の間で、相互監督や制約を設けることである。また、民主的な監督の基本原理は、授権者あるいは代表する主体が、受託者や代理人に対して監督と制約を行うことである。両者は、それぞれの性質は異なるものの、政治権力に対する管理メカニズムとしては近い効果を発揮するため、将来的な民主建設の過程でさらに強まっていくことだろう。

　いわゆる「権力を制度の檻に閉じ込める」という考え方では、主に権力を抑制するしくみを制度的に確立し、整備することが核となる。今後の政治体制改革では、タイプ別・クラス別・レベル別に権力を抑制するしくみを構築していく必要がある。「タイプ別」とは、党委員会、政府、人民代表大会、司法といった主な権力機関の中で、まずその内部で権力を抑制するしくみを確立することを指す。「クラス別」とは、中央、地方、部門のそれぞれが、条件や必要に応じて特色のある権力へのチェックアンドバランスのしくみを確立することを指す。「レベル別」については、

中国では発展段階と政治制度の歴史的な制約により、長い間、比較的集中された政治形態が採られてきた。そのため、その政治システムにおける権力へのチェックアンドバランスのしくみは必ずしも均衡や均質でなく、レベルによってそれぞれの差が存在している。

　競争選挙を欠いたタイプの民主では、民主的な監督の占める位置と役割は突出している。民主的な監督は、執政党、国の権力機関、政府機関といった、人民から託されたあらゆる権力が変質しないこと、また、そうした権力や利益を人民のために用いるという基本的なあり方を保障している。ある意味、民主的な監督は、現段階における中国の民主政治を正しい方向へ導くことを保障する重要な要素のひとつである。

　中国の民主建設は、中国の実際から出発しなければならない。自らの実践と経験に基づくことは、中国の民主建設と発展における根本の道である。長い間の実践と模索を経て、すでに中国は、発展段階に適した体系的な民主政治制度のしくみを作り上げた。人民の権利と国家の権力集中を共に保障し、協商民主を重点的に発展させ、経済成長に応じて人民の権利を拡大・発展させ、政治改革と民主建設の基本戦略として、問題を前向きに捉えて試験的な試みに臨んできた。こうした事柄は、中国の民主政治建設にとって基本となる４つの経験である。実践面から言えば、これらの経験は民主を発展させるための道筋作りという意味合いも持つ。こうした経験から出発し、この道筋に沿って前へと進み続ける。それによって、中国の民主政治制度が経済発展への確固たる政治的保障となり、最終的に工業化と近代化という歴史的任務、そして偉大な民族の復興を成し遂げていくことを信じている。

第1章

現代中国における民主政治の歩み

社会主義の理論と実践の基本的な価値は、人々の経済的平等とそれを基盤にした政治的民主である。中国共産党が目指すのもまた、社会の解放と人民の民主である。結党から、国民革命[*1]、土地革命戦争[*2]、日中戦争[*3]、第二次国共内戦[*4]などを経て、中華人民共和国は建国に至った。新中国成立後は、共産党が執政を行い、社会主義の民主政治が模索され始めた。

1．新民主主義革命期の民主をめぐる理論と実践

　草創期の共産党指導者は、結党以前から、中国の民主が向かう道筋を懸命に模索していた。新民主主義革命[*5]期は、その全体を通じて民主的な政治制度が確立されてきた。

（1）党の成立期における民主をめぐる理論

　1915年、中国共産党の創始者である陳独秀は『新青年』を創刊し、いち早く「民主と科学」というスローガンを提起した。その後、陳独秀は著書の中で、「西洋人が『徳先生』と『賽先生』（デモクラシーとサイエンスを指す）を擁護するために、あれほど多く仕事をし、あれほど多く血を流し、『徳先生』と『賽先生』2人は、ようやく彼らを暗い所から助け出し、明るい世界へと導いた。いま我々は、はっきりとこの2人の先生だけが、中国の政治・道徳・学問・思想上のすべての暗黒を早く癒せるものと考える。この2人の先生を擁護するためには、一切の政治

---

*1　国民革命：1920年代に北洋軍閥と帝国主義の打倒を掲げ、国民党と共産党が民族統一戦線（第一次国共合作）を結成して進めた革命。
*2　土地革命戦争：第一次国共内戦期（1927〜37年）に、中国共産党が農村（革命根拠地）で行った革命運動。封建制による土地所有制を廃止し、地主階級から土地を取り戻し、農民に分配した。
*3　日中戦争：原文は「抗日戦争」。1930〜40年代に起きた日中間の戦争。
*4　第二次国共内戦：原文は「解放戦争」。1946年6月から50年5月まで続いた中国共産党と国民党による中国国内の戦争。その間に北京では中華人民共和国が政権を樹立させ（1949年10月）、国民党は台湾に移り中華民国政府を存続させた。
*5　新民主主義革命：毛沢東は、中国革命は新民主主義革命と社会主義革命の2つの段階を経て社会主義に至ると考えた（「新民主主義論」）。新民主主義革命は、共産主義者が中心に行った中国革命の最初の段階である。

的圧迫、社会的攻撃と嘲りはもとより、断頭や流血をも辞するものではない」*6 と述べている。

中国共産党のもう 1 人の創始者である李大釗は、1917 年の著作の中で民主政治について「事宜的政治」（ふさわしい政治）であり、「惟民主義*7 をその精神とし、代議制の形を採った政治」*8 と記している。李大釗は、1921 年 12 月に発表した「平民の政治から労働者の政治へ」の中で、「徳謨克拉西（Democracy の音訳）と社会主義は、その精神の上では軌を一にしている。真のデモクラシーは、その目的は統治と屈従の関係をなくし、人をあたかも物の如く扱う制度を打ち壊すことであり、社会主義の目的もまた同様である」、「およそこの社会の不平等、不自由な現象は、デモクラシーや社会主義に反対するために起こる」*9 と述べている。

1922 年 6 月、党中央は「中国共産党の時局に対する主張」を発表し、「民主政治では当然民主派が政権を握るが、いわゆる民主派が政権を握るとは、決して、封建的な軍閥の下で民主派の人物を選んで総統に就ける、あるいは民主派の人物を数名ほど選んで組閣する、という意味ではない。それはすなわち、世界の新たな環境にふさわしい民主党派、あるいは主旨の近い複数党派による連合といった新たな政治組織を結成し、革命を手段として、非民主的な反対派の官僚・軍閥を打倒し、政権を握ることを意味する」*10 と述べた。これは、中国共産党の文書の中で、党の民主政治に対する立場を最初に表明したものにあたる。

1922 年 9 月、最初の党機関紙である『向導』の発刊の辞に「近代の民主政治は、最多数の人々の真の民意の上に成り立ってこそ、崩れることはない」*11 と記されている。1925 年、毛沢東は『政治週報』に寄せた発刊の辞で、革命の真の目的について「中華民族を解放し、人民の統治を実現し、人民が経済的な幸福を得られるようにするため」*12 と記し

＊6 　陳独秀「『新青年』罪案之答弁書」（『独秀文存』、安徽人民出版社、1987 年）
＊7 　原文の注釈では、惟民主義は英語でいう Democracy の当時の漢訳である。Democracy（民主）には広義と狭義の 2 つの意味合いがあり、狭義では国の組織としてのあり方を指していたが、清末以降、「民主」「民政」「民治」「平民政治」などと訳されるようになった。
＊8 　李大釗「民彝与政治」（『李大釗文集』第 1 巻、人民出版社、1999 年）
＊9 　李大釗「由平民政治到工人政治」（『李大釗文集』第 4 巻、人民出版社、1999 年）
＊10 　中央档案館編『中共中央文件選集』第 1 巻、中共中央党校出版社、1989 年
＊11 　同上

た。これは、毛沢東が民主について述べた比較的早い時期の記述である。

1922年、中国共産党第2回全国代表大会（以下、第2回党大会）で「共産党の組織規約に関する決議案」が定められ、その中で「（共産党は）プロレタリアートの中で最も革命精神を持つ大衆によって組織されるべきであり、プロレタリアートの利益のために闘う政党であり、プロレタリアートの革命運動のための急先鋒となるべきである」、「我々がプロレタリアートのために闘う政党である以上、『大衆の中へ』向かい、大きな『大衆の党』を作り上げなければならない」、「党の一切の運動は、広く大衆の中へ深く入り込まなければならない」[*13]と言及している。

（2）ソビエト区における民主の実践

国民革命の失敗後、共産党は革命根拠地（拠点）の建設と武力による政権奪還を目指し、10カ所余りの根拠地を次々と作り上げた。こうした革命根拠地で「大衆を立ち上がらせ、大衆を頼りにする」と掲げることが、紅軍の存続と発展に関わる政治的保証となった。1929年には、「中共中央が紅軍第4軍団前敵委員へ宛てた指示書簡」（「九月来信」）の中で、「紅軍と大衆」について次のような具体的な指示を与えている。「党の指導は、大衆の日常生活での解決されていない多くの問題を、決して見過ごしてはならない」、「大衆の日常生活での争いが、政治闘争ひいては武力闘争へつながる。こうした争いが大衆にとって必要だからこそ、党の周りに多くの大衆が団結することができる」[*14]。この中で、「大衆路線」の考え方が初めて明示され、「大衆を立ち上がらせ、大衆を頼りにする」ことの重要な意義が述べられた。

ソビエト区[*15]では、中国で初めてとなる末端[*16]民主制度「ソビエト代表大会制度」が誕生した。1931年11月、当時ソビエト区だった江西

---

*12　毛沢東「『政治周報』発刊理由」（『毛沢東文集』第1巻、人民出版社、1993年）
*13　「関於共産党的組織章程決議案」（新華網『新華資料』）
　　　http://news.xinhuanet.com/ziliao/2003-01/19/content_695995.htm/
*14　周恩来「中共中央給紅軍第四軍前委的指示信」（『周恩来選集』、人民出版社、1980年）
*15　ソビエト区：中国共産党の革命根拠地のひとつ。革命拠点を基準にした行政区画が設置され、ソビエト区（農地解放に重点）、抗日根拠区（日中戦争時）、解放区（国共内戦時）の3段階に分けられる。
*16　本書では、中国語の「基層」を、特別な場合を除き「末端」と訳している。

省瑞金で、中華工農兵ソビエト第1回代表大会が開催された。出席した代表はおよそ610名で、うち9割が労働者・農民・兵士の代表だった。この大会で「中華ソビエト共和国臨時中央政府」の成立が宣言され、「中華ソビエト共和国憲法大綱」および労働法、土地法などの重要法令が採択された。憲法大綱では、同政権の性質を「中国ソビエト政権が建設するのは、労働者と農民による民主独裁国家である」[*17]と定めている。

毛沢東は、人民のみならず軍隊にとっても民主は必要だと考えた。1928年11月、彼は「井崗山の闘争」の中で「中国では、人民が民主主義を必要としているばかりでなく、軍隊もまた民主主義を必要としている。軍隊内の民主主義制度は、封建的な雇い兵部隊を打ち壊す重要な武器となるであろう」[*18]と記している。

このように、ソビエト区では民主的な取り組みが広く行われ、ソビエト区なりの次のような政治理念が形成された。

① **民主と平等の精神**。臨時政府は法規によって人々の民主的な権利を尊重するだけでなく、制度面、組織面からもきちんと保障し、ソビエト区に暮らす大衆が新政権へ積極的に関わることを促した。1933年の統計によると、ソビエト区内にある興国・勝利・公略・長勝・博生などの県では、有権者の投票率が7～8割に達し、興国県の郷では9割以上に達した地区もあった。これについて毛沢東は、「中国の歴史上で民主が最も広く行われた」と称賛している。

② **民のための執政という精神**。代表に選ばれた者は有権者に対して責任を持ち、汚職や庶民を虐げる役人は政府入りすることが許されず、大衆に奉仕し、その利益を守る者だけが代表として選ばれる。

③ **清廉と奉仕の精神**。清廉と奉仕を心がける者だけが、代表として各級ソビエト政府に入ることができた。当時、人々の間では「蘇区（ソビエト区）の幹部の仕事ぶりときたら、手弁当で仕事へ向かい、草鞋姿で田んぼを分け、山の夜道を灯りで照らして帰路につく」という歌が広く歌われていた。

[*17]「中華蘇維埃共和国憲法大綱」（新華網『新華資料』）
　http://news.xinhuanet.com/ziliao/2004-11/27/content_2266970.htm/
[*18]　毛沢東「井崗山的闘争」（『毛沢東選集』第1巻、人民出版社、1964年）

④無私と献身の精神。ソビエト区に暮らす人々は自らの意思で最も意にかなう代表者を選び、それによってソビエト政府への信頼もさらに高まり、こうした政府は「我々貧乏人自らが選び、自らで管理する政府」として人々から認められていた。そのため、包囲討伐戦に対抗しながらも、ソビエト区の大衆は無私の精神で革命にすべてを捧げてきた[19]。中華ソビエト共和国は、存立期間こそ短かったものの、その後の共産党による労働者と農民の民主政権という初の偉大な試みと実践として、永遠に党史に刻まれるだろう。

（3）日中戦争期における民主政治の建設

1935年10月、紅軍の主力部隊が長征を経て陝北（陝西省延安）に着き、その後はこの地が共産党の所在地となった。1937年に盧溝橋事件が起き、日中戦争が全面的に始まると、正式名称が「陝甘寧辺区」と定められ、抗日の最重要根拠地とされ、また八路軍（華北地域で抗日活動を行う共産党軍）と、新四軍（華中・華南地域で抗日活動を行う共産党を主力とした軍）と、それ以外の抗日武装戦略のための後方支援拠点となった。こうした武装団が敵の後方を狙うために、晋察冀辺区、晋冀魯豫辺区、晋綏辺区[20]など19地域に抗日根拠地を創設した。党中央はこうした抗日根拠地における民主政治の建設を重視し、根拠地が「抗日の先進地域、全国の民主化を進める動機づけ、新中国のひな形」[21]となることを目指した。

1937年6月20日、陝甘寧辺区で「民主政府施政綱領」が発布された。同年末、辺区では普通選挙によって500余名の辺区議会議員が誕生した。しかし、戦争や他の理由が重なり、辺区議会が開かれることはなかった。1939年1月17日から2月4日までの間、陝甘寧辺区では第1期参議会第1回会議が開かれ、議長・副議長・政府主席・副主席が選ばれ、施政綱領が定められた。

---

[19] 楊会清「蘇区時期的民主政治建設与蘇区精神」（『学習時報』、2009年7月6日）
[20] 晋察冀辺区は、今の山西省・河北省・遼寧省・内モンゴル自治区をまたがる地域。晋冀魯豫辺区は、今の山西省・河北省・山東省・河南省をまたがる地域。晋綏辺区は、今の山西省・内モンゴル自治区をまたがる地域。
[21] 毛沢東「目前形勢与党的任務報告提綱」（『毛沢東文集』第2巻、人民出版社、1993年）

1940年、劉少奇は「抗日民主政権について」を発表し、抗日根拠地における民主制度の建設は、日中戦争への力強い制度的保障だと指摘し、「抗日諸階級の連合による抗日民主政権は、抗日民族統一戦線の最高形態である。それは、平等という原則の上に完全な民主制度を採用して、初めて立派に組織されるのである。これもまた、中国の抗戦と革命を最後の勝利に導く最も優れた、最も有力な形態なのである。このような政権の樹立、抗日統一戦線の大々的な強化と拡大、そして民主政治の実行がなければ、抗日戦争は勝利することができない」[*22]と述べた。

1941年5月1日、辺区中央局が起案した「陝甘寧辺区施政綱領」が共産党中央によって採択され、中国共産党が団結して抗日を目指すという基本路線、そして辺区における新民主主義社会という基本方針が全面的に具体化された。なかでも、民主政治について次の3点に注目が集まった。1つは、政権運営をめぐって「三三制」の原則の実施が定められたこと。これはすなわち、共産党員、非党員の左派系進歩人、中間派がそれぞれ3分の1ずつ占めるというものだ。こうしたやり方には、辺区政権が持つ統一戦線という特徴、そして、党員・各抗日党派・無党派人士による民主的な協力という精神が色濃く表れている。2つめは、人権を保障する政策である。すなわち、「一切の、抗日を目指す人民の人権、政治的権利、財産権、および言論、出版、集会、結社、信仰、居住、移動の自由な権利を保障する」と定められた。こうした民主の保障によって抗日戦に勝利し、民主が中国の進歩を後押ししてきた。3つめは、清廉な政治を行うための政策である。綱領には「清廉な政治を励行し、公務員の汚職行為は厳罰に処し、いかなる公務員であれ、公にかこつけて私腹を肥やす行為を禁じ、共産党員で法を犯した者には重罪にて処す」とし、同時に「倹約によって清廉を培う原則を実行する」[*23]と記されている。

1941年11月、陝甘寧辺区で第2期参議会第1回会議が行われ、選出された常駐議員と政府委員の内訳は、共産党員が3分の1のみを占めた。区政府副主席には、進歩的な名士で知られる李鼎銘が選ばれた。

---

*22 劉少奇「論抗日民主政権」(『劉少奇選集』(上)、人民出版社、1981年)
*23 劉政「抗日根拠地的民主政治建設」(『中国人大』、2004年7月14日)

毛沢東の民主思想のルーツは、「大衆路線」という考え方である。「大衆路線」は、周恩来などがいち早く使っていた言い方だったが、それは紛れもなく毛沢東の中国革命をめぐる一連の戦略的思想の核である。なぜなら、当時の党内では、「現実から出発すること」と「実事求是」に最も長けていたのが毛沢東であり、その揺るぎない自信と「中国の大衆を立ち上がらせ、大衆を頼りにする」という信念とは不可分だからである。1943年、毛沢東は「指導方法のいくつかの問題について」の中で「わが党のすべての実際活動において、およそ正しい指導は、大衆の中から大衆の中へ、でなければならない。それはつまり、大衆の意見（分散した系統立っていない意見）を集中し（研究を通じて、集中した、系統立った意見にし）、これを再び大衆の中へ持ち込んで、宣伝と説明を行い、これを大衆の意見にし、これを大衆に堅持させ、行動に移させ、また大衆の行動の中でそれらの意見が正しいかどうかを検証する。そのあとで、さらに大衆の中から意見を集中し、ふたたび大衆の中へ持ち込んで堅持させる。このように無限に繰り返して、1回ごとに、より正しい、より生き生きとした、より豊かなものにしていくのである。これがマルクス主義の認識論である」[*24]と明確に述べている。

（4）国共内戦期における民主政治の建設

日中戦争に勝利する直前、中国共産党は、各党派と無党派からの代表と共に団結することを決定し、民主的な臨時連合政府を発足させ、民主的な改革へと備えた。1945年4月24日に行われた中国共産党第7回全国代表大会で、毛沢東は「連合政府について」と題した政治報告を行い、共産党の民主政治についての主張を次のように全面的に述べた。「広範な民主主義の基礎の上に、国民代表大会を招集し、各党各派や無党無派のより広範囲な代表的人物を含む、同じく連合的性格の民主的な正式の政府を樹立することであり、それによって、解放後の全国人民を指導し、中国を独立、自由、民主、統一、富強の新国家に築き上げるのである。一言でいえば、団結と民主の路線を歩んで、侵略者を打ち破り、新

---

*24 毛沢東「関於領導方法的若干問題」(『毛沢東選集』第3巻、人民出版社、1991年)
*25 毛沢東「論聯合政府」(『毛沢東選集』第3巻、人民出版社、1991年)

中国を建設することである」*25。この中で毛沢東は、党の大衆路線をめぐる問題について、より体系的に説明している。「我々共産党が他のいかなる政党とも区別されるもうひとつの顕著な指標は、最も広範な人民大衆と最も密接に結びついているということである。片時も大衆から遊離せず、人民に誠心誠意奉仕すること、個人や小集団の利益から出発せず、すべて人民の利益から出発すること、人民に対する責任と党の指導機関に対する責任とが一致すること、これが我々の出発点である」*26。

1945年7月13日、解放区（共産党の拠点地域）では人民代表会議の準備委員会が全体会議を行い、9月17日に、解放区の綱領起草委員会が「解放区綱領草案」を打ち出し、民主政治の建設をめぐって次の内容が定められた。

①真に普遍的で平等で自由な選挙制度と人民代表大会制を実施し、人民の選挙によって成立する各級の人民代表会議をその各級の最高権力機関とし、なおかつ選挙によって同級の政府を成立させる。
②それぞれの解放区に置かれた区域（辺区・専署・県）の民主的な連合政府あるいは政府は、いかなる党派も各級の政権機構で3分の1以上を占めることはできない。
③地方自治を行う。

地方に属する事柄については、上級の民主政権が定めた原則に反しない限りにおいて、各区域の政府や省政府が施政綱領と法規を定めることになった。こうした綱領草案では、人民代表大会制の民主的な政治体制をめぐる問題が提起され、後に「陝甘寧辺区憲法原則」の基本原則として定められた*27。

1945年8月、共産党中央は「当面の時局についての宣言」を発表し、「平和・民主・団結」の3大スローガンを明確に打ち出し、中国共産党がこの3つを基礎として全国の統一を実現させ、独立・自由・富強の新中国を建設することをはっきり主張した。

1946年6月、国民党は全面的に内戦を仕掛け、国内情勢は急変した。共産党は、「三三制」を特徴とした抗日民主政府から、人民民主政府へ

---

*26　*25と同
*27　柳雲「解放戦争時期中国共産党的民主政治建設」（『党史博採』、2008年第6期）

の転換を決断し、参議会制から人民代表会議制へと移行した。1949年6月、毛沢東は「人民民主主義独裁について」を発表し、これまでの中国革命の基本的な経験を総括し、「人民の国家は人民を守るためのもの」、また「我々の経験を締めくくってひとつにまとめると、労働者階級（共産党を通じて）の指導する、労農同盟を基礎とした人民民主主義独裁ということになる」[*28]と述べている。

1948年1月30日、毛沢東はこれまでの軍による民主運動の経験をまとめた「軍隊内の民主運動」を記し、軍隊内における民主のあり方を、政治・経済・軍事という3つに集約し、「部隊における政治工作の方針は、兵士大衆、指揮員およびすべての要員を思いきり立ち上がらせ、集中的指導の下での民主運動を通じて、政治面で高度に団結し、生活面で改善を図り、軍事面で技術と戦術を向上させるという3大目的を達成することである」[*29]と述べている。

中国共産党の草創期の指導者の民主思想は、初めの頃は西側の自由民主の理論を参考にしていたが、結党後はマルクス主義の民主理論へと転向していく。新民主主義革命期に、共産党は国共内戦と日中戦争を経験し、極めて過酷な戦争という環境の中で、中国で民主を実現できるやり方を常に模索し続けてきた。

この段階で、民主をめぐる理論と実践について次のような成果を得た。
① 人民主権の思想を確立。中国共産党の人民主権という考え方を中国なりに表出させたものが大衆路線である。大衆路線の思想は、中国革命と社会主義建設の中で人民主権という考え方を具体的に表し、また中国では政治のあらゆるプロセスに人民主権の考え方が貫かれ、深い影響力を持つ政治的価値観、イデオロギーとなった。
② 人民政権の組織のあり方への積極的な試み。ソビエト共和国、辺区議会制といった人民民主政権を経験し、最終的に人民代表大会制の構想が生まれた。
③ 共産党が指導する多党協力についての理論的な枠組みが形成され、抗日民主を掲げた根拠地、民主政権、統一戦線といった取り組みが、新

---
*28 毛沢東「論人民民主専制」(『毛沢東選集』第4巻、人民出版社、1991年)
*29 毛沢東「軍隊名部的民主運動」(『毛沢東選集』第4巻、人民出版社、1991年)

中国成立後の民主的な政治制度を構築する上での礎となった。

2．新中国成立後における民主政治の建設

新中国成立後、中国では社会主義に則した法律体系が打ち立てられ、人民代表大会制度、共産党の指導による多党協力、政治協商制度、民族区域自治制度などの多様な社会主義に基づく民主のあり方が設けられ、人民が主人公となる権利を行使するために有効な手立てが示された。

（1）最初の「憲法」制定

1949年9月、中国人民政治協商会議が開かれ、「中国人民政治協商会議共同綱領」が採択された。「共同綱領」では新中国の国家と政治の体制が明確に定められ、「中華人民共和国は、新民主主義すなわち人民民主主義の国家であって、労働者階級が指導し、労農同盟を基礎とし、民主的諸階級と国内の諸民族を結集した人民民主主義独裁である」とし、「中華人民共和国の国家政権は、人民に属する。人民が国家政権を行使する機関は、各級人民代表大会および各級人民政府である。各級の人民代表大会は、人民が普通選挙の方法でこれを設ける」、「国家の最高政権機関は、全国人民代表大会である。全国人民代表大会の閉会中は、中央人民政府が国家政権を行使する最高機関である」[*30]と記されている。「共同綱領」は当時の歴史的条件の下での臨時憲法の役割を担い、中国の憲政史上、重要な歴史的意義を持つものだった。

新中国成立後、国の独立と統一を成し遂げ、諸民族が平等・友愛・互助の下に団結し、経済が復興し、社会主義建設とその再構築へ向けた事業が始められた。全国人民代表大会（全人代）の開催、そして憲法制定のための条件はすでに整った。1952年11月、党中央は全人代の開催と憲法制定の準備を進めることを決定した。1953年1月、中央人民政府委員会第20回会議において「全国人民代表大会と地方各級の人民代表大会の開催についての決議」が採択され、党主席の毛沢東をトップに憲

---

*30 「中国人民政治協商会議共同綱領」（『建国以来重要文献選編』第1巻、中央文献出版社、1992年）

法起草委員会の成立が決まり、憲法制定へ向けた全面的な準備が始まった。こうして、同年2月「中華人民共和国選挙法」が発布された。また12月には、中国の歴史上で初めてとなる全国規模の普通選挙が始まり、3億人近い有権者が選挙に参加した。全国でおよそ566万9000名の末端代表と1226名の全人代代表が選出された。

憲法草案の作成にあたり、毛沢東は「憲法草案の初稿の説明」を自ら修正し、そこに指導的考え方を反映させた。同書には、「国の社会主義化は、国の民主化を根本的に保障する。同時に、国の社会主義化にとっても国のさらなる民主化が必要である。憲法草案にある国家機構と人民の権利についてのさまざまな規定は、法律の上から国の民主化へ向けた発展を保障する」と記されている。

1954年9月20日、「中華人民共和国憲法」は、第1期全国人民代表大会第1回会議で採択、公布された。新中国にとって初めてとなる憲法は、中国における民主の歴史の上で、画期的な意義を持つものだった。

憲法では中華人民共和国の特性を定め、国体と政体について、新中国の民主政治制度である3大制度——人民代表大会制度、共産党の指導下での多党協力による政治協商制度、民族区域自治制度[*31]、を規定している。

また、憲法総綱には、中華人民共和国の国家体制は、労働者階級が指導する、労農同盟を基礎とした人民民主主義国家、と定められている。第2条では中華人民共和国の政治体制について述べられ、中華人民共和国の一切の権力は人民に属する、と定められている。人民が行使する権力の機関は、全国人民代表大会および地方各級の人民代表大会である。この2つの代表大会とその他の国家機関によって、民主集中制[*32]が一律に実施される。

憲法前文の中で、中国の諸民族はすでに団結し、自由で平等な民族の大家族を作り上げたと表明している。諸民族間の友愛と互助を発揚し、

---

*31　民族区域自治制度：中国が実施している少数民族地域への統治政策。
*32　民主集中制：民主制と中央集権制を結びつけた制度。本来はレーニンが提唱した政党組織の原則。中国では、人民代表大会を最高権力機関として権力を集中させた制度原理、または共産党指導下での多党協力や民主選挙といった指導原理を指す。

諸民族内部の敵のほか帝国主義・大民族主義*33・地方民族主義*34への反対を基礎に、中国の民族的団結を引き続き強化していく。憲法では、諸民族の自由と平等について、中華人民共和国は統一された多民族国家であると定められ、すなわち、諸民族は平等であり、少数民族の集住地域では区域自治を実施し、民族自治地域はすべて中華人民共和国にとって不可分の部分である、と述べられている。

（２）人民代表大会制度の形成

　人民代表大会は中国の根幹となる政治制度である。ソビエト区のソビエト代表大会から陝甘寧辺区での参議会に至るまで、中国共産党はさまざまな民主政権のあり方を模索してきた。1940年、毛沢東は「新民主主義論」の中で初めて、人民代表大会制度の構想について次のように述べた。「中国では、今のところ、全国人民代表大会、区人民代表大会から郷人民代表大会に至る体系を採り、その各級の代表大会でその政府を選挙すればよい」*35。

　北京が平和解放された後、党中央はすぐさま各級の人民民主政権を樹立する準備を始めた。当時、普通選挙で代表を選出する条件も整っていなかったため、中央は各界の人民代表会議を過渡的な形式とすることに決めた。代表会議へ参加する代表は、各界の話し合いで決められ、場合によっては人民政府からの要請で決められることもあった。こうした代表大会と代表会議の違いについて、周恩来はこのように解釈している。「政権制度については、民主集中制の原則に則り全国人民代表大会の制度を採ることにすでに皆が同意し、今では普通選挙の形から生まれた会をすべて、大会と呼んでいる。例えば人民代表大会である。話し合い（協商）の形から生まれた会をすべて、会議と呼んでいる、例えば人民政治協商会議である。大会と会議という呼び方の違いはここにある」*36。

＊33　大民族主義：国の中で大民族が他民族に対して強硬な手段を用いて経済的・政治的に優位に立とうとするやり方。
＊34　地方民族主義：「大民族主義」に対峙する偏狭な民族主義。自民族の優位や利益に固執し、民族全体の利益・融和・団結を軽視する姿勢のこと。
＊35　毛沢東「新民主主義論」（『毛沢東選集』第2巻、人民出版社、1991年）
＊36　周恩来「関於全国政協的幾個問題」（人民網『中国政協新聞』）
　　　http://www.people.com.cn/GB/34948/34968/2618182.html／

1949年8月26日、党中央は、人口3万人以上の都市および県で各界の人民代表会議を一律に開催するという指示を出した。1949年8月から12月にかけて、こうした人民代表会議の開催について、毛沢東自らが筆をとった文書やテレックスは19編にも上った。中央人民政府と政務院[*37]政務会議は、各級の人民代表会議の組織通則を相次いで公布し、その構成、任期、職権などについて定めた。1951年4月、政務院は「人民民主政権の建設工作についての指示」を打ち出し、各級の人民政府が組織通則を遵守し、期日までに人民代表会議を開催するよう通達した。また、各級の人民政府が行う重要業務についてはすべて人民代表会議へ報告し、そこで審議が行われること、つまり重要問題についてはすべて人民代表会議による審議を経て決定されることが定められた。1950年から52年にかけて「民主政治の建設」というブームが全国的に広がり、それはとりもなおさずこうした人民代表会議の開催であった。1952年後半には、地方では各級の人民代表会議がすべて執り行われた。そうしたなかで、省級、県級の3分の1以上、市級の3分の2以上、郷級の大半、といった人民代表会議で、人民代表大会の職務権限を代行していた[*38]。

　こうした数年の過渡期を経て、1954年9月、第1期全国人民代表大会第1回会議が行われ、新中国で初めてとなる憲法が採択され、中国の根幹をなす政治制度である人民代表大会制度が正式に樹立された。

　人民代表大会制度は次のような面を備えている。

① **人民代表大会制度の性質**。憲法では「中華人民共和国の一切の権力は、人民に属する。人民が国家権力を行使する機関は、全国人民代表大会と地方各級の人民代表大会である」と定められている。全国人民代表大会は最高国家権力機関であり、国の立法権を行使する唯一の機関である。

② **人民代表大会の代表選挙制度**。憲法では、代表選挙の原則、方法、組織、手順、およびその任期などについて定められている。選挙制度は、憲法に定められた選挙権、被選挙権を実現する制度的な保障である。

[*37]　政務院：建国初期に置かれた中国の最高国家行政機関であり、国務院の前身。
[*38]　劉政「建国初期民主建政的主要形式」(『中国人大』、2002年第9期)

③ **人民代表大会制度の原則と運用をめぐる原則。**憲法では人民代表大会と人民との関係性について定められている。すなわち、人民からの民主選挙で各級の人民代表大会が構成され、人民への責任を負い、彼らからの監督を受ける。人民代表大会、国家行政機関、司法機関、検察機関の関係性については、後者の3機関は、全人代の選挙を経て成立し、人民代表大会への責任を負い、同会からの監督を受ける。中央の国家機関と地方の国家機関との関係性については、中央と地方というそれぞれの職務権限によって区分される。

中華人民共和国の建国から「文化大革命」が始まるまでの間、計3期の全人代、10回の会議が開催された。このように、人民代表大会は人民の意思を具体的に表出し、人民が主人公となることを実現させる上で重要な役割を果たしてきた。しかし、1965年から75年の10年間は開催されることなく、停滞した状態が続いたのである。

（3）中国の特色ある政党制度の形成

中国共産党が指導する多党協力と政治協商制度は、中国の特色ある政党制度であり、中華人民共和国の基本をなす政治制度である。共産党は執政党であり、民主諸党派は参政党である。多党協力制度における民主諸党派とは、中国国民党革命委員会・中国民主同盟・中国民主建国会・中国民主促進会・中国農工民主党・中国致公党・九三学社・台湾民主自治同盟、の8党派を指す。これらの政党は新民主主義革命期に中国共産党をはっきりと支持し、共産党が提起した新政治協商会議（旧政治協商会議と区別するためこのように呼ぶ）の開催、民主的な連合政府の樹立といった呼びかけに積極的に応じ、共産党の指導の下、共に新中国の成立を目指して闘うことを望んだ党派である。1949年9月、人民政治協商会議第1回全体会議が開催された。ここに多党協力と政治協商の重要な機関が創設され、また多党協力制度が確立された。

1950年3月、中国共産党中央統一戦線工作部は、北京市中南海の懐仁堂で第1回全国統一戦線工作会議を行い、当時の李維漢部長が「人民民主統一戦線の新たな形勢と任務」と題した報告を行った。その中で、民主党派の性質と役割、民主党派に対する共産党の基本方針と政策につ

いて明らかにした。李維漢は、民主諸党派はすべて階級同盟という性質を持ち、単一階級からなる政党ではない、と指摘した。その上で、共産党と民主諸党派との関係についての基本原則として、政治と思想の上では「共同綱領」を規準とし、共に団結して闘うこと、組織の上ではそれぞれの自主性を尊重し、誠実な対話・提案・議論を心がけ、必要に応じて適切な批評を行うこと、組織の上では諸党派に対する管理は行わないこと、といった内容が表明された。

1954年12月、中国人民政治協商会議の第2期全国委員会第1回会議が北京で行われた。毛沢東が開幕式を執り行い、周恩来は政治報告の中で、全国政協の5つの役割について次のようにまとめた。

①国際問題の話し合い。
②全人代と地方同級の人民代表大会の候補者名簿、および全国政協の各級構成員の人選についての話し合い。
③国家機関に協力し、社会の力を動かし、社会生活の中でのそれぞれの階級間の関係をめぐる問題を解決する。人民大衆とつながり、国の関連機関へ大衆の意見を反映させて提言を行う。
④政協内部や党派、団体間の協力をめぐる話し合いと対応。
⑤任意を前提とした上で、マルクス・レーニン主義の学習と思想改造に努める[39]。

毛沢東を中心とした第1世代の指導者達は、こうした多党協力と政治協商制度の重要な意義について繰り返し強調した。1956年3月、毛沢東は「十大関係について」の中で、初めて「長期共存、相互監督」[40]の方針を打ち出した。1957年4月、周恩来は講話の中で、「長期共存、相互監督は主に中国共産党とその他の民主党派との関係について述べたものである」という解釈を示し、「長期共存、相互監督の方針は、実際には民主を広げることである。我々は6億の人口を有する国である。6億人の生活を良くするために社会主義を建設しようにも、相互監督なくし

---

[39] 「新中国的建立和社会主義過渡時期的統一戦線」（1949年10月～1956年9月）（中共中央統戦部網站）
http://www.zytzb.org.cn/publicfiles/business/htmlfiles/tzy2010/s1489/200911/575718.html/
[40] 毛沢東「論十大関係」（『毛沢東文集』第7巻、人民出版社、1999年）

ては民主を広げることもできず、良くなっていくはずがない」*41。と語っている。1957年4月、鄧小平は「共産党は監督を受け入れなければならない」と題した報告の中で、こうした方針をさらに徹底させ、次のように述べている。「監督があったほうがないよりよいのだし、一部の人が考えを出すより、みんなが出したほうがよい。共産党はいつも1つの角度から問題を見ているが、民主党派は別の角度から問題を見て、意見を出すことができる。こうして、より多くの問題に光が当てられ、より全面的に問題の処理が行われるようになり、決心が下しやすくなり、決められる方針・政策がかなり適切なものとなり、たとえ問題が生じても、わりあい是正しやすくなる」*42。

　新中国の成立まもない時期、共産党は民主党派との関係を重視し、政治協商制度がその重要な役割を果たすことで、両者の間の矛盾をきちんと解決できていた。建国から「文化大革命」前までに、全国政協は4期にわたり12回の会議が行われた。こうした民主諸党派、人民団体、諸民族各界の人々が政治参加し、国の政治方針と大衆の暮らしをめぐる重要な問題について政治協商を行い、意見や批判を出し合うことを通じて、民主的な監督という大切な役割を果たしてきた。

　残念ながら、「文化大革命」の勃発前には党内には「左」の思想が蔓延し始めた。1965年1月から78年2月までの13年間、中国人民政治協商会議全国委員会では会議は行われず、停滞した状態が続いた。

（4）民族区域自治制度の形成

　「民族区域自治制度」は、中国の基本的な政治制度のひとつであり、中央政府の統一的な指導の下で、各少数民族の集住地域では区域自治が実施され、自治機関が置かれ、自治権を行使するという制度である。

　新民主主義革命期に、革命根拠地ではすでに中国の国情に見合った民族区域自治制度が模索され始めていた。1941年5月に陝甘寧辺区政府が公布した「陝甘寧辺区綱領」では、「民族平等の原則に基づき、モンゴル族、回族と漢族は政治・経済・文化の上で平等な権利の行使を実施し、

---

*41　周恩来「長期共存、互相監督」（『周恩来統一戦線文選』、人民出版社、1984年）
*42　鄧小平「共産党要接受監督」（『鄧小平文選』第1巻、人民出版社、1989年）

モンゴル族と回族による自治区を創設する」と定められた。1945年10月、中央は内モンゴルの方針についての指示として「内モンゴルに対する基本方針は、目下、民族区域自治を実施する」と打ち出した。1947年5月1日、党指導部は省級として内モンゴル自治区を設置し、民族区域自治を行う上で貴重な経験を重ねてきた。

新中国の成立前後から、共産党は少数民族地域での民主的な政治制度の確立について研究を始めた。1949年、全国政協の設立準備が行われていた時期に、毛沢東は連邦制を実施すべきかについて李維漢の意見を求めた。検討した後、李維漢は中国とソ連との国情の違いから、連邦制は実施すべきではないと考えた。中国の実情により適しているのは単一国家というあり方であり、それは統一国家の中で民族区域自治を実施することが、民族平等の原則を実現させるためにはより役立つことを進言した。中央はこの意見を採用した[*43]。

1949年9月、周恩来は、政治協商会議の代表向けに「全国政協に関するいくつかの問題」と題した報告の中で、「昨今、帝国主義者がまたしても我々のチベット、台湾、新疆の分裂を目論み、こうした状況下で、諸民族が帝国主義者の挑発に乗らないことを願っている。このため、わが国の名称は連邦とはせず、中華人民共和国とする……（中略）……我々は連邦制ではないが、民族区域自治制を主張し、民族自治権力を行使する」[*44]と述べた。1949年に公布された「共同綱領」では、民族区域自治を中国におけるひとつの基本的な国策としている。

1952年8月、中央人民政府委員会第18回会議で「中華人民共和国民族区域自治実施綱要」が採択された。これには、諸民族の自治機関はすべて中央人民政府の統一した指導下に置かれる一級地方政権であり、上級人民政府の指導を受けることが規定されている。民族自治区ではそれぞれの自治権限に則り、自治区内で単行法を制定することができる。綱要では、さらに自治区内での経済事業や財政などの発展をめぐる権限、それぞれの民族が持つ文化・教育・芸術・保健事業などの面における原則も定められた。

---

*43　中共中央統戦部編『民族問題文献匯編』、中共中央党校出版社、1991年
*44　周恩来「関於全国政協的幾個問題」（『周恩来統一戦線文選』、人民出版社、1984年）

1954年に制定された憲法（54年憲法）は、国の根拠法として民族区域自治の法的な位置づけを明確にした。民族区域自治は、少数民族地域の経済発展と文化伝承を促進し、彼らの合法的な権利と利益を十分に保障している。国による統一という前提の下で民族区域自治を行うことは、諸民族が祖国の統一を願う気持ちと自民族を愛する気持ちを結びつけ、国の統一と繁栄を守り、外からの侵略・分断・転覆に抵抗することにも役立つ。

　新中国成立後の2年間で、全国で130の各級の民族自治区が創設された。憲法公布を経て、1955年10月には新疆ウイグル自治区、1958年10月には寧夏回族自治区、1958年3月には広西チワン族自治区、1965年9月にはチベット自治区がそれぞれ誕生した。

　憲法公布は中国における社会主義の民主制度にとっての礎だった。人民代表大会制度、共産党が指導する多党協力と政治協商制度、民族区域自治制度などの民主的な制度によって、基本となる制度的な枠組みが作り上げられた。

　しかしその後の「文化大革命」は法制を破壊し、全国人民代表大会および各地の人民代表大会から最高権力機関としての機能を奪い、全国政協の機関業務、民主諸党派、商工業の活動をストップさせ、公民権を保障することができず、民主政治を大きく後退させた。

3．改革・開放による歴史の転換

（1）混乱の正常化——政治体制改革をめぐる青写真

　1978年、中国にとって歴史的な大変革が幕を開ける。鄧小平は改革の総設計師として、中国の近代化に取り組む必要を感じていた。彼は「（改革を行わなければ）我々の近代化事業と社会主義事業は葬られるだろう」[*45]と広く訴えた。同時に、改革は順序立てて漸進的に行う必要があることを強調し、「政治体制改革は複雑で、ひとつの行いがおびただ

＊45　鄧小平「解放思想、実事求是、団結一致向前看」（『鄧小平文選』第2巻、人民出版社、1994年）

しい数の利益に関わってくる。よって、政治体制改革は、段階、指導、秩序に則って進めていかなければならない」*46 と語っている。

　1978年10月、鄧小平は、中華全国総工会*47 第9回全国代表大会での式辞で「4つの近代化」について言及し、「この革命がいまの立ち遅れた生産力を大幅に高めようとするものであるからには、多方面にわたって生産関係を改め、上部構造を改め、工農業企業の管理方式および工農業企業に対する国家の管理方式を改め、それらを大規模な現代的経済の必要に照応したものにすべきである」*48 と語った。また、1978年12月13日には「思想を解放し、実事求是の態度をとり、一致団結して前向きの姿勢をとろう」*49 と題した講演の中で、鄧小平は「生産力の急速な発展に適応できないでいる生産関係と上部構造を正しく改革しなければならない」と話している。

　第11期三中全会では改革の必要性が大きく認められた。同会コミュニケでは「4つの近代化の実現には、生産力の大幅な向上が要請され、また必然的に多方面から生産力の発展に照応しない生産関係と上部構造を変え、照応しないすべての管理方式、活動方式、思想方式を変えることが要請され、したがってそれは幅広い、深刻な革命である」*50 と表明された。

　1980年8月、鄧小平は、中央政治局拡大会議で「党と国家の指導制度の改革について」と題した講話の中で、文化大革命の深い教訓を総括し、現行の政治体制に存在するさまざまな弊害やその原因、また政治体制改革の必要性を分析した。鄧小平は、社会主義制度の優位性を活かし、次の3つの面に努めなければならないことを次のように指摘した。

　「（1）経済面では、社会的生産力を急速に発展させ、人民の物質的・

---

*46　鄧小平「一切従社会主義初級階段的実際出発」（『鄧小平文選』第3巻、人民出版社、1993年）
*47　中華全国総工会：中国における労働組合の全国組織。共産党の指導下で、労働者の権利や利益を代表する労働者組織。
*48　鄧小平「工人階級要為実現四個近代化作出優異貢献」（『鄧小平文選』第2巻、人民出版社、1994年）
*49　鄧小平「解放思想、実事求是、団結一致向前看」（『鄧小平文選』第2巻、人民出版社、1994年）
*50　「十一届中央委員会第三次全体会議公報」（『人民日報』、1978年12月24日）

文化的生活を逐次改革していく。(2) 政治面では、人民の民主を十分に発揚する、つまり効果的な各種形態を通じて国を管理する権力、特に末端の地方政権や各種企業権利を真に全人民に持たせるようにする、そして革命的法秩序の健全化を図り、人民内部の矛盾を正しく処理し、すべての敵対勢力と犯罪活動に打撃を与え、人民大衆の積極性を発揮させ、安定・団結の活気に満ちた政治的局面を強化、発展させる。(3) 以上の２つの面での目標を達成するため、組織の面では、わりに若くて、４つの基本原則[*51]を堅持し、専門知識も身につけている社会主義近代化建設の人材を大勢育成、発掘、抜てき、使用することがさし迫って必要である」、「党と国家の制度を適切に改革し、整備して、党と国家の政治生活の民主化、経済管理の民主化、全社会生活の民主化を制度の面から保証し、近代化建設事業の順調な発展を促進する」[*52]。

　第12回党大会では、党中央は政治体制改革に対して広く掘り下げた調査研究が行われた。1986年10月、党中央によって政治体制改革検討グループが設立され、中国における政治体制の沿革、そのメリットとデメリット、改革の主旨、目標、内容、順序、基本原則などをめぐる研究と議論が重ねられ、最終的に政治体制改革の全体構想が作り上げられた。

　こうした政治体制改革についての研究を進めるなかで、社会主義制度を否定し、資本主義の民主を訴える声が社会に現れるようになった。1979年、鄧小平は「４つの基本原則を堅持する」と題した重要演説を行い、文化大革命の教訓に即し、社会主義による民主の構築は社会主義事業の成否に関わるという認識を深めなければならないと述べ、社会主義による民主は社会主義にとって本質的に必要であるという、民主政治建設と社会主義近代化との関係を明らかにした。鄧小平によると「４つの基本原則から逸脱して、抽象的に民主の空論を振り回すなら、必ず極端な民主化と無政府主義の大氾濫を招いて、安定・団結の政治的局面の徹底的な崩壊と４つの近代化の徹底的な失敗を招くに違いない」[*53]、

[*51] ４つの基本原則：①社会主義、②プロレタリア独裁、③中国共産党の指導、④マルクス・レーニン主義と毛沢東思想、の４つを指す。中国共産党の基本政治路線。1979年に鄧小平が提唱し、1982年には憲法前文にも記載されるようになった。
[*52] 鄧小平「党和国家領導制度的改革」(『鄧小平文選』第２巻、人民出版社、1994年)
[*53] 鄧小平「堅持四項基本原則」(『鄧小平文選』第２巻、人民出版社、1994年)

「我々の制度は人民代表大会の制度であり、共産党が指導する人民民主主義の制度で、西側のやり方とは違う」[*54]という考えを示している。

　鄧小平のこうした演説は、政治体制改革をめぐる目的、意義、主旨、原則について体系的に述べられ、政治体制改革に対する比較的整った基本思想を作り上げた。鄧小平は政治体制改革の考え方について、最も重要な点を次のようにまとめている。

① 近代化にとっては、民主の発揚と大衆の積極性に働きかけることが不可欠である。
② 党と国の政治における民主化、経済管理の民主化、社会生活全体の民主化、を制度的に保障する。
③ 「4つの基本原則」を堅持し、西側式の民主を行わないことを明確化する。

（2）1980年代初頭の4大改革

　改革・開放の初期、旧体制時代からの問題が明らかになってきた。まず、幹部陣が改革・開放という新たな情勢についていけず、次に、これまでの行政体制が大衆の積極性を引き出すことに不向きだったことである。長年積み上げてきた「大民主」[*55]も政治状況の安定と団結にとっては不向きだった。改革には、まずこうした問題の解決が先決だった。

1）指導幹部の終身制の廃止

　4つの近代化には、早急に多くの人材が求められたため、指導幹部の終身制は、新たな世代を担う幹部育成に関わる問題だった。こうした制度は、幹部陣のスムーズな入れ替えや、執政党としての時代に応じた意識変化には不向きである。第11期三中全会以降、鄧小平を中心とした第2世代の首脳陣がこうした制度の廃止を積極的に進めたことで、幹部の終身制をなくすと同時に、人事制度改革も速やかに展開された。

[*54] 鄧小平「改革的歩子要快」（『鄧小平文選』第3巻、人民出版社、1993年）
[*55] 大民主：反右派闘争の時期に生まれ、文革期に盛んに行われた「大鳴、大放、大弁論、大字報」（大いに見解を述べ、大胆に意見を表明し、大いに議論を行い、大字報（壁新聞）を張る）といったやり方で人々を動員する無秩序な民主化運動。

（1）顧問委員会と幹部の定年退職制度（離退休制度[*56]）を確立

　鄧小平が指導幹部の終身制廃止をめぐって設けた定年退職制度は、大別して２つの段階を経てきた。１つめは、1956年の第８回党大会から1975年までが下準備の段階だった。この段階では、幹部陣の高齢化の問題はまだそれほど顕著ではなく、組織路線と政治路線の矛盾もまだ表面化していなかった。しかし、すでにこうした問題を機敏に察知していた鄧小平は、第８回党大会の「党則改正についての報告」、1962年11月の「執政党の幹部の問題について」、1975年７月の「軍隊を整頓する任務」などの演説の中で、思い切った若手幹部の登用、幹部は昇格のみで降格がないという問題、軍に顧問を設置する、といった問題の解決について言及してきた。この段階にきて、幹部陣の高齢化はすでに顕著になっていた。文革期に幹部として紛れ込んだ「３種類の人間」[*57]は年長者というだけで権威を笠に着ており、また古参幹部によっては考え方が硬直化し、第11期三中全会以降の党の路線・方針・政策の転換にはそぐわなくなってきた。こうした状況で、鄧小平は、「思想路線と政治路線の実現は組織路線によって保証しなければならない」（1979年７月）、「党と国家の指導制度の改革について」（1980年８月）、「古参幹部の第一の任務は青壮年幹部の抜てきである」（1981年７月）といった多くの演説を行い、さまざまな角度からこうした問題について繰り返し強調してきた。鄧小平は、指導幹部の終身制という弊害をなくすため、幹部の「四化」（革命化・若年化・知識化・専門化）を提案し、その移行措置として顧問委員会[*58]を設立し、幹部の定年退職制度を確立させ、指導者の任期制といった解決策を実施した。

　鄧小平を中心とする中央指導部の積極的な推進の下、党は指導幹部の

[*56] 離退休制度：「離休」と「退休」を合わせた言い方。一定クラス以上の高級幹部や建国以前の革命に参加した古参幹部が定年退職することを表す。退職後も在職時と同等の政治的待遇を受け、在職時と同等またはそれ以上の高給を受け取ることができる。

[*57] ３種類の人間：原文は「三種人」。次の３タイプを表す。①文革期に林彪や江青に追従して出世した人間。②派閥思想を持ち、派閥活動を行う人間。③文革中に幹部や民衆に対する迫害や公有・私有財産への破壊・略奪を行った人間。

[*58] 顧問委員会：正式名は「中国共産党中央顧問委員会」。1982年から92年まで続き、中央委員会の補佐と助言を行う機関。古参幹部を引退させ、党の世代交代を促すために設立され、鄧小平が初代主任を務めた。

定年制をめぐり、次のような一連の措置をとった。
① 1982年の第12回党大会で、幹部の「四化」という基準が党則に盛り込まれ、幹部の仕事にとって重要な方針となった。
②同大会でさらに中央と省級に党の顧問委員会の設立が決まり、古参幹部は参謀としての役割を果たしていくことが決められた。
③ 1978年以降、党と国は相次いで「国務院による『老弱病残』[*59] 幹部の配置についての暫定規定」、「職務能力を失った老同志が第12回党大会代表と中央委員会候補者に就けないことについての決定」、「老幹部の定年制度確立について中共中央の決定」、「老幹部の離職・休養制度についてのいくつかの規定」などの文書を発表し、定年制度の確立を進め、第12回党大会で改定された党規約でも幹部の終身制の廃止を明確に定め、定年制を実施した。
④ 1982年、国の指導者と地方各級の指導機構の任期について、憲法で明確な規定が設けられ、また全人代常務委員会の正・副委員長、中華人民共和国の正・副主席、国務院総理・副総理、国務委員、最高人民法院院長、最高人民検察院検察長、といった職位の任期が2期10年を超えないことが規定された。

(2)「幹部の四化」を実施

鄧小平は、4つの近代化にとって速やかに多くの才覚ある人材が必要だと指摘し、この先の党事業を継承する人間を確保し、「時宜に適せぬ組織制度、人事制度を完全に改革し、優秀な人材の育成と発掘、その破格の登用に努め、人材を押さえつけ迫害するすべての傾向と断固闘争する」[*60] と表明している。鄧小平は、幹部登用の基準を「才徳兼備」だと明言した。徳とは社会主義の道筋と党の指導を堅持することで、才は「若年化・知識化・専門化」[*61] を指している。この基準が、革命化・若年化・知識化・専門化という「幹部の四化」に集約されている。

幹部制度の改革は主に次の面に集中している。
①**幹部の採用制度**。1982年に当時の労働人事部は「幹部採用問題の受

---

*59 老弱病残：高齢者・虚弱者・病人・障碍者を指す。
*60 鄧小平「党和国家領導制度的改革」(『鄧小平文選』第2巻、人民出版社、1994年)
*61 同上

け入れをめぐる若干の規定」を発表し、「公募、志願、試験、徳・知・体の総合的判断、優秀人材の採用」という実施方法を提示。
②**幹部の登用制度**。公開的選抜、競争による昇進、差額選挙の方法を組み合わせた登用制度の実施。
③**幹部の考課制度**。1979年に中央組織部は「幹部の考課制度実施についての意見」を発表し、1981年までに幹部考課制度を一斉に実施していくことを決定。
④**機関における職務責任制**。1982年末に労働人事部は「国家行政機関における職務責任制の確立についての通知」を発表し、政府部門に対して職務責任制の確立と整備を要請。
⑤**幹部の管理制度**。1984年、党中央は幹部の管理体制の改革を決定し、改革は、下級の党委員会幹部の管理をめぐる権限、企業や事業組織における幹部人事の自主権にまで広げられた。幹部の分類管理が実施され、公務員制度の確立にポイントを置き、企業に属する指導者や専門技術者を「国家幹部」とは切り離し、あらゆる幹部を、機関・事業・企業という3つのタイプに分類。

2）人民公社の廃止

　1982年1月1日、中央は「全国農村工作会議紀要」を通達した。この紀要では、生産請負制を認め、農民の多くが望んでいた、農村の実情に照らし合わせた社会主義の農業の発展という強い願いを反映させた。1983年の中央第1号政策文書では、農家生産請負制は党の指導下における中国農民の偉大な創造であり、マルクス主義の農業集団化の考え方を、中国が実践の中で新たに発展させたものだ、と指摘している。

　農家生産請負制が広がるに伴い、20数年行われてきた人民公社という政社合一はすでに農村の生産力の増強には適さなくなっていた。農業集団化を行う過程の中で、政社合一が初めてきちんとした形を伴ったのは、当時の浙江省舟山群島にある螞蟻島に誕生した郷社合一制の漁業生産合作社だった。こうした政社合一は、1958年の人民公社化の波に乗って大規模に実施され、「農村における人民公社設立の問題についての中共中央による決議」（1958年8月）や「人民公社の若干の問題について

の決議」(1958年12月の第8期六中全会で採択)で確認することができる。

　農家生産請負制が導入され、国による農産物の統一的な買い付けと販売（統購統鎖）の範囲が縮小されてからは、余剰分の引き取りが定額制へと変わり、農村労働力の無償割り当ても次第に減少し、やがて完全になくなり、政社合一の保障機能は再びその役割を活かすことはなくなった。加えて、農家請負制の導入後は、経済機構としての公社・合作社は解体され、政社合一は「機構の簡素化」の流れの中で多くの地域から消滅していった。この状況を受け、政社合一の解体はもはや避けられなかった。1980年4月、四川省広漢県向陽鎮はいち早く人民公社の看板を下ろし、郷政府と郷農工商総公司の2つに分けられた。1982年には憲法によって、県と自治県以下の行政区を「郷・民族郷・鎮」とすることが定められ、これによって郷・鎮級政府を復活させる方向性が明らかにされた。さらに1983年の中央第1号政策文書でも、「政社分設」が農村改革の重要な段階として打ち出された。

　1983年10月、中央と国務院は「政社の分離を実施し、郷政府の設立についての通知」を公布し、全国の農村で郷政府すなわち郷鎮政権制が復活し、政社の分離が行われた。1987年11月の第6期全人代常務委員会第23回会議で「村民委員会組織法（試行）」が採択され、1988年6月1日に試験的に施行され、全国にある農村の末端で村民委員会の設置が広く行われた。これを機に、中国では県以下の農村の末端におけるひとつの新たな政治モデルである「郷政村治」（郷鎮政権と村民自治を組み合わせたもの）が誕生した。

3）政府機能の簡素化と権限の委譲（簡政放権）

　経済体制と行政体制を高度に集中させるやり方は、中国では第1次5カ年計画期（1953～57年）にソ連に倣って行われた大規模な経済建設の中で作り出された。こうした体制は、限りある資源を特定の重点建設計画に集中させることで比較的短い期間で独立した、まとまった工業システムと国民経済のシステムを構築するために欠かせない役割を果たした。しかしその弊害として最も顕著なのは、地方や末端組織での積極性、主体性、創造性をうまく引き出すことができず、資源配分と利益調整の

面で役割をうまく果たせないことだった。このため、毛沢東は「十大関係について」の中で、中央と地方の２つの積極性を発揮することと、統一された指導の下で工場の一定の自主性を認めるという構想を示している。毛沢東がいた頃、中国でも地方への大規模な権限委譲が２度行われた。１度目は「大躍進」の時期に行われ、それは地方政府の盲進的なムード（第１次５カ年計画期には、地方と末端では自主権を全く持たなかったため、基本的に資源制約や予算制約の概念はなく、また中央の経済管理機関への不満を、盲進的なやり方に反対する人々に対する反駁へと故意に向けられたため、常にこうした盲進的なムードが存在していた）を利用して大躍進を推し進める目的だった。２度目は「三線建設」[*62]の時期に行われ、その目的は10大経済協力区の形成、そして各省の体系的な経済配置によって、仮想敵国の大規模な侵入から守るためだった。しかし、こうした２度の権限委譲は、国全体のバランスを著しく損ない、結局、権限を元通りにすることで収束に向かった。

　第11期三中全会以降、中国では経済発展へ向けた戦略目標が少しずつ変化し、かつての独立しひとまとまりとなった工業システムと経済システムは、人々の生活レベルの向上と国としてのトータルな力を増すことを中心とする方向へと向かい始めた。こうした状況の下、高度に集中させた経済体制と行政体制は、生産力を増強させるための需要に次第に見合わなくなり、新たな簡政放権（政府機能の簡素化と権限の委譲）が不可欠となった。1978年12月、第11期三中全会の直前に、鄧小平は中央工作会議で経済的な民主化の発揚を強調し、特に工場や鉱山を営む企業と生産隊の自主権を広げ、国・地方・企業・労働者の４者における積極性を引き出すことが述べられた。「党と国の指導制度改革」の中で、鄧小平は、前体制の最大の弊害として、過度に権力を集中させた点を指摘し、さらに政府機能の簡素化と権限の委譲について強調した。1979年４月に行われた中央工作会議で、国民経済に対する「調整・改革・整

---

*62　三線建設：1960年代、中国はソ連、台湾、アメリカとの対立姿勢が強まり、北・東・南（アメリカのベトナムへの軍事介入により）の各国境への軍備を迫られた。このため、毛沢東は「三線建設」を決定し、危険度の高い沿海部と東北部を一線、危険度の低い内陸部を三線、その中間を二線と定め、沿海部での軍事衝突を想定し、軍需工場や技術者を内陸部へ移転させるなどして後方基地建設を進めた。

頓・向上」という方針が新たに定められ、第11期三中全会以降、簡政放権へ向けた新たな取り組みが続けられている。

　これまでの地方政府向けに行われた2度の取り組みと違う点は、今回は企業と生産単位にポイントを置いて権限の委譲が行われたことである。
（1）**農業**では、経済調整期に主権を尊重すること、上からのむやみな命令や農村の人・物・財の無償供出に反対すること、自留地[*63]・家庭副業・農村自由市場の保護、打ち出された人民公社・生産大隊・生産隊の自主権といった主張[*64]のほかに、統一購入と統一分配（統購派購）の範囲を狭め、生産隊や農家の生産経営に対する国の関与を減らした。1979年からは、統購派購されてきた商品を協議価格によって購入させるやり方を復活させ、農産品についても、国が定める市場変動の範囲内での協議価格による取引を認めた。また、その一方で、国はこうした統購派購の対象となる農副産物の種類を減らし、統購派購が占める割合を下げ続けた。1985年1月1月、国務院は「農村経済をさらに活性化させる10項目の政策について」を打ち出し、この年以降、特定の品目を除いて、国が農民へ統購派購を課さないという規定が設けられた。

（2）**工業**では、自主権や管理権を広げる試験的な試みが進められた。1979年7月、国務院は「国営工業企業の経営管理の自主権拡大に関する若干の規定」、「国営企業の利潤内部留保の実施に関する規定」、「国営工業企業の固定資産減価償却率引き上げと減価償却率の使用法改善に関する暫定規定」、「国営工業企業の固定資産税徴収に関する暫定規定」、「国営工業企業の流動資金金額の信用貸し実施に関する暫定規定」という5つの文書を通達し、こうした一連の措置、特に企業の利益分配を通じて、これまでの企業基金制から利潤の内部留保制へと移行させることによって、企業の経営自主権を広げていった。1984年5月、「国営工業企業のさらなる自主権拡大に関する暫定規定」を打ち出し、生産・経営計画、商品販売、商品価格、物資調達、資金使用、資産取り扱い、機構創設、労務人事、給与賞与、合弁事業の10項目にわたり、企業の自主権をさらに広げることが定められた。

---

*63　自留地：農家が自作用に使うために集団から分配された土地。
*64　「中共中央関於加快農業発展若干問題的決定」（1979年9月）

（3）都市と農村の私有経済に対する規制の緩和。都市の雇用問題の解決と経済を活性化させるため、都市部の集団経済の発展を奨励するとともに、私有経済の適度な発展を認め*65、農村では専業農家の発展を認め、農家が自動車や船を用いて地域や省をまたぐ長距離の輸送や販売を行うことを認める（1983年中央1号政策文書）。中央と地方では、

①中央が統一して財政収入と支出を管理するというこれまでの財政制度（統収統支）を変え、「中央と地方で財政収支を分け、それぞれが管理を請け負う」（画分収支、分級包幹）体制の実施へ向け、「国務院による『画分収支、分級包幹』の財政管理体制に関する規定」（1980年2月）を公布。

②幹部の管理権限を委譲し、「下管両級」*66 から「下管一級」*67 体制への変革（1984年7月）

の2つが行われた。

4）「四大自由」の廃止と法制の復活

　1978年、第11期三中全会の開催にあたって行われた重要な準備会議である中央工作会議の場で、鄧小平は民主の問題について取り上げた。当時、党と国は「思想の解放」という重要な問題に直面しており、これに対して鄧小平は「民主は思想を解放する重要な条件である」と述べている。また、どのように民主を実践していくかについては、「人民の民主を保障するには、法秩序を強化しなければならない。民主の制度化・法律化に努め、指導者が更迭したからといって、あるいは指導者の考え方や注意力の振り向け方が変わったからといって、すぐ制度や法律が変わるようなことを防がなければならない。いまの問題は、法律が整っておらず、多くの法律がまだ制定されていないことにある。とかく指導者の言葉が『法』とみなされて、指導者の言葉に賛成しなければ『違法』とされ、指導者の言葉が変われば、『法』もそれに伴って変わる」*68 と

---

*65 「中共中央、国務院関於広開門路、搞活経済、解決城鎮就業問題的若干決定」（1981年10月）
*66 下管両級：中央が省・部級と地・局庁級の2つのレベルまで管理することを指す。
*67 下管一級：行政の簡素化に伴い、中央が管理するのは省・部級までとする改革。

指摘している。鄧小平は、法制度を確立することが、民主政治の建設にとって基本となる前提と保証だと考えていた。

改革・開放以降、中国の社会主義による法制の建設は根本的な転換を迫られ、それによって長足の進歩を遂げた。第 11 期三中全会では、人民の民主を保障する上で社会主義の法制の強化が必要とされ、民主を制度化・法制化し、こうした制度と法律が安定性と連続性を備え、また極めて大きな権威となり、「依るべき法を持ち、法を根拠とし、法の執行を厳格にし、法に背く行為は必ず追究しなければならない」（有法可依、有法必依、執法必厳、違法必究）といったスローガンが提起された。こうした流れの中で、1982 年、中国における社会主義の民主的な法制建設は、新たな段階を目指して歩み始めた。

大鳴・大放・大字報・大弁論は「四大自由」[*69] と呼ばれ、1957 年の反右派闘争において、右派への反対を広げる重要な要素だった。当時から「四大自由」は、毛沢東によって社会主義民主を発揚するための一貫した重要なあり方として捉えられ、政治運動の度に行われ、文化大革命では大々的に行われるようになった。1975 年、国の根本法である憲法でこの「四大自由」が初めて認められ、78 年憲法でもこの点は受け継がれた（関連する条文が「総則」から「公民の基本的権利と義務」へ移動）。しかし、次第に「四大自由」は社会主義の法制を破壊し、無政府主義を助長させ、社会主義の民主がその役割を果たす上で足枷となるだけでなく、かえってそれを抑圧する口実を与えることになりかねない、ということが分かってきた。

文革後、特に第 11 期三中全会以降、人々の文革に対する反省に伴い、「四大自由」も徐々に反省と批判の対象となり、台頭し始めたばかりの自由化の波はこうした形を借りて、党と国の指導者に対して「四大自由」へのさらなる反省を促した。1980 年 1 月、党中央の招集した幹部会議で鄧小平は「当面の情勢と任務」と題した報告を行い、「今、歴史上の

---

*68 鄧小平「解放思想、実事求是、団結一致向前看」（『鄧小平文選』第 2 巻、人民出版社、1994 年）

*69 四大自由：前出の「大民主」と同じ意味（大いに見解を述べ、大胆に意見を表明し、大いに議論を行い、大字報（壁新聞）を張る）。「四大」とも呼ばれる。

経験を総括してみると、この『四大』というやり方は、総体的にみて積極的な役割を果たしたことがなかった、と認めないわけにいかない。大衆には指導部に対する責任ある批判と積極的な提案の権利と機会を十分に与えねばならないが、『大鳴大放』のようなやり方がこの目的にそぐわないことは明らかである。したがって、『四大』に関する憲法の条文については、長期の実践と大多数の幹部と大衆の意見に基づき、党中央はその削除を全人代常務委員会と全人代に提案して、審議を求めるつもりである」[*70]と語った。こうして、同年2月の第11期五中全会で正式に決定され、全人代での提起を経て、「四大自由」についての憲法の条文は削除された。同年4月、第5期全人代常務委員会第14回会議ではこの議題について議論され、常務委員会法制委員会副主任の楊秀峰が、「四大自由」の取り消しについて4条にわたる理由を挙げた。その理由は、

① 公民が正当な民主的な権利を行使することを妨げるため
② プロレタリアート独裁や党指導者の転覆を企む人間に機に乗じる機会を与えるため
③ 派閥を横行させて混乱を招き、通常の仕事・生産・教務・生活秩序を妨げるため
④ 党と国の重要機密の漏洩につながるため

　こうして、「四大自由」の取り消しは出席者のほぼ賛成一致を得て、第5期全人代第3回会議での審議に持ち越された。1980年9月、同会議は、憲法の「四大自由」についての規定を撤廃することを決定した。

　このように、新たな時代における民主政治の建設は、文化大革命への反省と過ちを正すことから始められた。その最大の問題と失敗は、法制を破壊したことだということは紛れもなく鄧小平自身が痛感していただろう。このように、社会主義の法制度の再建と発展は、鄧小平が民主政治を新たに模索するにあたっての起点であった。

---

*70　鄧小平「目前的形勢和任務」(『鄧小平文選』第2巻、人民出版社、1994年)

（3）政治体制改革の推進

　新中国の建国当初には、人民代表大会制度、共産党が指導する多党協力・政治協商制度、民族区域自治制度、を主な内容とする中国の民主的な政治制度は、すでに形成されていた。しかし、これらの制度は文革期にことごとく破壊され、停滞してしまう。政治体制改革では、この3大制度の復活を盛り込み、これに基づく新たな制度作りを目指してきた。

1）人民代表大会制度の復活と改革

　四人組の失脚以降、全人代常務委員会の活動が再開し、地方各級の人代が次々と開かれた。1978年2月26日には第5期全人代第1回会議が開催され、13年間の中止を経てようやく再開された。

　同年に行われた第11期三中全会では、経済体制改革と政治体制改革の大きな方向性が定められた。この中で、人民代表大会制度の改革、改革の進め方、西側の民主制度を重んじる社会風潮、に対して鄧小平は、中国の社会主義の基本的な政治制度である人民代表大会制度という性質は変えられない、という考え方を示し、「我々の制度は人民代表大会の制度であり、共産党が指導する人民民主主義の制度で、西側のやり方とは違う」[*71]、「民主について、我々大陸では社会主義の民主を重んじるため、資本家階級の民主の概念とは異なる。西洋の民主には三権分立や多党間競争などがある。西側諸国のこうしたやり方には決して反対しないが、中国大陸では多党間競争、三権分立、両院制は行わない。我々は全国人民代表大会という一院制を採り、これが中国の実情に最も適したやり方である」と語っている[*72]。

　1979年6月18日から7月1日まで開かれた第5期全人代第2回会議で「地方各級の人民代表大会および地方各級の人民政府組織法」が採択され、県レベル以上の地方各級の人民代表大会に常務委員会が設置されることになり、人民代表大会の常設機関として、地方各級の人民政府は

---

*71　鄧小平「改革的歩子要快」（『鄧小平文選』第3巻、人民出版社、1993年）
*72　鄧小平「会見香港特別行政区基本法起草委員会委員時的講話」（『鄧小平文選』第3巻、人民出版社、1993年）

当地の人民代表大会およびその常務委員会へ報告が義務づけられることになった。

この段階で人民代表大会制度を堅持、確立した最大の成果は、人民代表大会が有する立法と監督という職能を果たすことができた点である。

(1) 立法改革

第11期三中全会では、立法活動を全人代と常務委員会の重要な議事日程に組み込むことが要求された。その1カ月後の1979年2月17日から23日に開催された第5期全人代常務委員会第6回会議で、全人代常務委員会法制委員会の創設が決定し、同委員会主任に彭真が任命された。

それから、3月から6月までのわずか3カ月ほどの間に、第5期全人代第2回会議で、刑法・刑事訴訟法・選挙法・地方組織法・人民法院組織法・人民検察院組織法・中外合資経営企業法の7つの法律が制定された。これまで停滞していた立法が20数年ぶりに再開され、全国の人民が「依法治国」(法に基づいて国を治める)の時代の訪れを喜んだ。

1980年9月10日、第5期全人代第3回会議で、憲法改正と憲法改正委員会の設置についての決議が採択された。

1982年5月4日、全人代常務委員会は、すべての人民を交えた憲法改正案をめぐる討論を行うことを決定した。4カ月に及ぶ大々的な討論を経て、その中の意見や提案を取り入れ、憲法改正案に対して100近い補足や修正が加えられた。1982年12月4日、第5期全人代第5回会議の全体会議で、無記名投票で憲法に対する表決が行われた。3040名の出席者が代表して投票を行い、その結果、3037票の賛成を得た。こうした82年憲法が制定された過程と表決の様子を公開したことは、それ自体が中国の法制史において画期的な出来事であった。

82年憲法によって、人民代表大会制度は次のように整備された。
① 全人代に民族、法律、財政・経済、教育・科学・文化、外務、華僑などの専門委員会を設置。専門委員会は、閉会中は全人代常務委員会の指導に基づき、関連議案の研究・審議・起草にあたり、調査研究に努める。
② 全人代常務委員会委員長・副委員長・秘書長をもって委員長会議を構成し、常務委員会の重要な日常活動の処理にあたる。

③人民代表大会常務委員会の構成員は、国家の行政機関、裁判機関、検察機関の職務に従事できないという規定を追加。
④省および直轄市の人民代表大会およびその常務委員会に、地方の法規を制定する権限が与えられる。

こうした措置は、中国の立法体制におけるひとつの重要な改革であった。

（2）監督機能の強化

82年憲法の公布後、人民代表大会は数度の会議を行い、憲法における人民代表大会による監督の原則性をより細かく規定した。第6期全人代第5回会議で「全人代組織法」が採択され、人民代表大会が有する監督機能について具体的に示された。すなわち、人事面での監督では罷免案提出者の資格について、また業務面での監督では質問案提出者、対象、回答方法について規定し、さらに人民代表大会の各専門委員会の職務権限についても定めた。1986年、第6期全人代常務委員会第18回会議で地方各級の人民代表大会と地方各級の「政府組織法」が改正され、人民代表大会および常務委員会の監督機能に対してさらに掘り下げた規定と補足が設けられた。1987年11月には「全人代常務委員会議事規則」が採択され、最高人民法院と最高人民検察院が常務委員会に対して質疑を提起できる（常務委員会を監督できる）という内容が組み込まれた。1989年4月に開かれた全人代第2回会議では「全国人民代表大会議事規則」が採択され、全人代組織法に基づいた上で、人民代表大会に対してどのように監督機能を行使するかについて具体化・ルール化された内容が加えられた。

同会議では、人民代表大会が立法権を行使する過程の監督に対しての基本的な手順について、さらに細かく定められた。つまり法案に対して、まず常務委員会が初段階の説明について聞き取りを行う。その後、法案は全人代法律委員会や関連する専門委員会に委ねられ、審議と改正が行われる。また、各地方と各部門から広く、法案に対する意見を求める。重要法案の場合は、広く人民の意見を募るために新聞紙面で公表し、その後、再び常務委員会の審議にかけられる。法案は十分な議論を経た後、表決によって採択される。重要条項について論争や意見の違いが多く見

られる場合は、表決をいったん保留にして、採決を強行することはせず、さらに調査研究を進めて改正した後に、再び会議での審議と表決を要請する。

2）政党制度改革の推進

　文革期、統一戦線組織は著しく破壊された。民主諸党派は大きな痛手を受けて、活動の停止を余儀なくされた。政治協商会議も「投降主義」や「修正主義」のレッテルを貼られ、「政治協商会議は牛鬼蛇神（ぎゅうきだしん）の巣窟」と誹謗中傷された。こうした圧力の下、中国人民政治協商会議全国委員会（全国政協）の機関は1966年8月から業務を一時的に停止させられた[*73]。四人組の失脚後、鄧小平は多党協力と政治協商制度の回復を非常に重視し、新たな段階へ向けた統一戦線組織を強化することに乗り出した。

　1978年2月、鄧小平は第5期全国政協主席に選ばれ、自ら「中国人民政治協商会議規約」の改訂にあたった。これについて鄧小平は、「人民政治協商会議は、人民民主主義を発揚し、各方面の人民大衆を結びつける重要な組織である。中国の社会主義近代化建設事業にとって、政治協商会議が国家の根本方針、政治生活および4つの近代化建設におけるさまざまな社会・経済問題を協議、討論し、相互監督を実行し、憲法、法律の施行を監督する役割を果たすことは、今後とも必要である」[*74]と述べている。

　1979年6月、鄧小平は、第5期全国政協第2回会議で重要な演説を行った。その中で、中国社会の階級状況の変化、また統一戦線組織内部の変化について科学的に分析し、新時期の統一戦線と人民政治協商会議の課題を明確に打ち出した。1979年10月、鄧小平は、全国政協と中央統一戦線工作部が民主諸党派と工商連（全国工商連合会）を招いたレセプションに出席し、次のような演説を行った。「共産党の指導の下で多党間が協力することは、中国の具体的歴史条件と現実条件によって定

[*73] 「『文化大革命』対統一戦線的厳重破壊（1966年6月～1976年9月）」（中共中央統戦部網站）
http://www.zytzb.org.cn/09/theory/lishi/200909/t20090927_575720.html/
[*74] 鄧小平「新時期的統一戦線和全国政協的任務」（『鄧小平文選』第2巻、人民出版社、1994年）

められ、中国の政治制度のひとつの特徴であり強みでもある」、「民主諸党派と工商連は、中国革命で愛国的統一戦線を共に構成した大切な一部である。また、長い間わが党と協力し、共に闘った歴史を持つ友である。新民主主義革命で勝利をおさめ、中華人民共和国成立の闘いで民主諸党派は重要な役割を果たした」、「新しい歴史の中で、民主諸党派と工商連は依然として重要な位置づけであり、欠かすことのできない役割を備えている」[75]。

鄧小平は、民主諸党派に対する「長期共存、相互監督」という共産党の方針に基づいた上で、「肝胆相照、栄辱与共」[76]を加えて、多党協力が持つ重要な意味合いを際立たせることで、統一戦線の考え方にさらに幅を与えて発展させた。

改革・開放以降、政治協商は、共産党の指導下における多党協力制度の主な形態となった。1982年には政治協商会議の性質や役割が憲法に記載され、政治協商会議が司る機能や職務に法的根拠が与えられた。

1989年の春、鄧小平は、民主諸党派の政治参加と監督機能について定めた法案を提起した。これを受け、同年12月30日、「中国共産党の指導する多党協力、政治協商制度の堅持と確立に関する中共中央の意見」が公布された。この中で、「中国共産党は、社会主義事業の中心的指導を担う執政党である。民主諸党派は、それぞれに連なる社会主義労働者と社会主義を支持する愛国者による政治連盟であり、中国共産党の指導を受け入れ、共に協力し合い、共に社会主義事業に尽力する友党であり、参政党である」と明確に定められた。また、民主諸党派と無党派人士の政治参加における基本的なポイントについても定めている。すなわち、国の政治方針、指導者選出をめぐる協議、国の事務管理へ参画し、国の方針・政策・法律の制定と施行に関与することで、政権へ参加していく。こうした民主諸党派には、憲法が定める権利と義務の範囲内での

---

[75] 鄧小平「各民主党派和工商聯是為社会主義服務的政治力量」(『鄧小平文選』第2巻、人民出版社、1994年)

[76] 肝胆相照、栄辱与共:「肝胆相照らし、栄辱を共にする」。互いに心を打ち明けて、親しい関係を続けていくという意味。
鄧小平「各民主党派和工商聯是為社会主義服務的政治力量」(『鄧小平論統一戦線』、中央文献出版社、1991年)

第1章　現代中国における民主政治の歩み

政治的自由、組織の自主性、法的平等が与えられている。政治参加のあり方としては次のように行われている。

①共産党の主要な指導者からの要請を受け、民主党派の主要な指導者および無党派の代表は民主協商会を開き、党中央が提案する政治方針について協議を行う。

②共産党の主要な指導者がその時々で実施するさまざまな協議活動において、共に関心を寄せる問題について自由な議論、意思疎通、意見交換を行う。

③共産党が民主諸党派と無党派民主人士たちとの座談会を開き、重要状況について報告と交流を図り、重要文書を通達し、両者が提案する政策案を聴取し、特定テーマについて議論を行う。

④場合によっては、全国政治協商会議党グループが付託を受けて座談会を実施する。

⑤重大事件については随時報告を行う。

このように、政治参加のあり方と制度を確立することは、共産党と民主諸党派、無党派民主人士との協力を強め、今後の統一戦線の発展をさらに推し進めることになる[*77]。

3）民族区域自治制度の回復と強化

文革期には、民族区域自治制度も破壊された。地域によっては、こうした制度が廃止され、近隣地域と統合され、自治権がほぼ奪われたような有り様で、民族区域自治をめぐる法整備は大きく後退してしまった[*78]。やがて改革・開放を迎え、民族区域自治制度は速やかな回復と発展を遂げていった。

1979年4月25日、党中央は北京で全国国境警備会議（全国辺防工作会議）を開催し、新たな時期へ向けた少数民族問題の課題を明確にし、民族区域自治政策の実施を強調し、少数民族における地位の平等と自治

---

*77　「中共中央関於進一步加強中国共産党領導的多党合作和政治協商制度建設的意見」（人民網、中国共産党新聞）
　　http://cpc.people.com.cn/GB/64107/65708/65722/4444523.html

*78　「民族工作改革30年回顧」（中華人民共和国国家民族事務委員会網站）
　　http://www.seac.gov.cn/gjmw/zt/2008-12-16/1229136024131890.htm

権を尊重していくことを確認した。

　1980年、鄧小平は中央政治局拡大会議で「各民族に民族の区域自治を真に実施させる」[*79]と演説した。1981年6月、第11期六中全会で「建国以来の党の若干の歴史問題についての決議」が採択され、少数民族の自治権の尊重に欠けていたという教訓を基に、民族区域自治を実施する必要性が強調され、その法整備を強化し、少数民族地域の実情に応じた党と国の政策を実施する自主権の保障についても述べられた。

　1981年8月、鄧小平は新疆ウイグル自治区の指導者との会談の場で、民族区域自治法の制定を提案した。82年憲法では、54年憲法に定められた民族区域自治の規定が復活した形での若干の規定が新たに設けられた。例えば、民族自治地域の人民代表大会常務委員会を担当する主任や副主任をめぐる規定では、

　①自治区の主席、自治州の州長、自治県の県長については、同自治区の少数民族の公民が担当すること
　②自治区の公的機関は、国の計画指導の下で自治地域の経済建設事業を自主的に配置・管理すること
　③自治地域における教育、科学、文化、保健、体育などの事業を自主的に管理すること

などが加えられた。こうして、民族区域自治を保障する政策が徹底して行われるようになってきた。1984年5月、第6期全人代第2回会議で「民族区域自治法」が審議・採択された。同法は、憲法に定められた民族区域自治制度を実施するための基本法であり、少数民族地域の自治機関が持つ自治権を法的に強化させ、少数民族自らがその内部の事務権限を管理することを、国が十分に尊重・保障するという理念を具体的に示し、国家の統一、民族の平等と団結、経済の共存共栄を法的に保障している。1987年10月、鄧小平は外国要人との会談の場で、中国の特色ある民族区域自治制度を繰り返し強調し、「民族問題の解決を例に挙げると、中国がとっているのは民族共和国連邦制ではなく、民族区域自治制である。これは比較的良い制度で、中国の実情に適したものと考えてい

[*79] 鄧小平「党和国家領導制度的改革」(『鄧小平文選』第2巻、人民出版社、1994年)

る。我々はたくさんの優れたものを持っており、これらは社会制度の優れた点であるから、捨ててはならない」[*80] と語った。

4）末端における大衆自治制度の確立

末端における大衆自治制度は、中国の基本的な政治制度のひとつであり、中華人民共和国憲法の枠組みの中で、共産党とその末端組織の指導の下で、都市部と農村部の住民が共に自らに関わる事務を管理する制度である。この制度では、都市部と農村部の各住民が民主的な選挙によって、民主的な政策決定・民主管理・民主監督を実現し、政治的な権利を直接行使している。こうした制度を実施し、末端民主が広がることは、改革・開放後に民主政治が成し遂げたひとつの大きな功績である。

1953年6月8日、彭真は毛沢東ら中央指導部に宛てて「都市部の街道弁事処[*81] および居民委員会組織と経費の問題についての報告」を提出した。この報告では、都市部の街道にある居民委員会は、末端行政組織でなく集団自治組織でなければならないと指摘している。その主な役割は、工場、商店、機関、学校を除く町の住民を組織し、任意を原則とした上で、住民の公共の福祉に関わる事務を執り行い、政府の政策や法令を周知させ、住民が政府の呼びかけに応え、住民の意見を行政に反映させることである。居民委員会は「居民小組」（近隣住民の小単位の組織）による選挙で選出され、都市部の末端行政機関もしくは出張行政機関の統一的指導の下で活動を行う。

1954年12月、第1期全人代常務委員会第4回会議で「都市居民委員会組織条例」が制定・公布され、居民委員会の性質・位置づけ・役割が法的に認められた。1956年末までに、全国の各都市で都市居民委員会が設立された。第11期三中全会を経て、都市居民委員会は住民の自治組織として復活し発展を遂げていった。1980年1月、全人代常務委員会は「都市居民委員会組織条例」「人民調停委員会暫定組織通則」「治

[*80]　鄧小平「我們幹的事業是全新的事業」（『鄧小平文選』第3巻、人民出版社、1993年）
[*81]　街道弁事処：街道は町内の意味。街道弁事処は市政府や区政府などの出張所。人口10万人を超える市や市が管轄する区の出張行政機関で、市の行政事務や居民委員会への指導を行う。

安防衛委員会暫定組織通則」を新たに公布した。82年憲法では、基本法として初めて居民委員会の性質と役割について次のように記している。「都市および農村で住民の居住区ごとに設置される居民委員会または村民委員会は、末端の大衆的自治組織である。居民委員会および村民委員会の主任、副主任および委員は、住民がこれを選挙する。居民委員会および村民委員会と末端政権との相互関係は、法律でこれを定める。居民委員会および村民委員会は、人民調停、治安護衛および公衆衛生などの各委員会を置いて、その居住区における公共事務および公共事業を処理し、民間の紛争を調停し、社会治安の維持・保護に協力し、かつ人民政府に大衆の意見および要求を反映し、並びに建議を提出する」。都市住民の自治と民主的権利を保障するため、長年の調査研究と「居民委員会組織条例」の実施経験を取りまとめた後、1989年12月26日の全人代常務委員会第11回会議で「都市居民委員会組織法」が採択された。

　農村住民の自治組織は、農家請負制が始まってから誕生した。農家請負制が始まると政社合一は廃止され、郷級政府が人民公社に取って代わった。やがて、新たな農業生産組織の形にふさわしい農村の末端管理のあり方が大きな問題となった。しかし、地方の村レベルの組織の多くは分散され、公共事務を担う者がおらず、さまざまな問題が蔓延していた。

　地域によっては農民が自発的に組織し、自治組織を設立して管理を行っているケースもあった。1980年2月5日、広西チワン族自治区宜山県にある三岔公社合寨大隊の果作生産隊では85世帯の農家代表による無記名投票が行われ、全村の新しい管理組織として村民委員会が誕生した。同委員会が村民公約を定め、全村の公共事務を行うことになった。同じく、広西チワン族自治区内の羅城県でも農民による自治管理組織が創設され、「村治安指導グループ」や「村管理会」と名づけられた。1981年の春にはこれらは「村民委員会」に統一された。こうした取り組みがすばやい反響を呼び、全国の多くの地域で次々と同様の取り組みが行われるようになった。

　農村における末端組織の設立に、中央は高い関心を寄せた。1982年、中央1号政策文書の「全国農民工作会議紀要」では、「昨今、さまざまな原因から農村の一部の社隊では末端組織が分散し、ひどい所では機能

不全や機能麻痺の状態に陥っている。こうした事態に責任を負う者がおらず、好ましくない現象が蔓延している。これらの状況に各級の党委員会は大きな関心を寄せ、生産請負制の整備について取りまとめ、この問題をきちんと解決しなければならない」と述べられている。

　82年憲法では、村民委員会の法的位置づけを明確にし、その性質・役割・組織の原則について定めている。憲法公布後、全国で村民委員会を設立する取り組みが展開された。通常は、現行の生産大隊を基に村民委員会を立ち上げ、生産隊を基に村民小組が立ち上げられた。1983年、郷鎮政府の成立と共に、全国で村の党委員会組織が創設され始める。1987年の第6期全人代常務委員会第23回会議では「中華人民共和国村民委員会組織法（試行）」が採択され、各地で法に則った民主選挙が実施されるなかで多くの制度面のイノベーションが行われ、選挙方法は、等額選挙から差額選挙へ、間接選挙から直接選挙へ、公開採決から秘密投票制（無記名投票など）へと転換を遂げた。

　1980年代、中国では農村住民が総人口の8割以上を占めていた。農村の住民自治制度が確立してからは、彼らは自らによる管理・教育・サービス・監督を実現し、農村経済と公益事業の発展、さらに社会の安定を推し進めてきた。1987年、鄧小平は海外要人との会見時に「積極性を発揮させることが最大の民主である。どのような民主の形式をとるのか、民主をどうやって実現させるのか、これは実際の状況を見なければならない」[*82]、「権限を末端部門と人民に委譲すること、農村の場合は農民に委譲すること、これが最大の民主である」[*83]と指摘している。

4．中国の特色ある社会主義民主政治制度の形成

　およそ10年の模索を経て、中国の政治体制改革の目標・基本原則・内容が定められ、民主政治制度における4つの基本制度が確立された。第13期四中全会後には、党の第3世代、第4世代の中央指導部は中国

---

*82　鄧小平「改革的歩子要快」（『鄧小平文選』第3巻、人民出版社、1993年）
*83　鄧小平「一切従社会主義初級階段的実際出発」（『鄧小平文選』第3巻、人民出版社、1993年）

の特色ある民主政治の発展へ向けた道筋を模索してきた。

（1）政治発展の道筋

　2002年5月31日、当時の共産党中央総書記だった江沢民は、中央党校の省部級幹部研修班の卒業式典の演説で、政治体制改革の推進は中国の国情から出発し、政治発展へ向けた自らの道筋を揺るぎなく進み、社会主義政治制度の自己改善と発展を絶えず推し進めなければならない、と述べた。この演説の中で、中国の政治発展へ向けた道筋という考え方が初めて示された。

　第13期四中全会後、江沢民は党と国の最高指導者となった。この時、国内では89年に起こった「政治的風波」（天安門事件を指す）が収束したばかりで、海外ではソ連と東欧の激動を受け、社会は大きな変動期に差しかかっていた。中国の社会主義の前途は厳しい試練にさらされ、多くの人々の目に、中国社会がどこに向かうのかという問題が映っていた。こうした歴史的な時期に、江沢民は4つの基本原則を堅持するという前提の下、模索を続け、イノベーションに力を注ぎ、中国の民主政治制度を新たな段階に進めることを明確に示した。

　1989年以降、中国の政治的発展は2つの問題に直面した。1つはさらなる改革が必要か、引き続き民主政治を進めていく必要があるか、という問題。2つめはどういった改革を行い、どういった民主政治を執り行うか、という問題だった。1つめの問題に対して、江沢民は「どんな状況にあっても、我々は社会主義民主の旗印をしっかりと握っていかねばならない」[*84]と述べている。2つめの問題に対しては、江沢民は、中国の民主政治建設は自らの道を歩まなければならないと強調している。

　これはすなわち、決して、西側の民主政治モデルに照らし合わせ、西側の民主・自由・人権に対する考え方に倣ってはならない、という立場を明確に示している。

　第14回党大会の報告では「経済体制の改革と経済の発展に伴い、民主化と法制化の緊密な結合を目指して、政治体制の改革を鋭意推進しな

---

*84　江沢民「堅持和完善人民代表大会制度」（『江沢民文選』第1巻、人民出版社、2006年）

ければならない」*35 と表明した。民主を発展させるには、必ず法整備とセットで行う必要があり、法によって国を治め、社会主義の法治国家を建設し、また党指導者は法による統治を、国を統治する上での基本方策としていかなければならない。

　1998年、鄧小平理論学習工作会議で演説した江沢民は、社会主義の民主政治を発展させる上で、党の指導、人民民主、法に基づいて事を進める、という3者の関係を適切に取り扱わなければならないという考えを示し、「党の指導は要であり、民主の発揚は基礎であり、法に基づいて事を進めることは保障である」*86 と語った。これは「三統一」（3つをひとつにする）の考え方が、比較的早い段階で要約されて表現されたものである。

　江沢民は、第16回党大会の報告の中で、「社会主義の民主政治を発展させる上で、最も根本的なことは党の指導の堅持と人民の主人公としての地位の確立、法律に基づいて国を治めることを有機的に統一させることである」と指摘している。こうした「三統一」の原則は、中国の特色ある社会主義政治の発展にとって中心的な内容であり、それを確立することは、中国の特色ある社会主義政治の発展を目指す道筋を正式に作り上げることを意味している。

　第17回党大会の報告で胡錦濤は「人民民主は社会主義の生命である」と語った。人民の主人公としての地位を確立することは、社会主義民主政治にとっての本質であり核である。さらに胡錦濤は、第18回党大会の報告では、こうした3者の関係をより明確に述べている。「党の指導と、人民が主人公となることおよび法律に基づいて国を治めることの有機的な統一を堅持する。人民の主人公としての地位を確保することを根本とし、党と国家の活力を増強し、人民の意欲を引き出すことを目標として、社会主義の民主を拡大し、社会主義の法治国家づくりを加速し、社会主義の政治文明を発展させなければならない」と語った。このように胡錦濤は、中国はすでに中国の特色ある社会主義政治発展の道筋、また人民

＊85　江沢民「加快改革開放和近代化建設歩伐、奪取有中国特色社会主義事業的更大勝利」（『十四大以来重要文献選編』（上）、人民出版社、1995年）
＊86　『江沢民論有中国特色社会主義（専題摘編）』、中央文献出版社、2002年

民主を広く実現するための正しい方向性を切り開くことに成功したと宣言した。

（2）人民代表大会制度の整備

第14回党大会以降、人民代表大会制度はさらに整備された。この制度整備によって、人民代表大会を通じて人民が国家権力を行使することを支持し、また、同大会とその常務委員会が国の権力機関としての役割を果たし、法に則して立法・監督・決定・任免などの職権を行使することを支持し、国家権力機関の組織制度を健全化し、法に基づいた職務遂行能力を強めた。

１）人民民主の拡大

人民代表大会は、人民を代表して国家権力を行使する機関であり、主権在民の原則をより具体的に示し、同会を通じて人民が国の権力を管理できることを保証している。

（１）末端代表の割合の上昇

全人代代表の中において、末端の代表の割合が増えている。第16回党大会以降、「選挙法」は2004年と2010年の2度の修正を経て、都市と農村それぞれの代表の割合は、8対1から4対1、さらに1対1となり、まさに地域・民族・人民の「3つの平等」が実現された。第12期全人代代表選挙では、こうした割合に応じた代表選挙が初めて行われた。2987名の代表の中で、末端代表が401名で全体の13.4％を占め、前回よりも5.18ポイント上がった。うち農民工（農村からの出稼ぎ労働者）代表は31名だった。代表の中で党と政府の指導幹部はおよそ7ポイント減少している。

（２）人民代表大会代表による積極的な政治参加と政治議論

議案や提言を出すことは、人民代表大会代表の職責上、重要な形式であり、民情や民意を反映させる主なチャンネルでもある。1982年に採択された「全国人民代表大会組織法」によって、代表議案規則が認められた。30名以上の代表が連名で全人代へ議案を提出することができ、議案審査委員会などの機関の審査を経た後、その議案は全人代の議事日

程へ組み込まれ、あるいは関連の専門委員会や常務委員会での審議に委ねられ、議案から提言へと変えられることもある。2003年から2012年の間に人民代表大会の代表によって提起された議案は6314件、提言は6万6850件、そのうち6万5472件の提言に回答が寄せられ、全体の7割以上が解決した[*87]。第10、11期にわたり全人代代表を務めた周暁光は、10年間で232の議案と198の提言を提出し、そのうち203の議案および189の提言が受け入れられた。その中の「農民専業合作社法」「各級人民代表大会常務委員会監督法」「企業破産法」の3法案は立法化され、「行政強制法」など10法案が国務院の立法計画に組み込まれている。

(3) 人民代表大会代表と民衆とのつながりを緊密にする制度の確立

第17回党大会で「人民代表が法によって職権を行使することを保障し、人民代表と民衆とのつながりを緊密にする」と打ち出してから、全国の多くの地域でこうした人民代表と民衆とのつながりを緊密にする制度が確立されつつある。上海市人民代表大会では、2008年に「市人民代表大会代表と人民大衆とのつながりに関する若干の意見（試行）」が公布された。その内容は、制定主旨や代表と大衆との結びつき、さらに代表が選出元の組織や人民大衆とつながる形式、そのポイント、具体的要求、代表が社会情勢や民意を知るための研究方法や手段、市・区・県レベルの人民代表大会常務委員会に関連するサービスを維持する活動などについて定めている。2013年には、上海市にある99のコミュニティすべてにこうした代表との連絡室が設けられた。

(4) 大衆の政治参加ルートの拡大

約3億人のネットユーザーを有する中国では、インターネットは大衆の政治参加にとって重要なプラットフォームと新たなルートになりつつある。2009年以降、毎年、人民代表大会の会議が開催される際には、全人代会議ニュースセンターに「インターネットインタビュールーム」（網絡訪談室）が設けられ、ネットユーザーと人民代表大会代表とがネット上で交流を図ることができる。こうして、インターネットは人々が全人代に参加する「政務室」になりつつある。

[*87] 『中国人大』2003年第2期

２）科学的立法、民主的立法の実施

　科学的立法とは、立法化の過程で「科学的な理論指導、科学的な方法メカニズム、科学的な評価基準を堅持する」*88 ことである。2000 年に成立した「立法法」では、「立法は実際から出発し、科学的かつ合理的に公民、法人、その他の組織の権利と義務、国家機関の権力と責任を定めるべきである」と述べられている。2006 年 3 月、呉邦国*89 は「全国人民代表大会常務委員会報告」の中で、「経験を総括した上で、科学的立法、民主的立法をさらに推進し、それらを制度化・規範化・手順化していかなければならない」と述べた。このような科学的立法かつ民主的立法が、第 17 回党大会の大会政治報告の中に書き加えられた。

　科学的立法には、主に次のことが含まれる。

①立法計画と立法設計に対して評価を行う。
②立法について論証する。法規法律の合理性、実現可能性を重視し、その運用性と実行性の論証を強めていく。
③事後評価を行う。立法への事後評価を「常態化」させ、法執行に対するチェックと事後評価を結びつけ、立法のねらいと効力を着実に高めていく。
④立法を精査する。大量の立法が完了した後に、法規法律の制定や改正にあたっては細かく精査し、その質を高めていく*90。

　2002 年 9 月、全人代常務委員会法制工作委員会は、文物保護法の改正について北京で初めて立法論証会を開催した。これには、全人代法律委員会、同教育科学文化衛生委員会、国家文物局の各担当者が出席した。また、文物と法律に携わる有識者、著名な博物館や民間の博物館の館長、博物館協会、コレクター協会、地方の文物保護部門の一部代表も参加した。

　北京市人民代表大会常務委員会は、2008 年から立法に先立つ論証（立項論証）を試験的に実施し、立法の必要性、タイミング、考え方、効果などへの評価を行っている。広東省人民代表大会常務委員会も規定を定

＊88　張徳江「堅持科学立法民主立法切実提高立法質量」(『人民日報』、2013 年 6 月 3 日付)
＊89　呉邦国：第 8 期全人代常務委員会委員長、第 16 期、第 17 期中国共産党中央政治局常務委員を務めた。
＊90　万其剛「関於以人為本与立法的幾個問題」（中国人大網）
　　　http://www.npe.gov.cn/npc/xinwen/rdlt/sd/2012-08/17/content_1732831_2.htm/

め、広東省の各地域が定めるすべての法規は、論証・公開・公聴会・評価・有識者のアドバイスを経てから立法化される。

　立法後の評価とは、立法機関が法規の実施状況に対して調査研究を行うことを指す。すなわち、実施後の効果と実施する上での問題について重点的に研究し、法規における制度設計の合法性・運用性・ねらいを分析し、法律制度の改正と補完に役立てている。2010年、全人代常務委員会は「科学技術進歩法」および「農業機械化促進法」に対して、アンケート調査・実地調査・事例分析など多様な方法で立法後の評価を行い、立法の事後評価を全国に広げ、科学的立法を実現させるための貴重な経験を培うことができた。

　民主的立法も、法律の質を高める重要な方法である。ここ数年、こうした面ではさらに大きな進歩を遂げた。徐々に多くの人民代表大会で開かれた立法が行われている。すなわち、立法における一般の人々の参加が奨励され、情報収集を行い、各方面の利益と要求を目に見える形で示すことに力を入れ、一般の人々の利益に合致する法律と政策の制定に励んでいる。

　「物権法」の立法化の過程はその代表格と言える。その起草は1993年から始められた。2002年12月から全人代と常務委員会によって8度の審議が行われ、単独法案の審議では全人代の立法史上で最多記録となった。その期間、法案の全文を社会へ向けて公開し、意見を募り、100回以上の座談会と立法論証会が開催され、さまざまな意見の聞き取りが行われた。こうして、2007年第10期全人代第5回会議で、3000名近い代表者のうち、賛成票2799、反対票52、棄権票37という結果で採択に至った。この「物権法」の誕生は、人民代表大会による民主的立法のひとつのモデルケースである。

　個人所得税法の改正においても、法律の制定と改正へ民意が影響することが大きく示された。2005年9月、全人代の関連部門は税法についての合同公聴会を初めて開催した。10月27日に採択された「中華人民共和国個人所得税法」改正案は、公聴会での意見が取り入れられた。基礎控除額は、改正案草案にあった1500元から1600元へと引き上げられた。この公聴会は、全人代および常務委員会の立法史上における初の試

みであり、中国の民主的立法を象徴する出来事であった。2011年4月、国務院は、全人代常務委員会に対して個人所得税法の改正案について再度審議を行うよう要請した。これを受け、4月25日に常務委員会弁公庁は1度目の審議を経た改正案全文を公開し、社会へ向けて意見を求めた。36日間で計23万余りの意見が寄せられた。集計と分析を経て、立法府はこれらの意見を人々へフィードバックした。6月27日、全人代常務委員会によって個人所得税法の新しい改正案が再審議された。この改正案では、基礎控除額を3500元に据え置きながら、最低税率を5％から3％へ引き下げ、これによって納税者における中所得層と低所得層の税負担をさらに軽減させた。こうした法改正の過程は、中国の民主政治建設にとって著しい進歩であることが分かる。

　2003年以降、50以上の法案がインターネット（中国人大網）と関連メディアを通じて社会に公開され、大衆からの意見を広く募ってきた。中国の立法府は、2008年以降48法案を社会に向けて次々と発表し、こうした法案改正をめぐって30数万人から180万件の意見が寄せられた。そのうち最も多くの意見が寄せられたのは、労働契約法の改正案についてであり、およそ55万件の意見が寄せられた。こうして、立法府が立法公聴会や座談会を開催し、一般市民からの意見をヒアリングし、法案を公開した上で意見を募るという形を常態化させることができた。

　2011年3月10日、呉邦国委員長は、中国の特色ある社会主義の法律体系はすでに作り上げられたことを宣言した。約60年を経て、依るべき法が無い（無法可依）状態から依るべき法が有る（有法可依）に至る歴史的な転換を成し遂げ、法によって国を治める（依法治国）という基本的戦略の実施、また社会主義法治国家建設へ向けた揺るぎない法制の基盤を築き上げた。

　中国の法律体系は、憲法とその関連法、民法・商法、行政法、経済法、社会法、刑法、訴訟・非訴事件手続法、といった多くの法律分野の法律を主として、法律、行政法規、地方の法規という3つのレベルの法律規範によって構成されている。これらの法律によって、国の経済・政治・文化・社会・生態文明の建設が実現した。2012年末までに、現行憲法と4つの修正中の法律を除いて、中国では現行法として243の法律、

721の行政法規、地方の法規、民族自治地域の自治条例、単行条例を合わせて9200を超える、法的効力を有する法規が存在している。

3）法による監督の推進

人民代表大会の監督制度は、国の基本的な政治制度である人民代表大会制度を支える重要な部分である。中国では1980年代から監督法をめぐる下準備と起草が行われ、2006年8月の全人代常務委員会第23回会議で「中華人民共和国各級人民代表大会常務委員会監督法」として採択された。監督法の公布・施行によって、常務委員会による監督が法制化・規範化・常態化された。各級の人民代表大会常務委員会に対して法に基づいた監督職権を行使し、その効力を強め、法に基づいて政治と司法の公正を促すことは重要な意味合いを持つ。ここで言う常務委員会による監督とは、主に活動面と法律面に対する監督を指す。

活動面に対する監督とは、「一府両院」[*91]が行う活動に対する監督である。すなわち、それらが憲法と法律、また人民の根本的な利益に合致しているか、人民代表大会および常務委員会の決議・決定が正しく実施されているか、正しく職権を行使しているか、などに対して監督が行われる。主な内容としては、

① **党と国の大局的な仕事に関連する事柄に対する監督**。改革と発展の全体的安定、大衆の切実な利益、社会的関心の高い問題（例えば「三農」問題[*92]、義務教育、環境保護、生産の安全性、立ち退きへの補償など）をきちんと捉え、それぞれに対する監督を行う。

② **計画と予算の執行に対する監督**。具体的には、毎年中期に、当該年度の前期の計画と予算の執行状況に対する聞き取りと審議を行う。これらの審査と許可にあたり、必要と思われる部分に対して調整を行う。前年度の予算執行状況とそれ以外の財政収支の会計検査報告に対する聞き取りと審議を行う。

---

*91　一府両院：政府と人民法院、人民検察院のこと。
*92　三農問題：「農業」「農村」「農民」という中国が直面する深刻な3つの問題。農業の低生産性、農村の疲弊、農民の低所得によって、経済成長の鈍化や都市部と農村部との所得格差といった問題を引き起こしている。

③**法規法律の実施状況を監督**。主に法執行に対してチェックを行う。常務委員会は、毎年実施するなかで問題の多い、あるいは人民大衆の関心の高い法規法律のいくつかを取り上げ、集中的に掘り下げてチェックし、その主な問題を徹底して調査し、改善点や反省点を指摘し、法規法律が正しく実施されるようにしていく。2010年以降、全人代常務委員会は、法執行に対して13回の検査を行い、国務院、最高人民法院、最高人民検察院における31に及ぶ特定項目の業務報告について聞き取りと審議を行い、特定テーマに対して9度の意見聴取を行った[*93]。

法律に対する監督の具体的なあり方は、規範的文書が憲法と法律に合致しているかどうかを監督することである。規範的文書は、憲法と法律以外に2つのタイプに分けられる。1つめのタイプは、行政法、地方法、自治条例、単行条例、国務院の部門規則、地方政府の規則である。こうした文書は中国における法の起源であり、中国の特色ある社会主義の法律体系を作り上げている。2つめのタイプは、これ以外の国の機関が定めた決議・決定・命令などを指す。これらは中国法の起源ではないものの、広く用いられている。法律に対する監督のあり方は次のようにまとめられる。

①法執行に対するチェック
②記録記載に対する審査
③憲法と法律に抵触もしくは不適切な規範的文書の基準文書の撤廃[*94]

（3）協商民主の発展

1991年、江沢民は社会主義民主をめぐる2種類のあり方について、次のように指摘した。「人民は選挙や投票を通じて権利を行使し、また人民内部の各方面では選挙と投票に際して事前に十分な話し合い（協商）を行い、共通する問題についてはできるだけ意見の一致を図ること、

---

*93　国務院新聞弁「『2012年中国人権事業的進展』白皮書」（国務院新聞弁網站）
　　http://www.scio.gov.cn/zfbps/ndhf/2013/Document/1322525/1322525.htm/
*94　喬暁陽「人大常委会監督的内容和原則」（中国人大網）
　　http://www.npc.gov.cn/npc/bmzz/falv/2006-11/08/content_1384043.htm/
*95　江沢民「在七届全国人大四次会議、全国政協七届四次会議党員負責人会議上的講話」（『江沢民論有中国特色社会主義』（専題摘編）、中央文献出版社、2002年）

これが中国の社会主義の民主における2種類の重要なあり方である」*95。
2006年、「人民政治協商会議の活動強化に関する中共中央の意見」が公布され、初めて正式文書の中で「我々はこの広い領土と多くの人口を有する社会主義国家において、国家経済と国民生活に関わる重大な問題については、中国共産党の指導下で広く話し合いを行い、民主と集中をひとつにしたものを体現していく。人民は選挙や投票を通じて権利を行使し、また人民内部の各方面では重要な政策決定に際して事前に十分な話し合いを行い、共通する問題についてはできるだけ意見の一致を図ること、これが中国の社会主義民主における2種類の重要な形態である」*96 と述べている。2007年11月15日、国務院新聞弁公室は「中国の政党制度」白書を発表し、初めて「選挙民主」と「協商民主」*97 という考え方を認め、次のことを強調した。「選挙民主と協商民主を組み合わせたことが、中国における社会主義民主の大きな特徴である。中国では、人民代表大会制度、中国共産党が指導する多党協力、政治協商制度、これらが互いに補完し合う役割を有している」。また、第18回党大会報告では「社会主義協商民主はわが国の人民民主の重要な形態である」と初めて述べられた。さらに「協商民主制度とその活動のしくみを充実させるには、特別テーマをめぐる協商、直接関係者による協商、分野別協商、提案への対応についての協商などを突っ込んで進める。末端での協商民主を積極的に展開し、協商民主の広範化・重層化・制度化した発展を推し進めなければならない」*98 ことを強調している。協商民主は、中国における社会主義民主政治体制を支える重要な要素であり、すでに政治・社会・生活の中に広く浸透し、広範化・多層化・制度化という特徴を表しながら、その中身を常に拡充し進化を続けている。

　国の経済発展を左右する重要な政策決定において、大きな意味合いでの協商民主には次の3つが含まれる。

＊96　「中共中央関於加強全国政協工作的意見」（中央政府門戸網站）
　　　http://gov.cn/jrzg/2006-03/01/content_215306.htm/
＊97　協商民主：P.12の＊3参照
＊98　胡錦濤「堅定不移沿着中国特色社会主義道路前進 為全面建成小康社会而奮闘」（中国共産党新聞）
　　　http://cpc.people.com.cn/n/2012/1118/c64094-19612151.html/

①中国共産党と民主諸党派、無党派人士との間で行われる政治的な話し合い。共産党は執政党として、重要な経済問題に関する政策決定に際し、事前あるいは決定を行う場合に党内外で広く話し合いを行う。第16回党大会以降、党中央・国務院・関連部門が行った民主的な話し合い・座談会・状況報告会は197回に上り、国の経済や国民生活に関わる重要問題について、民主諸党派と無党派人士から寄せられた意見や提案を十分に取り入れてきた。
②国の政権機関が行う立法や政策決定をめぐる話し合い。これには人民代表大会が行う開かれた立法・政府・社会などの間での政策決定をめぐる協商対話が含まれる。
③人民政治協商会議による政治的話し合い。2008年から2012年までに、第11期全国政協で行われた話し合いは420回を超える。2010年以降、全国政協には1万6743件の提案が寄せられ、そのうち各民主党派中央と工商連（全国工商連合会）の提案が882件あり、特定テーマをめぐる常務委員会の話し合いと特別テーマに関する話し合いが6回にわたって行われ、調査研究のための視察は296回に及んだ。党中央は重大な政策決定に際し、通常は事前に各民主党派の主な責任者および無党派の代表人士を招いて民主的な協議会・小懇談会・座談会を開き、状況報告と意見聴取を行い、国の大まかな方針について共に協議を行っている[*99]。

こうした一方で、小さな意味合いでの民主的な話し合いについては、例えば教育・医療・環境・住宅など大衆の利益に深く関わる問題の政策決定に際し、民主懇談会・公聴会・質問会といったさまざまな形によって行われている。

浙江省温嶺市は、こうした民主懇談会を全国に先駆けて実施した。1999年6月、浙江省は全省で農業と農村の近代化教育を展開した。台州の温嶺市党委員会は松門鎮をその実験地域に定めた。というのも、松門鎮党委員会は長年続いた一方的な詰め込み型の教育モデルを変えたいと望んでいたためだった。そのため、市党委員会の工作チームによる指

---

*99　国務院新聞弁「『2012年中国人権事業的進展』白皮書」（国務院新聞弁網站）
http://www.scio.gov.cn/zfbps/ndhf/2013/Document/1322525/1322525.htm/

第 1 章　現代中国における民主政治の歩み

導の下、松門鎮党委員会は事前に幹部を派遣して現地で末端の調査研究を行い、大衆からの意見や提案を募った。調査研究チームは、現地の人々が最も関心を寄せる問題、最も不満を抱いていること、最も解決したいことなどを質問した。こうした調査研究によって、改革・開放以降、経済や社会環境の大きな変化に伴い、末端、特に農村では人民大衆と党組織との関係や感情的なつながりが希薄になり、党幹部に対して不満を抱いていることが次第に分かってきた。こうした問題をどのように解決するのか。松門鎮党委員会は、末端と農村に見られるこうした状況を重く受け止め、新たなやり方で問題解決に臨まなければならないと考えた。党委員によっては、記者会見のような形で大衆を集め、村と鎮の公共事務について意見を寄せてもらうといった提案を行った。こうした発想から、松門鎮党委員会と市委員会の工作チームは、「農業農村近代化教育フォーラム」の設立を決定し、全国初となる民主懇談会を行った。1999年6月、松門鎮で第1回フォーラムが開催された。100名を超える人々が自発的に会議に参加し、大きな問題では村鎮建設における発展計画について、小さな問題では近隣同士のいざこざについてなど、参加者が思う存分話し合い、熱く議論を交わし、大きな成果を収めることができた。2000年8月、温嶺市党委員会は松門鎮で現場会議を行い、郷・鎮・街道・市それぞれの政府の部門担当者による見学を実施した。会議では、これまで各地で行われてきた「民情についての懇談」「村民民主デー」「農民講壇」「民情直通車」といった多様な活動に対して、「民主懇談」という呼び方で統一することが決まった。こうした民主懇談では、末端の公共事務をめぐる政策決定に際して一般大衆が事前に参加し、実施に際しては民主的に監督を行い、実施後は民主的な評議が行われ、新たな民主のあり方を構築する取り組みである。

　浙江省温州にある楽清市は、2007年から人民公聴制度を実施している。この年の4月に楽清市人民代表大会常務委員会は会期中に特定テーマ会議という形で行った。そこには、市人民代表大会の代表、一般の聴講者、郷・鎮人民代表大会の主席団、行政機関の人々が出席し、各市の副市長が教育・環境・都市建設・交通・治安など「一府両院」に関する特定事業を各期（上期・中期・下期）に分けて状況を報告し、こうした

報告に対して出席者によるヒアリングが行われ、さらに意見が寄せられる。公聴会での発言者からの意見に対し、人民代表大会はそれを取りまとめて書面にし、主任の会議を経た後に市政府へ書面で通知される。公聴会の様子はインターネットやテレビなどのメディアを通じて実況中継される。2008年8月、楽清市人民代表大会はこうした公聴や審議の進め方について暫定的な規定を発表し、公聴制度を同市の人大常務委員会における公の制度とすることが決まった。一般市民による公聴と人民代表大会が持つ業務面への監督という役割が有機的に結びつき、こうした監督機能がさらに強化・改善され、これによって法治政府が確立され、ルールに基づく市民の政治参加が広がった。

現在、全国の多くの地域でさまざまな民主的な話し合いが大きく進められ、まさに社会全体で「協商」を重視・尊重するという民主的な気運が高まり、大衆の民主的な権利が効果的に保障されつつある。

(4) 民族区域自治の整備

1992年1月、中央民族工作会議において「民族区域自治制度を堅持、整備し、『民族区域自治法』を全面的に実施する」ことが、民族工作の主な課題とされた。1997年9月に行われた第15回党大会では、民族区域自治制度、人民代表大会制度、共産党が指導する多党協力、政治協商制度をひとまとまりとし、国が長期的に保つべき基本の政治制度として確立された。2001年2月、第9期全人代常務委員会第20回会議では改正後の「民族区域自治法」が採択された。改正法では、民族区域自治を国の基本政治制度としてはっきりと認め、民族自治と地域発展を支援することが上級国家機関の職務責任だと定められた。また、民族自治地域における自主権を広げ、上級国家機関と自治地域に関連する法規を併せて制定することなどが提起された。2002年11月の第16回党大会では、社会主義の政治文明建設へ向けた全体要求とその進展の中に、民族区域自治制度のさらなる堅持と整備が組み込まれることになった。

2003年3月、胡錦濤は第11期全国政協第1回会議に出席し、少数民族の委員との討議の場で「民族区域自治法の実施細則を速やかに定め、法律の原則的な規定を具体化させ、本法の全面実施をきちんと保障す

る」と話した。2005年5月19日に、国務院は「『中華人民共和国民族区域自治法』実施のための若干の規定」を公布した。この規定は、速やかな経済・社会の発展、人材育成、民族団結の維持、法的責任の明確化、監督メカニズムの確立といった面の具体的な内容を定めた。また、民族自治地域の速やかな経済発展を支援することを最優先とし、上級人民政府およびその職務部門が、計画、インフラ整備、西部大開発、資源開発、環境保護、財政移転支出、金融、貿易などの面で、民族自治地域へ支援を行うことを定めた。さらに、民族自治地域における教育、科学技術、文化、保健、スポーツの振興、社会保障システムの整備についても定め、民族自治地域の経済・社会事業の調和的な発展を重視していることを具体的に示した。政治面では、固い民族団結を強調し、民族団結をさらに促すさまざまな活動の推進、民族法規、政策の宣伝教育を強化することを規定した。ほかにも民族団結に影響を与える問題に適切に対応し、民族団結を破壊し民族分裂を招く行為を禁止することを規定した[*100]。

現在、55の少数民族はすべて自民族の全人代代表と全国政協委員を有しており、人口が100万を超える少数民族はすべて自民族から全人代常務委員会委員を輩出している。

（5）末端における大衆自治の発展

82年憲法は、国の基本法という立場から、都市部と農村部の末端における大衆自治組織の法的地位を認めている。村民自治は中国の特色ある社会主義民主政治制度の重要な要素であり、民主的な選挙、民主的な政策決定、民主的な管理、民主的な監督を通じて広く農民が村民自治を実現し、自己管理、自己サービス、自己教育を実施している。

1987年11月、第6期全人代常務委員会第23回会議で「中華人民共和国村民委員会組織法（試行）」が採択された。この試行期間中、全国のほとんどの地域で村民自治が実施され、目覚ましい成果を上げた。1998年11月4日、第9期全人代常務委員会第5回会議において「村民

---

*100 「『国務院実施中華人民共和国民族区域自治法若干規定』解読」（国家民族事務委員会網站）
http://www.seac.gov.cn/gjmw/zt/2005-07-21/116563556270126.htm/

委員会組織法」が正式に定められ、村民自治の発展にとって重要な根拠法となった。2007年の第17回党大会の報告で「基層群衆自治制度」(末端大衆自治制度)は、中国における社会主義の民主政治の4つの制度のうちの1つとして確立された。2010年10月、第11期全人代常務委員会第17回会議で「中華人民共和国村民委員会組織法（改正案）」が採択され、村民自治の制度はさらに整備された。

　2012年末までに、全国の大半の省で村民委員会のメンバー（主任・副主任・委員で構成される）を選ぶ選挙が8～9回行われた。また、全国98％以上の村民委員会で直接選挙が実施され、村民の投票率は95％に達し、委員会メンバーに女性が占める割合が高まった。全国95％の村で政務公開が行われ、90％以上の県で村の政務公開の一覧が作成され、91％の村で政務公開を紹介する掲示板が設けられた。全国で毎年およそ170万人の村幹部が「述職述廉」（職務遂行状況の報告と資産公開）を行い、23万人以上の村幹部に対して経済責任[101]に対する会計検査が行われ、延べ209万人近い村幹部に対して村民による評議が行われた[102]。

　1989年12月26日、第7期全人代常務委員会第11回会議で「都市居民委員会[103]組織法」が採択され、翌年1月1日に公布、実施された。同年、国は26都市で社区（community）建設を試験的に実施した。2004年末までに、全国の都市部でこうした新型の社区建設に合わせた居民委員会が7万1375カ所も創設された。2010年11月、党中央弁公庁と国務院弁公庁は「都市社区居民委員会建設工作の強化と改善に関する意見」を通達し、都市社区における居民委員会と住民自治との関係を明確に示した。すなわち、社区の居民委員会がその地域自治の組織・推進・実施にあたる。前述の「意見」では、社区の民主的な管理制度の整備について次のように具体的に定められている。「社区の党組織が指導する活力溢れる社区居民による自治メカニズムをさらに整備し、社区の党員あるいは党員代表が議事を執り行う制度を普及させ、住民会議、議

---

*101　経済責任：党や政府の指導幹部または国有企業の高級幹部が主導・担当するプロジェクトをめぐる建設・管理・収支、国有資産の管理・監督・遵法状況などを指す。
*102　国務院新聞弁『『2012年中国人権事業的進展』白皮書」（国務院新聞弁網站）
　　　http://www.scio.gov.cn/zfbps/ndhf/2013/Document/1322525/1322525.htm/
*103　都市居民委員会：都市部の住民による自治組織。

事に関する話し合い、民主的な公聴を主体とする民主的な政策決定を実践し、自己管理、自己教育、自己サービスを主な目的とする民主的な管理を実践し、事務公開と民主的な評議を主な内容とする民主的な監督を実践し、住民自治の制度化・規範化・手順化を全面的に推進していく。ネットフォーラム、住民の近況についての懇談（民情懇談）、社区での対話といった効果的な形を模索し、住民と社区内の組織や団体の広い参加を奨励し、住民の知情権（知る権利）、参加権、政策決定権、監督権をきちんと保障する」[104] と記されている。

2010年から2012年までに、全国の大半の都市社区において居民委員会の選挙が行われ、直接選挙の割合は3割以上に達した。女性委員が占める割合は49.42％に上った。住民会議での話し合い、民主的な公聴を通して、社区のさまざまな主体が、その地域の公共事務と民主的な政策決定に平等に参加できるようになった[105]。

---

[104]　中共中央弁公庁、国務院弁公庁『関於加強和改進城市社区居民委員会建設工作的意見』、新華社、2010年11月9日
　　　http://news.xinhuanet.com/politics/2010-11/09/c_12755666.htm/
[105]　国務院新聞弁「『2012年中国人権事業的進展』白皮書」（国務院新聞弁網站）
　　　http://www.scio.gov.cn/zfbps/ndhf/2013/Document/1322525/1322525.htm/

第2章

権利の保障と権力の集中のバランス

民主は、不断の建設と発展を要する社会の歩みである。長い模索を経て、中国は自らの経験と教訓をまとめ、国際社会の経験と教訓を参考にした上で、現代中国はどのように民主政治の建設と発展を進めていくか、という問いにようやく答えを見つけた。それはすなわち「党の指導」「人民の主人公としての地位」「法による治国」という3つを有機的に統一することであり、現代中国で民主政治を建設、発展させる法則性の基本を認識することである。この3つを統一すること（三統一）は、民主政治を進める上で、現代中国社会の発展に則した効果的な戦略である。これは、人民の権利を保障すること、また国家へ権力を集中させることの2つの役割を果たす。したがって「三統一」は、現代中国の民主実践にとって最も重要な経験のひとつである。

1．民主政治の発展戦略をめぐって

　新中国成立以前、毛沢東はすでに「人民民主」の概念を提起し、民主主義がなければ社会主義も存在しないという見方を示し、民主を今後の新中国の政治目標とすることを明言している。1939年、毛沢東は「五四運動」を記念する演説の中で「この革命が達成しようとする目的は何か。その目的は、人民民主主義の共和国を樹立することである」[*1]と述べている。これは毛沢東が初めて人民民主の考え方を示したものである。彼の思想では、民主と社会主義は深いつながりを持つものだった。1944年、毛沢東は博古[*2]に宛てた手紙の中で「我々は個性を軽視あるいは抑えつける、と言う者がいるが、これは誤りである。個性が縛られ、解き放たれなければ、それは民主主義でなく、また社会主義でもない」[*3]と記している。同じ時期、黄炎培[*4]との談話の中で「周期律」（一定周期で王朝が興亡するという歴史の法則性）について話題が及ぶと、毛沢東は

---

*1　毛沢東「青年運動的方向」（『毛沢東選集』第2巻、人民出版社、1991年）
*2　博古：本名は秦邦憲。初期の中国共産党最高指導者の1人。共産党の要職を歴任するが、1946年、国民党との和平交渉を終えて重慶から延安に向かう際、飛行機事故で死亡。
*3　毛沢東「致秦邦憲」（『毛沢東書信選集』、中央文献出版社、2003年）
*4　黄炎培：中国の政治家、教育家。日本に留学して教育学を学び、中国で職業教育の普及に努める。建国後は民主党派の中国民主建国会の主任委員、全人代常務委員会副委員長などを歴任。

社会主義国家の民主政治は「1人1人が責任を負う」政治だという考えを示した。こうした見方は、建国以前に毛沢東が抱いていた、将来の社会主義社会で行われる民主制度についての原則的な構想を表している。

（1） 実践の戸惑い──「民主」か「集中」か

　国家政権と社会主義制度の樹立にあたり、政権下で民主政治を執り行うことは、それ以前に想像していた「1人1人が責任を負う」ことより、はるかに難しかった。こうした政治のやり方が、直接民主主義を意味するのだろうか。もし、これがある具体的な政治体制の形態を指すのではなく、政治原則あるいは民主政治の原理を指すに過ぎなければ、実践の中でどのように民主政治制度のしくみを形成するのかは、新中国を建設する人々にとって早急に解決すべき大きな問題だった。

　毛沢東を代表とする中国共産党の人々は、「国民主権」という西側から来た学術的要素の濃い概念を、「人民を主人公とする」という中国らしい平易な表現に言い換えた。新中国の成立当初、政治用語では「解放」「翻身」（抑圧や貧困から立ち上がる）は政治を象徴する言葉としてよく用いられた。民主が目指すところは、中華人民共和国の建国と共に民主政治への憧れと願いを具体的な政治行為に速やかに転換し、さらに制度の整備の問題にしていくことだった。民主が具体化されれば、その原則と実施形式との間にある違いと衝突が浮かび上がり、徐々に解決すべき問題へと変わり、衝突し合う矛盾としてより顕在化する。

　1949年10月24日、毛沢東は談話の中で初めて「中国はすでに人民へ帰した。一木一草すべてが人民のもので、いかなることでも我々は責任を負い、きちんと管理しなければならない」[*5]と語った。当時、開国宣言からわずか3週間足らずだったが、毛沢東はすでに執政者としての責任を感じ、中国では原則の上では「人民を主人公とする」だが、実際には「いかなることでも責任を負い、きちんと管理しなければならない」と考えていたことが分かる。中国共産党が執政党に就いた当初、共産党首脳陣は民主政治がはらむ矛盾を感じていた。つまり、その価値と形式

＊5　毛沢東「同綏遠負責人的談話」（『毛沢東文集』第6巻、人民出版社、1999年）

との矛盾であり、それは代議制の中での人民「主権」とその代理人に付託された「国を治める権利」として表れた。こうした矛盾は、国際共産主義運動とマルクス主義の文脈の中では「民主と集中の矛盾」として言い表された。すでに建国当初から指導層は、こうした民主と集中とのせめぎ合いを感じ取っていたのである。

建国後、国に課せられた主な仕事は、長年の戦争と動乱が中国社会に残した傷跡を治すことだった。また、執政党と新政権の主な仕事は国民経済の回復と発展であり、来たるべき国の工業化と近代化へ向けた下準備だった。これに対し、毛沢東ら共産党指導者は明確な理念と認識を持ち合わせていた。1944年8月、毛沢東は、当時のもう1人の党指導者だった秦邦憲（博古）に宛てた手紙の中で、この先の社会主義社会での民主政治を支える基盤と実現の方向性についてすでに明記していた。「新民主主義社会の基盤は工場（公営、私営による社会的生産）と合作社*6（変工隊*7を備えた）であり、分散された個体経済ではない。分散された個体経済すなわち家内制農業と家内制手工業は、封建社会の基盤であり、（旧民主、新民主、社会主義を含めた）民主社会の基盤ではない。これはマルクス主義がポピュリズムとは異なるところだ。簡単に言うと、新民主主義社会の基盤は機械であり、手仕事ではない。今はまだ機械を持っていないので、我々は勝利していない。もし、この先機械を手に入れることができなければ、永遠に勝利できず、やがて滅びるだろう。農村は今のところ根拠地だが、中国の民主社会全体の主な基盤にはなり得ないだろう。基盤を農業から工業へと変えていくこと、これこそ我々の革命任務である」*8。この毛沢東の発言から、ある明確な思想を窺い知ることができる。すなわち、国の工業化を実現することは民主政治を確立する基盤であり、この先の民主政治建設では、まず近代工業建設に着手すべきという考えである。こうして、建国後の中国における民主政治は、経済復興と早急な工業化から始めなければならなかった。

＊6　合作社：中国各地に置かれた協同組合組織。人民公社の前身。生産・輸送・販売・消費・信用などの部門に分かれ、建国後の中国で個人経営を集団化させる役割を果たした。
＊7　変工隊：抗日戦争中に解放区で作られた農業生産組織。3〜5世帯程度の農家をひとつの単位とし、農繁期に労働力、家畜、農具などを共同で出し合う互助的生産組織。
＊8　毛沢東「給秦邦憲的信」（『毛沢東文集』第3巻、人民出版社、1996年）

1955年、新中国で最初の「5カ年計画綱要」が正式に制定・実施された。この「5カ年計画」は重工業を優先的に発展させることに重点を置き、それは主にソ連の建設支援を受けた156の基幹工事だった。当時、中国はこうした建設経験がなく、ソ連の建設、管理方式を全面的に学んでいた。第1次5カ年計画期は、中国がソ連に倣い、その計画経済管理体制を模倣した時期でもあった。

　ソ連型の計画経済体制は高度に集中統一した管理体制であり、マクロ・ミクロ共にこうした体制が敷かれた。マクロ経済では、中央計画当局によって全面的に集中統一した計画管理が行われ、ミクロ経済では、「一長制」[*9]が行われた。このような計画経済を基にした政治体制は、当然その経済体制による制約を受けた。すなわち、建国当初の政治体制は経済体制同様に集中統一され、中央計画当局による政策・法規の徹底実施が、行政と人事を担保すると考えられた。民主政治の観点で言えば、当時の政治体制は基本的に「集中」へと向かっていた。

　ソ連に倣ったこれらの制度は、建国当初に築き上げた最初の政治体制の枠組みであった。1956年初め、「十大関係について」の中で毛沢東は次のように述べている。「強大な社会主義国を築き上げるためには、中央の強力な統一的指導、全国の統一的計画と統一的規律がなければならず、こうした必要な統一を破壊するのは許されないことである」[*10]。このように建国初期には、民主制度と民主政治の建設をめぐり、毛沢東ら指導者は「集中」寄りの立場をとり、中央および各級政権への「集権」を強調してきた。

　しかし1956年以降、こうした局面は早くも大きな転換を迫られる。この年は毛沢東にとって「天下多事多難の時」だった。なぜなら、ソ連や東欧の社会主義国で相次いで重大な事態が起こったのである。同年上半期、ソ連共産党は第20回大会を開催。フルシチョフは閉会後に行われた秘密会議の場でスターリンへの全面的な暴露と批判を行った。同年

[*9]　一長制：企業長単独責任制とも言われる。1950年代にソ連に倣って導入され、企業の経営管理全般にわたる権限・責任を企業長（工場では工場長）に集中させる指揮系統のことを指す。

[*10]　毛沢東「論十大関係」（『毛沢東著作選読』下巻、人民出版社、1986年）

下半期にはポズナン暴動*11とハンガリー動乱*12が起こった。こうした一連の出来事は、中国にとって大きな関心事ではあったが、毛沢東は事態を静観する構えを見せ、彼なりの理論的解釈を示した。その考えは「東欧の一部の国の基本的な問題は、階級闘争がうまく行われず、あれほど多くの反革命が一掃されず、階級闘争の中でプロレタリアートが鍛えられることなく、敵と味方、是と非、唯心論と唯物論の分別がついていない」というものだった。ハンガリー動乱の原因について、毛沢東は「官僚主義と大衆との乖離、工業の方針を誤り、労働者の給与が下がり、資本家が簡単に倒され、知識分子が改造されず、反革命分子が鎮圧されなかったため」*13だとまとめている。この年の下半期、中国国内にも経済変動と社会紛争が起こった。毛沢東は、これらは大衆から離れた官僚主義に起因すると考え、こうした幹部を大衆が打ち捨てることは当然だと考えた。

　1957年2月、毛沢東は最高国務会議第11回拡大会議で「人民内部の矛盾を正しく処理する問題について」と題した演説を行った。これは1956年から続く出来事に対するひとつの理論的総括であり、2つの異なる性質の矛盾を指摘し、人民内部の矛盾を正しく処理するという学説だった。この時期を境に、毛沢東は民主の問題に対して、これまでの「集中」から「民主」を強調する方向へと変わっていく。彼の基本的な考えは、民主的な方法で人民内部の矛盾を解決しなければならないと捉えていた。この時期、毛沢東は「小民主」と「大民主」について提起している。「小民主」とは整風*14であり、批判あるいは自己批判によって人民内部の矛盾を解決するやり方を指す。「大民主」とは通常の秩序を超えた利益の表出活動であり、ストライキやデモなどがある。これに対しては、毛沢東も肯定と寛容の態度を示した。彼によると、「大民主」は人民内部の矛盾を解決し、社会秩序を調整し補完するひとつの方法だと指

---

*11　ポズナン暴動：1956年6月28日にポズナン（ポーランドの都市）で起きた暴動。ポズナンの人々のデモ行進を政府が強硬に阻止しようとしたことからデモ参加者が暴徒化し、多くの死傷者が出た。
*12　ハンガリー動乱：1956年にハンガリーで起きた動乱。ハンガリー国民がソビエト連邦の支配に反対して全国規模の蜂起が起きた。
*13　『毛沢東伝（1949－1976）』（上）、中央文献出版社、2003年
*14　整風：中国共産党が行う、思想や行動への点検・批判・検討・矯正を目的とした運動。

摘した。1957年に起きた「四大自由」（大鳴・大放・大弁論・大字報）を毛沢東は大きく肯定し、これを大衆が生んだ革命と闘争のあり方として捉え、これによって社会主義民主を十分に発揮できると考えた。

1957年以降、毛沢東の民主思想は、建国初期の民主集中制に見られた「民主」と「集中」のバランス重視もしくは「集中」寄りの立場から、これを機に徐々に「民主」へ比重を置くようになり、最終的に文化大革命で行われた「大民主」へ向かう。

1962年1月、毛沢東は「七千人大会」の席上で「民主集中制」について言及した。この発言は、その民主思想が明らかに変化したことを物語っていた。彼にまず、人民内部の矛盾の解決には「民主的な方法」しかないことを引き続き強調した。そして「民主的な方法」の後に「大衆に語らせる方法」という言い方を付け加えた。実際、これは当時の毛沢東なりの解釈だった。彼は「党内党外を問わず、いずれも十分な民主生活が必要である。つまり、民主集中制を真面目に行わねばならない」と述べた。この発言のポイントは、当時毛沢東の民主集中制についての解釈がすでに1950年代とは大きく隔たっていたことである。すなわち、この時「民主」はすでに基盤かつ重点と捉えられえていた。毛沢東は「民主がなければ、正しい集中もないだろう。なぜなら、皆の意見が分かれて、一致した認識がなければ、集中制は確立できなくなる」、「もしわが国で人民民主と党内民主が十分に発揚されず、プロレタリアートの民主制が十分に行われなければ、本当のプロレタリアートの集中制もあり得ないだろう」[15]と述べている。

毛沢東は次第に「民主」に傾くようになり、やがてその社会主義理論と結びついた発展を続けていく。こうした理論は、最終的に「プロレタリアート独裁という条件の下での継続革命理論」へと発展した。1957年の第8期三中全会で、毛沢東は「プロレタリア階級とブルジョワ階級との矛盾は、社会主義へ向かう道と資本主義へ向かう道との矛盾であり、これは紛れもなく当面のわが国社会の主な矛盾である」と断言した。ソ連共産党第20回大会以降、フルシチョフがスターリンを全面否定した

---

[15] 毛沢東「在拡大的中央工作会議上的講話」（『毛沢東著作選読』下巻、人民出版社、1986年）

ことで、中ソ関係には亀裂が生じていた。ここから毛沢東は、修正主義は中国の社会主義事業にとって脅威であり、またそれが「中央から出る」ことが修正主義の危険性だと考えるようになった。こうした修正主義に反対することが党と人民の主な任務であり、そのカギは中央から出る修正主義を防ぐことだった。どのように防ぐのか。当然、民主であり大衆路線を歩むことである。しかし、これまでの民主集中制では、すでに「中央から出る修正主義」には為す術がなかった。

1960年代初頭の「3年間の経済困難期」[*16] そして「大躍進」の挫折によって、毛沢東の威信は大きく揺らいでいた。彼の社会主義理論、特に反修正主義の階級闘争理論は、次第に党指導部から顧みられなくなっていた。

時が経つにつれて、「反修正主義」は毛沢東の中でひとつのプレッシャーに変わってきた。彼と党内指導者との亀裂が明らかになるにしたがい[*17]、彼はついに「大民主」という武器を手にし、史上例を見ない文化大革命を引き起こした。文革中に行われた「大民主」は、ある種のポピュリズム政治だった。その明らかな特徴は、

① 純粋な平民であることに価値を置き、末端の大衆の利益を至高、ひいては唯一の価値とする。毛沢東は「最も愚鈍な者が最も尊く、最も卑賤な者が最も聡明だ」と述べている。
② あらゆる既存の規則を破壊する。文革中、最も叫ばれたスローガンのひとつは「造反有理」（反逆には道理がある）だった。造反にどんな道理があるというのか。それは、さまざまな規則や戒律は人民大衆を縛りつけ、「ブルジョワ階級」と「修正主義分子」を守っている。そ

[*16] 3年間の経済困難期：原文は「三年困難時期」。1959年から61年までの3年間、自然災害のための飢饉（実際には人災の要素が大きいとされている）と「大躍進」による生産力の低下によって、食糧不足に陥った時期を指す。

[*17] 近年公表された史料では、毛沢東と劉少奇等の党内の指導者との亀裂は「四清運動」によって顕著になったという見方がある。すなわち、「一線」の仕事を担当する劉少奇にとって、四清運動は「四清」と「四不清」という社会矛盾をめぐる問題に映っていたが、毛沢東にとっては「2つの路線」の問題であり、ブルジョワとプロレタリアの階級闘争として捉えていたと見られる。

四清運動とは、1962年から始まった社会主義教育運動で、当初は人民公社内の経理・財産・倉庫・労働点数を点検する運動だったが、次第に政治・経済・組織・思想の4つをめぐる大衆運動に変移していく。

のため、それらを徹底的に破壊すべきと考えた。
③過激化する傾向。ポピュリズム政治が社会心理に投影されると、社会風潮を急進化させる政治運動となり、その主張が急進的であればあるほどスローガンも過激化し、大衆を惹きつけ、大きなうねりとなる。

「文化大革命」と「大民主」は徹底した社会秩序の破壊へと行き着き、最後は失敗に終わった。こうした有り様について、チャーチルの「民主政治は決して最善ではないが、最悪の結果を免れることはできる」という言葉で語られることが多い。しかし、これは実は誤りである。この判断は歴史的に検証されてはいない。文革と大民主は、最悪の結果を招き、すべてが裏目に出たことで自己否定に至るという、世界の歴史でも稀に見る現象だった。現代中国学者のスチュアート・シュラムは文化大革命を「シニカルに言うと、『文化大革命』はパリ・コミューン式の大衆民主主義への賛同から始まり、中央集権の専制暴君だった秦の始皇帝を賛美したことで終わった」[*18]と辛辣に評している。

（2）文化大革命の反省――「民主」と「法制」のバランス

文化大革命の挫折を経て、中国の民主政治建設は再び苦しい歩みを始めた。文革の教訓を基に、改革・開放という新たな歴史の下で模索が始まるが、その舵取り役が鄧小平だった。

1978年末には第11期三中全会が行われ、文革の誤りが修正され、社会主義の道を再び模索する改革・開放時代を歩みだした。改革・開放時代の民主政治の模索は文革への反省から始まった。文革中に政治的迫害を受けて、後に復権を果たした古参幹部は、文革の最大の問題と教訓は「法制の破壊」だったと語った。これに対し鄧小平は「『文化大革命』で『大民主』を行った際、大衆をどっと沸き立たせたのが民主化であり、問題の解決に役立つと考えていた。ところが、実際には沸き立つと内戦をやり出してしまった。我々は歴史の経験と教訓をわきまえている」[*19]と述べた。第11期三中全会に先立つ重要な準備会議である中央工作会議の

---

*18　斯図爾特・R・施拉姆（スチュアート・R・シュラム）『毛沢東的思想』、中国人民大学出版社、2005年
*19　鄧小平「排除閧擾、継続前進」（『鄧小平文選』第3巻、人民出版社、1993年）

席上、鄧小平は民主について言及した。当時、政治問題の中心テーマは「思想解放」であり、これは改革・開放という新路線に向けた準備の意味合いがあった。鄧小平は演説の中で「民主は思想を解放する重要な条件である」と述べ、またどのように民主を実践していくかについては、「人民の民主を保障するには、法秩序を強化しなければならない。民主の制度化、法律化に努め、指導者が更迭したからといって、あるいは指導者の考え方や注意力の振り向け方が変わったからといって、すぐ制度や法律が変わるようなことを防がなければならない。今の問題は、法律が整っておらず、多くの法律がまだ制定されていないことにある。とかく指導者の言葉が『法』とみなされて、指導者の言葉に賛成しなければ『違法』とされ、指導者の言葉が変われば、『法』もそれに伴って変わる」[20]と指摘した。こうした社会主義法制の回復と発展は、鄧小平を代表とする党指導部が民主政治を再び模索する起点であった。

（3）「西単の壁」──体制外要素の台頭

文革の失敗後、改革・開放の機運が高まり、中国の政治に大きな変化が生まれた。文革前、政治は、全般的にトップダウンとコントロールによって進められてきた。文革当初の紅衛兵の造反運動についても、最高指導者の働きかけと支持によるもので、「命を受けた造反」（奉命造反）とも言われた。四人組の失脚と文革の否定という新たな政治状況の下での中国の政治プロセスに、さらに「体制外要素」も加わるようになった。この点は、当時台湾が内外の政治情勢の変化を受け、「党外」要素が高まったという政治プロセスに類似している。

西単（北京市西城区の地名）の「民主の壁」は、改革・開放初期に生まれた「体制外要素」のひとつの表れであった。1976年10月に四人組が失脚し、政治が大きく動き始めた。文革期やそれ以前の「左傾化」路線への反省と批判が次第に高まり、文革中に創設された「五・七幹部学校」[21]への幹部下放[22]政策が是正され、知識青年への上山下郷政策[23]が緩和され、「冤罪からの名誉回復」や「政策実現」という名の政策変

---

[20] 鄧小平「解放思想、実事求是、団結一致向前看」（『鄧小平文選』第2巻、人民出版社、1994年）

更が数多く行われるようになった。こうした政策転換は、1950年代から続く社会政策がもたらした多くの社会矛盾と社会問題を浮き彫りにした。1978年以降、多くの人々が北京へ陳情に訪れるようになった。北京や各主要都市では文革時代の慣習が引き継がれ、文革を批判したり、「左傾化」路線を反省したりする「大字報」(壁新聞)が頻繁に見られた。これが北京市西単の「民主の壁」の誕生につながった。

　1978年秋、北京市の西単体育場の一角は、常にさまざまな壁新聞が張り出されることで知られるようになった。同年9月、『中国青年』が復刊。しかし、一部の掲載内容が政治的誤りだとして、回収、発禁された。その後、問題視された当該号のページが「西単の壁」に張り出されたため、世間からの注目が集まった。12月初め、後に異論を唱える人物として有名になる魏京生が「第5の近代化」と題した一文をこの壁に張り出した。これは、政府が掲げる「4つの近代化」に「政治の民主化」を加えるべきとした主張であり、大きな反響を巻き起こした。こうして一時期、任畹町、徐文立、王軍濤、胡平、劉青など後の民主化運動家の代表人物が大々的に壁新聞を張り出して文革を批判し、さらにその批判の矛先を毛沢東、中国共産党、社会主義制度へと向けていった。これにより、この一角は自由派や海外メディアから次第に「民主の壁」と呼ばれるようになった。西単の「民主の壁」を中心に、さらに一部の民間団体や民間刊行物が生まれ、なかでも比較的よく知られた7大刊行物として、『今天』『四五論壇』『沃土』『北京之春』『人権同盟』『探索』『啓蒙』があった[24]。これが起点となり、西単の「民主の壁」は、その後約10年にわたる学生運動の思想的バックボーンとなった。

　「体制外」と「体制内」については、必ずしも明確で厳密な線引きがあるわけではなかったが、中国の政治動向の中で常に両者は影響し合ってきた。例えば、「民主の壁」が次第に過熱化した1979年1月18日、

---

*21　五・七幹部学校：文革中に開設された幹部学校。党や政府幹部が農村に下放し、労働参加によって官僚主義を改め、思想改造を図る農場学校。
*22　下放：文革期に行われた、主に幹部や知識人などを地方や農村に送る政策。
*23　上山下郷政策：都市の知識青年が農村に赴いて農業を行う政策。
*24　こうした刊行物とその主な発刊責任者は、『今天』(北島、芒克)、『四五論壇』(徐文立、劉青)、『沃土』(胡平)、『北京之春』(王軍濤、陳子明、劉迪)、『人権同盟』(任畹町、陳旅)、『探索』(魏京生、楊光、路林)、『啓蒙』(黄翔、秦子春)である。

中央宣伝部と中国社会科学院の共催の下、160余名が出席した「理論検討会」が北京で開催された。同会の開催は葉剣英[*25]の発案によるもので、これに先立って歴史的意義を残した第11期三中全会が閉会したばかりだった。葉剣英は、三中全会で提起された体制改革事業の重要性と、また依然として認識の相違や意見が存在していることを鑑み、理論討論会を開き、そこで問題を研究し、共通認識を形成し、思想を統一する必要があると考えた。

　この理論検討会は、中国共産党の歴史ではあまり見られない2段階方式で開催された。第1段階は1月中旬から2月中旬まで行われた。第2段階は党中央が招集し、各省および主要都市の宣伝部門が出席し、出席者を400～500名まで広げた形で3月下旬から4月上旬にかけて開催された。理論検討会は、混乱を正常化させ文革の誤りを理論的に正したという点で全体としてプラスの役割を果たした。しかしその一方で、封建主義の遺物の一掃を旗印に、党の指導と社会主義に懐疑や反対を呈する意見も一部で上がった。胡績偉、王若水、厳家其など後に党内で異論を唱える人物の基本的な考え方は、この時に露わになった。この時期、まさに西単の「民主の壁」の勢いは留まるところを知らなかった。「民主の壁」が「理論検討会」を牽引し、会議に参加した代表の多くは、昼は釣魚台で会議に臨み、夜は連れ立って「民主の壁」を見に行く有り様だった[*26]。したがって、「民主の壁」での議論は自然と会議に持ち込まれ、その結果、理論検討会では2種類の意見が見られた。一部の人々は、当面、党の歴史と社会主義を否定する誤った言説が見られ、三中全会で打ち出された思想解放と改革路線と結びつくことで暴走することを危惧すると警告を発した。もう1つの意見は「民主の壁」を大絶賛し、なかには「民主の壁」の見方を公に支持する出席者もおり、中国とソ連の歴史や制度を徹底的に反省すべきだという主張も上がった[*27]。

　こうして、「民主の壁」は「理論研討会」での対立を引き起こし、明

---

*25　葉剣英：中国の軍人、政治家。長征に参加し、後の人民解放軍の創設者の1人となった。建国後は人民解放軍総参謀長、国防部長、共産党中央軍事委員会副主席、共産党中央委員会副主席などの要職を歴任。
*26　房寧『政治学研究調研筆記』参照
*27　同上

らかな対立と論争が生まれた。進行役の胡喬木らは、やむなく鄧小平へ演説を懇請した。理論検討会でのこうした対立や「左傾化」問題を受けて、3月30日、鄧小平は有名な「4つの基本原則を堅持しよう」の演説を行った。その中で、当時の状況の1つの側面として、三中全会の方針と政策がマルクス・レーニン主義および毛沢東思想に反すると攻撃する「左傾化」した誤った人々がいること。またもう1つの側面として、党内と社会に「4つの基本原則」に対して懐疑を抱き反対する動きが生まれていることを指摘した[*28]。鄧小平はさらに、党内の一部の人間がこうした動きに関わり、直接的あるいは間接的支持につながっていることを指摘した。

改革・開放の下、中国社会が「西側化」の影響を受け、体制外が西側の政治制度に共感し、それを求める趨勢は、鄧小平が社会主義改革と全面的な西側化の違いをはっきりさせても弱まることはなかった。そして1980年代全般を通して西側の影響と体制外要素が常に高まった状態が続いた。この影響は西洋哲学を学ぶ社会科学ブームとなって現れ、一時期、西側で流行したあらゆる思想に中国の読者や聴衆は飛びついた。出版部門の1980年代のある統計によると、1985年に全国で出版された社会科学系の海外の著作の翻訳書のジャンルは399種類、86年は477種類、87年は600種類、と増加の一途をたどり、3年間の累計はおよそ1500種類近くに上り、建国から38年間の哲学・社会科学系翻訳書全体の約15％に相当した。1980年代後期、北京にある22の高等学校（大学・短大・専門学校などを含む高等教育機関を指す）による調査では、最も人気があるのは西側の社会・文化・思想を紹介する課程だったことが分かった。また、1988年の調査では、北京の高等学校にある学生団体の中で、西側の思想文化に関連する団体が全体の63％を占めていることも分かった[*29]。こうした西洋文化ブームは、瞬く間に1980年代のインテリ層と大学生の政治姿勢に影響を与えた。北京の関連部門は1986年から88年まで北京の高等学校でサンプリング調査を行ったところ、86年にはインタビュー回答者の17％が「資本主義が中国の発展をさらに加速させ

[*28] 鄧小平「堅持四項基本原則」（『鄧小平文選』第2巻、人民出版社、1994年）
[*29] 黎蕪、劉可為「反思与選択：西方文化対当代大学生的影响」（『瞭望』、1991年第2期）

る」と答え、23％は改革に期待していないことが分かった。87年には これらの数字はそれぞれ29％と52％へ上昇した。そして88年、すなわ ち政治風波（1989年の天安門事件を指す）の前年には、これらの数字 はそれぞれ34％と60％とさらに上昇した。

　改革・開放の初めの10年は、体制の外側から思想の波が次々と湧き 上がった。その全体的傾向は、西側の価値観と社会制度への共感と受容 であり、いわゆる「80年代コンセンサス」として捉えられた。1980年 代は、体制外の要素が体制内に対して持続的な深い影響を与え続けた。 理論検討会の後、体制内および党内の争論と対立は激化し、1983年春 には党内で「人道主義と疎外問題」[*30]をめぐる激しい応酬があり、さら に「反精神汚染キャンペーン」[*31]にまで発展した。このキャンペーンは 党内対立をさらに助長し、党内では「ブルジョワ自由化」反対をめぐる 争論が巻き起こった。1986年、当時、中国共産党中央委員会総書記だっ た胡耀邦が、ブルジョワ自由化反対への不利になることから辞職に至っ たことは、1980年代最大の政治事件のひとつに数えられる。

（4）「ゴルバチョフブーム」――ペレストロイカの影響

　改革・開放当初、西側やそれに呼応する国内の体制外要素の影響が あった。その後、ソ連や東欧といった旧社会主義陣営の国々の改革、特 に1980年代中盤以降はソ連のペレストロイカの影響を大きく受けた。

　1950年代、60年代、東欧のユーゴスラビア、ハンガリー、ポーラン ド等の国々は、高度に集中させた社会主義計画経済体制に対し改革を相 次いで進めた。第11期三中全会以降、中国国内では東欧のこうした改 革に高い関心が集まり、いわゆる「東欧ブーム」を呼び、東欧諸国の改 革の経験が大きく紹介され、東欧とは異なる改革モデルや模倣を模索し

[*30] 人道主義と疎外問題：人民日報の副編集長だった王若水が1980年代初めに提起し、社会 に波紋を呼んだテーマ。疎外（原文は「異化」）とは、本来人々を豊かにするはずの工業や 経済の発展が、次第に人々の生活や労働の犠牲の上に成り立つようになり、やがて人を凌駕 するという現象を指す。王が、社会主義社会にもこうした疎外の問題が存在すると指摘した ことで、党内保守派の反発を招き、「反精神汚染キャンペーン」が起こるきっかけとなった。

[*31] 反精神汚染キャンペーン：改革・開放政策により、経済状況は好転したが、西側思想の流 入による「精神汚染」の問題が当局に取り沙汰されるようになった。1983年に「整党に関 する決定」が採択され、反精神汚染運動が始まった。

た。

　1985年、ソ連共産党指導部に大きな変化が起こった。4月のソ連共産党中央委員会総会でゴルバチョフがソ連共産党中央総書記に就任したのだ。ゴルバチョフは、ソ連の全面的改革（ペレストロイカ）の構想を打ち出し、民主化、情報公開（グラスノスチ）といった新たな考え方を提唱した。1986年2月25日から3月6日まで、ソ連共産党第27回大会が行われ、ソ連の大改革が始まった。1988年6月28日から7月1日まで、ソ連共産党中央委員会第19回全国代表会議が開催され、その席上、ゴルバチョフは、政治体制改革の遅れが経済改革の足枷となっていることを指摘し、政治改革の全面実施を求めた。同会議の報告と決議は、ソ連における現行の政治体制にはすでに著しい歪みが生じており、その抜本的な改革を進め、民主化、情報公開、多元化を実行しなければならないと提起した。この会議によって、ソ連社会に政治熱が高まり、「大民主」式の政治参加が行われ、各地で非公式組織が加速的に発展し、反体制と民族分断の活動が公の場で行われるようになった。このためソ連では、十月革命のスローガンだった「すべての権力をソビエトへ」という声が上がり、政治体制改革の基本方針となった。このスローガンは、政権機構の組織改編を表している。すなわち、国家権力をソ連共産党から自由選挙を経て成立するソ連人民代議員大会へ移し、同大会を国の最高権力機関とした上で、その常設機関である最高ソビエト（ソビエト連邦最高会議）を議会とし、「政治体制の中心」に据えることを意味した。1989年、ソビエト連邦と構成共和国の人民代議員選挙を行った。その結果、ソ連共産党が敗れ、急進的民主派と民族主義勢力が人民代議員とソビエト連邦最高会議議員に多数選ばれた。選挙後、エリツィンらが結成した「民主綱領派」（地域を超えた改革派の代表）がソ連の議会初の反対派となり、いよいよソ連解体の幕が開き始めた。

　当時、ソ連は世界2大超大国の1つであり、世界最大の社会主義国家だった。また長年、中国の革命と建設にとって追随、模倣すべき主な対象でもあった。一度は関係が悪化したものの、中国にとってソ連は、発展の参考にすべき地位にあることは一貫して変わることがなかった。ゴルバチョフのペレストロイカは、中国に広く大きな影響を及ぼした。こ

うしたソ連の改革は、中国の改革にとって呼応、実証、支持する役割を果たし、それによって中国は改革を前に進めるための自信を高めた。またもうひとつの面として、ゴルバチョフが主導したソ連のペレストロイカはより徹底した急進的思想だったため、中国の改革を牽引する役割も果たしたと言えよう。特にその民主的・人道的社会主義、情報公開、多元化、などのスローガンに中国社会は大きく注目した。1980年代中盤から後半にかけて、中国の学術界ではペレストロイカをめぐる研究ブームが起こり、その綱領やスローガンを用いて中国とさまざまに対比させた。こうして、ゴルバチョフが提唱した民主的・人道的社会主義、情報公開、多元化といった改革をめぐる「新思考」や新概念が、中国の学術用語の中に浸透していった。

（5）第13回党大会——「党政分離」と「社会における協議対話制」

　80年代前半から中盤にかけた試行錯誤の結果、87年の第13回党大会の時期には次第にその政治体制改革の基本内容と戦略がはっきりしてきた。改革・開放当初、政治体制改革と民主政治建設をめぐる重要な内容として、党政分離（「党政分開」。党と行政の職能を分けること）、社会における協議対話制、競争的選挙（差額選挙）の段階的拡大などがあった。

　文革時代に行われた、党がすべてを統率する「一元化」した指導体制という経験から、人々は政治体制における中心問題は、執政党への過度な権力集中だと考えた。そのため、改革戦略の選択肢は権力の分散に集中し、その具体的方策、方向性はいわゆる「党政分離」だった。こうした解釈と改革の流れは、ゴルバチョフの認識と戦略とも基本的に一致していた。第13回党大会政治報告は、「党務と政務の混同、党による政務の一手代行という、長年来生み出されてきた問題がまだ根本的に解決されていない。この問題が解決されない限り、党の指導は真に強化すべくもなく、その他の改革措置も順調に実施するのは難しい」と述べている。ここで打ち出した政治体制改革の主な施策は党政分離だった。そのため報告は、党政分離を主とした政治体制改革をめぐる具体的な手順を示した。同報告は「政治体制改革のカギとなるのは、まずもって党政分離である」、「党政分離とは、党と政府との職能を切り離すことである。党は

第 2 章　権利の保障と権力の集中のバランス

人民を指導して、憲法と法律を制定したのだから、憲法と法律の範囲内で活動しなければならない。党は人民を指導して国家政権、大衆団体および各種の経済・文化組織を打ち立てたのだから、政権組織に十分その機能を発揮させなければならず、また大衆団体、企業・事業体の仕事を十分に尊重すべきで、その一手代行をしてはならない。党の指導とは政治指導である。つまり、政治原則、政治方向、重大な政策決定について指導を行い、国家の政権機関に重要な幹部を推薦することである。国務に対する党の政治指導の主な方式は、党の主張を法定の手続きによって国家の意思に変え、党組織の活動と党員の模範的役割によって広範な人民大衆を導き、党の路線、方針、政策の実現を図ることである。党と国家政権機関とでは、性質が異なり、職能が異なり、組織形態と活動方式も異なる。党の指導制度を改革して、党組織と国家政権との職能をはっきり分け、党組織と人民代表大会、政府、司法機関、大衆団体、企業・事業体その他さまざまな社会組織との関係を調整して、それぞれがその職能を果たし得るようにし、それを次第に制度化していくべきである」*32 と述べている。

　社会における協議対話制の確立は、第 13 回党大会で掲げた政治体制改革における、もうひとつの重要な布石である。大会政治報告は、「社会における協議対話制の確立」について 1 項を設け、「党政分離」と並ぶ政治体制改革の主要テーマとしている。同報告では、「社会のさまざまな利害と矛盾を正しく処理し、調整するのは、社会主義の条件の下における重要課題のひとつである。各級指導機関の活動は、もしも大衆の意見に耳を傾けるという土台に立脚しなければ、実際状況に合致せず、誤りを避けることはできない。また、指導機関の活動とその直面している困難も、もしこれを大衆に知らせなければ、大衆の理解を得ることはできない。大衆の要求、大衆の声は、いつでもそれをよどみなく上部に伝えるパイプを必要としており、提案を持ち出すところ、不平を訴えるところがなくてはならない。こちらの大衆とあちらの大衆では、具体的な利益と具体的な意見が必ずしも一致しないから、やはり意思を疎

---

*32　趙紫陽「沿着有中国特色的社会主義道路前進」（『十三大以来重要文献選編』上巻、人民出版社、1991 年）

通する機会とパイプが必要である。したがって、社会における協議と対話を制度化して、下情も上部に伝われば上意も下部に伝わり、互いに意思が疎通し、理解し合えるような状態を、いち早く、順調かつ的確に実現しなければならない」、「社会における協議対話制を確立するには、『大衆の中から大衆の中へ』という優れた伝統を発揚して、指導機関の活動の公開度を高め、重大状況は人民に知らせ、重要問題は人民に討議させるということ、これが基本原則である。今のところは、まずもって、この協議対話制についての若干の規定を設け、どの問題はどの単位、どの団体で協議と対話による解決に取り組むべきかを明確にすることである。すべて重要な問題は、それが全国的なものであるか、地方的なものであるか、それとも基層組織内部のものであるかに応じて、それぞれ国家、地方、基層というこの3つの異なる段階で別々に協議と対話を行うべきである。各級の指導機関はそれを指導活動の中の重要項目の1つとして取り組まなければならない。いまある協議対話のパイプにその役割をさらに発揮させ、新しいパイプの開拓にも意を注ぐべきである」[*33]と述べている。

　今日から見れば、社会における協議対話制の確立は至極当然のように感じられる。ここ数年、末端や省・市級でこうした協議対話制のしくみの確立を打ち出す地方や機構も決して珍しくない。しかし1980年代後半には、このような改革の考え方と取り組みはまだ一般的ではなかった。これは当時の民主政治に対する理解と関連していた。当時、民主政治についての理解は往々にして普遍的、概念的な捉え方だった。民主は平等を意味し、いわゆる「社会における協議対話制の確立」の重要な点は「対話」であり、その「対話」が潜在的に包含する前提は双方の対等な地位だった。原則からすれば、人民大衆と党、政府といった指導機関の「対話」は完全に成立する。人民主権の概念からしても、「人民」は主体であり、「第一義」である。対して党と政府は「公僕」であり、人民に奉仕するものであり、「第二義」である。しかし、社会の実際状況、法律形式、政治規則からすれば、その捉え方は全く変わってくる。政治や具体的な協議、

[*33]　*32と同

第 2 章　権利の保障と権力の集中のバランス

対話という形式の中では、人民はひとつの概念的存在にすぎない。こうした形而上の概念として捉えるならば、「人民大衆」と「党と政府」との対話交流は完全に成立する。しかし、この「党と政府」が明らかに法的地位を伴う実体である場合、その対話の相手である「人民」という地位はない。理論上、「人民」は「党」を通してこそ「人民」と呼ぶことができ、党を離れた「人民」はひとつの「何の拘束も受けない気ままな集団」に過ぎない。このように、「対話」は民主政治が内在する矛盾を再び浮き彫りにした。すなわち、価値と形態との衝突である。とは言え、民主に内在するこうした衝突について、当時はまだ誰も理解が及ばなかった。

　第13回党大会政治報告の起草にあたった古参幹部の記憶によると、当時も「対話」という語句の使い方が議論され、それが何を意味し、どのように対話を行うかは曖昧だった。しかし、皆がこれを良い言葉だと感じ、意味も正しいはずだと考えたため、報告の中に「対話」という言葉が加えられた。しかし、「八九風波」[*34]が起こったあの日、学生組織である「高自連」（高等学校自治会連合）の代表と国務院総理が人民大会堂で「対話」する様子をテレビで目にしたあの瞬間、「大会政治報告」で述べられた「対話」が何を意味するかがようやく分かった[*35]。

　第13回党大会では、政治体制改革と民主政治建設をめぐる３つめの重要布石として、競争選挙の推進が挙げられた。こうした選挙の推進は、大会政治報告中の「社会主義民主政治の一部制度の整備」に挙げられた６つの制度の１つにあたるが、間違いなく最もデリケートで最も革新的な制度であった。他の５つは、人民代表大会制、政治協商制、民族区域自治制の整備など、これまでも強調されてきたものだった。報告は「近年、わが国の選挙における民主化の度合いは絶えず高まっている。だが、選挙制度はまだそれほど整っておらず、既存の制度も全面的かつ有効に実施されているとは言えない。今後は、有権者の意思をいっそう尊重し、有権者に選択の余地を与えるべきである。引き続き法律に基づいて差額選挙制を堅持し、候補者の指名方式を改善し、候補者紹介の方法を整備

---

*34　八九風波：1989年に起こった天安門事件やその余波について中国ではこのように呼ぶ。
*35　房寧『政治学研究調研筆記』参照

すべきである。実践の立証するところによると、各種代表大会代表の選挙にあたって、候補者の構成比率に融通性を持たせなければ、有権者の意志を具体化するのに不利である。候補者にかなり広い代表性を持たせるには、今後、地域別選挙を引き続き堅持するほか、分野別選挙またはその他の方式で一部の代表を選ぶ方法によってこれを補ってもよい」と述べている[*36]。

このように第13回党大会は、選挙の問題に対して競争性の強化を強調した。報告の中では「有権者の意思をいっそう尊重し、有権者に選択の余地を与えるべきである」、「差額選挙を堅持」といった含みのある言い方だが、実際には選挙における「選択制」を強化し、その結果おのずから候補者同士の競争を助長することを意味していた。

2．民主政治の発展の法則性

中国共産党が第13回党大会で打ち出した政治体制改革をめぐる論点と計画は、最も重要な観点であると認識された。改革・開放時代を迎え、政治体制改革を通じた民主政治建設は、普遍的な共通認識となっていた。しかし、どのような民主政治モデルをどのように建設するかは、依然として模索が続いていた。1980年代の民主政治建設を振り返るにあたり、それが次の3つから成り立っていることを全面的に見ていきたい。すなわち、
①自らの実践に基づいた模索に由来するもの
②過去の誤りと失敗に対する否定と批判に由来するもの
③理論的、思想的認識および指導思想形成で避けようのない、他国の経験や理論の影響に由来するもの

この中には西側の理論と経験を学習・参照したものもあれば、東欧やソ連の影響を受けたものも含まれる。第13回党大会における改革・開放後の政治体制改革と民主政治建設に対する総括、計画の成否、利弊はいかなるものだったのだったのか。その検証の機会はすぐにやってきた。

[*36] 趙紫陽「沿着有中国特色的社会主義道路前進」(『十三大以来重要文献選編』上巻、人民出版社、1991年)

この検証は最終的に「三統一」の確立、すなわち中国の特色ある社会主義民主政治建設を発展させるための法則を見出し、確かめることにつながった。

（1）「八九風波」の衝撃

　第13回党大会の開催と党中央の新指導体制は、国内外へ向けて進取の精神と活力あふれるイメージを与えた。同大会がかつてない政治体制改革を大々的に表明したこととソ連のペレストロイカとが相まって、中国社会および国際社会は、中国の政治的発展と政治体制改革に対して高い関心と期待を寄せた。国内では速やかな政治体制改革を求める声が高まり、社会の政治熱は最高潮に達していた。

　第13回党大会の数カ月後にあたる1988年の旧正月直前、上海の『世界経済導報』紙上で「中華民族にとって依然として最も重要な『球籍』の問題」[*37]と題した年末評論が掲載された。激しい筆致で書かれたこの評論は、中華民族が「地球の戸籍簿から除名される」ことによる危機に直面していることを誇張した。この問題提起に、すぐさま全国から広い関心が寄せられ、議論が交わされた。議論で圧倒的な優勢を占めたのは、民族危機の存在を認める世論だった。こうした日増しに高まる民族危機は、当時の中国のイデオロギーと政治制度の危機に帰結された。「球籍」をめぐる議論がもたらした危機意識は、より広範囲にわたって現行政治制度を公然と批判・否定する理由と社会の心理的土壌を作り出した。

　「球籍」をめぐる議論は、あるテレビ番組と深いつながりがあった。それは1988年の夏に放送された『河殤』という連続ドキュメンタリーだった。「球籍」の議論が公然と政治批判を行うための世論的土壌とするならば、『河殤』はさらに広範囲にわたり、1980年代の中国知識界が抱く文化再考意識[*38]を詳らかにし、イデオロギー分野から、さらには政治分野にまで徹底的に踏み込んだものであった。『河殤』は、1980年

＊37　中華民族にとって依然として最も重要な『球籍』の問題：原文は「中華民族最要緊的還是〝球籍〟問題」。〝球籍〟は地球の戸籍簿を意味し、中国が立ち遅れた軍事力と経済力のために、地球の戸籍簿から除外されるのではないかという危機意識について述べている。

＊38　文化再考意識：これまでの中国文化を反省・再考しようとする思想的風潮。

代以降の知識界における自由化の思潮のピークを象徴していた。それは社会制度、社会発展の方向性、国の発展戦略に対して新たな選択を行う「宣言書」であり、政治参加に対する思想的な働きかけであった。文革の終結以降、中国社会に文化再考ブームが起こり、それはついに「自らを省みる（自省）→自らを卑下する（自卑）→自らを責める（自責）」という論理に帰着し、中国社会の中に、既存の政治秩序を転覆させる発言の場をうまく作り出した。

　1989年の春と夏の変わり目の時期、鄧小平が言った「国際的な大気候」（ソ連や東欧などの動向を指す）と「国内的な小気候」（国内の学生運動などの動向を指す）がもたらす政治的風波がついに現れた。この政治的風波の本質は、中国の発展の道と発展モデルに関わり、つまり2つの面、2つの道、2種類のモデルの間での争いだった。「国際的な大気候」とは、長年、西側諸国の中国の発展に対する影響や指導のことを指し、東欧やソ連の改革による諸影響なども含まれる。「国内的な小気候」とは、改革・開放以降、中国の発展の道をめぐって存在する認識の対立と論争のことを指す。当時、こうした政治的風波に対する人々の見方は千差万別ではあったが、ひとつの共通点があった。それは、当時これらが未曾有の出来事であり、大半の予想を大きく上回る政治的衝突として人々を震撼させたことである。ここから、第11期三中全会以降の社会発展、経済体制、政治体制改革のプロセスについて再考されるようになった。1989年の政治的風波とその後の再考は、中国の民主政治建設と政治体制改革を大きく推し進める役割を果たした。

（2）風波後の再考──「4つの基本原則」と改革・開放政策

　1989年に起きた政治的風波の後、中国指導部は調整を行い、江沢民を中心とした中国共産党の新指導体制ができた。89年以降の政治情勢は、党と新指導部にとってかなり厳しいものだった。まず、国際的には大きな圧力があった。アメリカを中心とした西側陣営は、この政治風波を理由に中国へ制裁を加えた。さらに厳しいことには、同年夏から秋にかけて、当時の東欧の社会主義国全体に政治的動揺が起こり、各国の共産党は次々と退陣に追い込まれ、社会主義制度は崩壊し、東欧の社会主

義は失敗に終わった。その後ソ連は崩壊し、世界で最初の社会主義国は、ゴルバチョフが主導したペレストロイカと新思考によって全面的な混乱と解体へと向かった。このソ連解体は思想的・心理的に非常に大きなインパクトを中国に与えた。

1989年の厳しい経験を経て、中国はどこへ向かうのかという大きな現実問題に直面した。そのため、これまでの実践と理論を再考し、経験と教訓を総括し、今後の方針と発展の方向性を定める必要があった。こうしたことをまず行ったのが鄧小平だった。

第13回党大会は、当時すでに8年を経た改革・開放を総括し、改革・開放時代の「1つの中心、2つの基本点」という党の基本路線を打ち出した。「1つの中心」は経済建設を中心に置くことを指し、「2つの基本点」は4つの基本原則と改革・開放を堅持することを表す。89年の経験と教訓を総括し、鄧小平は次のように述べている。「第13回党大会でまとめた『1つの中心、2つの基本点』は正しいかどうか、4つの基本原則の堅持と改革・開放という2つの基本点は間違っているかどうか、ということである。このごろ、私はよくこの問題を考える。我々は間違っていない。4つの基本原則の堅持そのものは間違っていない。もし誤りがあるとするなら、それは4つの基本原則の堅持がなお一貫しておらず、それを人民、学生、幹部全員、共産党員全員を教育する基本思想としなかったことである」*39。また鄧小平は、さらに風波後の「経験を真剣に総括し、正しいものは引き続き堅持し、誤っているものは是正し、足りないところには力を入れなければならない」と述べている。このような「八九風波」に対する鄧小平の発言は、これらの出来事への再考と今後の方向性の基調を決定づけた。

1989年以降、江沢民を中心とする新指導部は2つの重大な問題に直面した。1つは改革・開放を引き続き行うのかどうか、民主政治建設を続けていくかどうかという問題であり、2つめはどのような改革を行い、どのように民主政治建設を進めるべきかという問題である。

1つめの問題については、政治的風波の終息後、鄧小平が打ち出した

---

*39 鄧小平「在接見首都戒厳部隊軍以上幹部時的講話」(『鄧小平文選』第3巻、人民出版社、1993年)

「再考」を基調に、党中央は改革・開放の路線と政策を引き継いだ。しかし、改革・開放の実行を堅持することを前提とし、江沢民はさらに「2種類の改革観」[*40]（改革・開放に対する2つの見方）について言及し、今後の改革・開放の性質と方向性をさらに明確にした。1991年7月1日、江沢民は中国共産党創立70周年慶祝大会で次のように講演を行った。「我々の改革は社会主義制度の自己整備と自己発展であり、優位性を発揚し、弊害を取り除き、大胆に革新する過程である。我々の開放は、国外の先進的な技術、科学的な管理の経験および優れた文化の成果を吸収し、外資を誘致することによって、わが国の経済社会発展につながる自力更生の能力と国際社会における競争力の増強を図ることである。改革を行わなければ、社会主義制度の生気に満ちた局面を保ち続けることはできない。改革において、社会主義の方向を堅持しなければ、党と人民が70年間奮闘して収めたすべての成果が葬られてしまう。改革・開放に対する2つの見方、すなわち4つの基本原則を堅持する改革・開放と、ブルジョワ自由化が主張している、実質的には資本主義化された『改革・開放』との根本的境目をはっきりさせなければならない」[*41]。

こうした「改革観」は89年以前には見られなかった見解で、特別な意味合いを持つ。マルクス主義と社会主義を貫く体系は「弁証法」から成っている。すべての政治的発言には「柔軟性」と「両論」が不可欠であり、「一方」と「他方」の両側から論じる必要がある。第13回党大会で提起された基本路線では、「対立・統一」という「両論」は、「4つの基本原則の堅持」と「改革・開放の堅持」であり、これが「基本路線」における「2つの基本点」である。そして「2種類の改革観」が提起された価値は、「4つの基本原則の堅持」と「改革・開放の堅持」という「両論」にあり、「改革・開放」の中に組み入れられた。

改革・開放の性質と方向性をより明確にしてから、引き続き政治体制

---

*40　2種類の改革観：改革路線が、社会主義か資本主義かを問う論争を指す。改革・開放の過程で、「姓資姓社」（資本主義化か、社会主義化か）をめぐり、改革の本質を問う論争が激化した。鄧小平は一部で「資本主義の道を行く実権派」と呼ばれた。これに対し、江沢民を中心とした新指導部は、第14回党大会で鄧小平の南巡講話の方針を引き継ぐことを明言し、改革・開放を新たな段階へ進めた。

*41　江沢民「当代中国共産党人的光栄使命」（『江沢民文選』第1巻、人民出版社、2006年）

改革と中国の特色ある社会主義民主政治建設を実行することは、自明の理であった。

　江沢民は総書記に就任してまもなく、次のように発言している。「高度の社会主義民主と完備した法制度を構築することは我々の根本的な目標と根本的な任務のひとつであり、人民大衆の共通の願いでもある。党の 11 期三中全会以来、中央が繰り返し強調しているように、民主がなければ、社会主義がなく、社会主義近代化もない。政治体制改革を行うのは、利を興し弊害を取り除き、中国の特色ある社会主義の民主政治を建設することである。どんな状況にあっても、我々は社会主義民主の旗印をしっかりと握っていかなければならない」[*42]。

　民主政治建設について言えば、江沢民の考え方と 70 年代末に鄧小平が改革・開放の扉を開いた時のやり方は酷似している。鄧小平は、思想解放運動によって改革・開放へ向けた政治と世論の前提を作り上げたが、決してすぐさま改革・開放の綱領や方策を打ち出すことはせず、まず 4 つの基本原則を示すことで、改革・開放を行う範囲と限界を定めた。つまり、1979 年春に基本原則を提起し、翌 1980 年夏の「党と国家の指導制度の改革について」という演説の中で、ようやく中国の政治体制改革の基本綱領と草案を打ち出した[*43]。江沢民は総書記就任直後の時期に、政治体制改革と民主政治建設について最も多く言及している。発言の中では、中国の民主政治建設は自らの道を歩み、決して西側の民主政治モデル、西側の民主・平等・人権などの観念に倣うことはないと述べている。

　江沢民を中心とする第 3 世代の党中央指導体制が置かれた時代的条件と政治的立場は、中国の政治体制改革と民主政治建設への新たな模索の方向性を示していた。

（3）党の指導、人民の主人公としての地位、法による治国

　民主政治は中国社会の 100 年来の理想と悲願と言われ、このためにあまたの志ある人々がたゆまぬ努力を続けてきた。中国共産党が民主を模

[*42] 江沢民「堅持和完善人民代表大会制度」(『江沢民文選』第 1 巻、人民出版社、2006 年)
[*43] 1980 年 8 月 18 日、鄧小平は中国共産党中央政治局拡大会議において「党と国家の指導制度改革について」と題した演説を行い、同月 31 日、政治局はこれを採択した。

索した歩みを、政治実践と制度建設の観点から振り返ると、その中心的な問題は民主の価値それ自体ではなく、その価値を実現させる具体的な形を見つけることにあった。それはその価値を最大限に具体化できる人民主権の政治形態と制度整備を構築できるかどうかということでもあった。今の政治学の学術レベルから言えば、民主に内在する矛盾、つまりそれ自体の価値と形式との相克について認識されている。これによってさらにはっきりと認識されるようになったことは、民主政治建設の真の意味は、民主の価値を最大限実現できる政治形態を見出し、民主の価値と形態との矛盾をできる限り克服し、小さく抑えることにある。したがって、民主政治建設の規律は、民主の価値とその形態との統一にある。

改革・開放の初めの10年では、民主政治建設の模索は、「簡政放権」（行政の簡素化と権限の委譲）に集中した。すなわち、権力集中の度合いを緩め、人民大衆の政治的地位を引き上げ、社会がこれまで以上の権力を掌握することにあった。鄧小平が1980年夏に提出した政治体制改革と民主政治建設の綱領的文書である「党と国家の指導制度の改革について」は最も権威があり、改革・開放初期の民主建設に対する認識の基準を最もよく反映している。鄧小平は「党と国家の指導制度、幹部制度の面から見ると、主要な弊害は官僚主義、過度の権力集中、家父長制、幹部の指導職の終身制といった諸傾向や、さまざまな特権の傾向である。……（中略）……過度の権力集中とは、党の一元的指導の強化というスローガンの下に、すべての権力を不適当なやり方で、十把一からげに党委員会へ集中してしまうこと、しかもこの党委員会の権力がしばしば幾人かの書記、特に第一書記の手に集中し、何ごとも第一書記が指揮をとり、決定を下すようになることである。こうして、党の一元的指導は、とかく個人の指導に変わってしまう。これは、全国の各級機関に多少とも存在する問題である。個人または少数者の手に権力が集中しすぎて、実務に携わる多数の人に決定権がなく、権力を握る少数者に負担が重くかかれば、官僚主義が生まれ、さまざまな誤りを犯し、各級の党と政府における民主生活、集団指導、民主集中制、個人分担責任制といったものが損なわれるのは必至である」[*44]と述べている。

この鄧小平の発言は、改革・開放初期の政治体制改革の必要性とその

目標の認識を示しており、その中核的思想は、権力分散と権力委譲であり、権力を「人民」の側へ近づけようとしていた。こうした模索を経て、第13回党大会は、鄧小平が7年前に掲げた目標を「党政分離」「社会における協議対話制度」という具体的な改革の施策、制度へと転化させた。しかし実践を通じて、ほどなく1980年代の政治体制改革と民主政治建設の戦略的問題が浮き彫りとなった。

制度設計とその実施の中で、党政分離の目的は「党の指導の強化」だと繰り返されてきた。しかし、党組織が行政、社会管理、経済建設といった実際のプロセスからいったん離れると、党の指導は空洞化、無力化する。いわんや長年行われた体制では、人事配置でも党と政府は一体化していた。そのため、党政分離はまずうまく機能するのかという難題に直面した。実践の中でこの取り組みが棚上げされ、政治的には継続が宣告されたことで、一方では社会に誤解を与え、期待外れに終わった。そして、もう一方で「自由化」を標榜する勢力に反対を叫ぶ口実を与えてしまった。

「社会における協議対話制度」は深い意味を持つ。つまり、対話とは対話者双方の地位が対等であることを意味し、党は指導者として「人民大衆」と平等である。政治哲学の上ではこうした構図が成り立ち、「人民大衆」はより「上位」に置かれるべきだとさえいうこともできる。しかし現実的な法律と形態において、手続きの意義において「対等」な地位は、「指導」の合法性に対する危機と正当性に対する疑義を意味する。このように民主の価値が形態として直接表現されると、民主の実現形態は消滅し、ほとんど尽きてしまう。こうした現象について、かつてレーニンが語った箴言がある。「完全な民主とは、いかなる民主も存在しないことに等しい。これはおかしなことでなく、真理である」[*45]。

情勢は人よりも強い。政治的風波という過酷な事実は、1980年代に模索した民主政治の実現形態についての考え方を大きく変えた。つまり、権力自体をなくすことでその弊害をなくすことはできず、いわんや権力

---

*44　鄧小平「党和国家領導制度的改革」、(『鄧小平文選』第2巻、人民出版社、1993年)
*45　列寧 (レーニン)「馬克思主義論国家」(『列寧全集』第31巻、人民出版社、1985年、第2版)

をなくすことは不可能である。問題は、権力を社会あるいは人民へ「返す」ことではなかった。そうした考えが非現実的過ぎたのである。実際の問題は、人民のために権力を掌握し、それを正しく用い、権力を分担・運用・制約・監督することにほかならない。1990年代、「党政分離」は「党政分業」(「党政分工」、党組織と政府がそれぞれの任に当たるよう分業すること)に変わり、やがて「社会における協議対話制度」という言葉も党大会文書の中から姿を消した。

　1980年代の「非現実」が終息し、新たな問題が生じた。1990年代初め、民主建設の戦略は再び10年前のスタート地点へ舞い戻ってしまった。しかし問題は、以前よりも明白だった。すなわち、党と人民の関係、権力と権利の関係であった。これらは民主政治建設の上で解決すべき本質的問題であり、いずれ決着すべき問題でもあった。

　民主建設の戦略の模索がスタート地点へ戻ったということは、まず改革と建設が直面する問題を明確にしなければならないことを意味していた。当時の共通認識は、問題は党や個人への権力の過度な集中だと考えられていた。したがって改革の目標は、権力を分散させ、委譲し、社会へ向けて分権化していくことだった。しかし実際にはそう容易なことではない。民主政治にはその関連性、前提性、制限性といった要素が大きく関わる。改革と建設の目標と戦略は、まず民主政治の関連性から手をつける必要があった。

　1997年9月、中国共産党第15回全国代表大会政治報告の中で、江沢民は政治体制改革と民主政治建設の目標について述べた。これはちょうど10年を経て、党が政治改革と民主建設との関連性を再び定め、改革の尺度を設定した。江沢民は報告の中で「政治体制改革の推進は、党と国の活力を増強し、社会主義制度の特徴と優位を保ち、生かして、国家の統一、民族の団結、社会の安定を守り、人民大衆の積極性を十分に引き出し、生産力の発展と社会の進歩を促進していくことに役立てなければならない」[*46]と述べている。また、より具体的には、「当面と今後の一時期」における政治体制改革の主な任務は「民主を発展させ、法制を

＊46　江沢民「高挙鄧小平理論偉大旗幟、把中国特色社会主義事業全面推向二十一世紀」(『江沢民文選』第2巻、人民出版社、2006年)

強化し、政府と企業の分離を実行し、機構を簡素化し、民主監督制度を完全なものにし、安定と団結を守ることである」と指摘した。

　これらの内容はまだはっきりとしたものではなかったが、民主建設の基本となる関連性について新たに定めている。すなわち、「２つの機能的要求と１つの制約的条件」[*47] である。２つの機能的要求とは、人々の積極性と生産力の発展を促し、社会を進歩させることを指し、１つの制約的条件とは、国家の統一、民族の団結、社会の安定維持を指す。したがって、民主政治建設の基本的枠組みはこれらに合わせた形で設計され、その考え方は1980年代から大きく調整が加えられた。1980年代は、分権と放権（権利の委譲）に集中し、政治分野に集中していた。その思想的底流は、人民主権の考え方の下、ある種の直接民主制の意味合いを持つ自治的な民主政治体制を打ち立てようとするものだった。しかし、このような理想化された構想は実現不能なものだったことは事実が証明している。

　こうした試行錯誤を繰り返し、民主政治の実践形態の問題をめぐり、ようやく突破口となる進展が見られるようになる。それは、理論の上で抽象的な「人民主権」を、権利・権力・方法の３要素に分け、さらに人民主権の原則について、「人民の権利の保障」「人民の権力の行使」「人民の権利と権力の保障と行使」という３つの現実問題に分けて捉える考え方だった。「人民主権」を３つに分けることで、この抽象的な政治哲学を扱いやすい実践形態、また実践可能な現実問題に転じて、理論的に説明できるようにした。こうして「人民主権」は抽象原則ではなく、実践可能な現実問題として理解できるようになった。

　1998年7月、江沢民は鄧小平理論学習工作会議で演説を行い、初めて「三統一」について次のように触れた。「社会主義の民主政治建設の推進には、党の指導、民主の発揚、法によって物事を行う、というこれらの関係を適切に扱わなければならない。党の指導はカギであり、民主の発揚は基礎であり、法によって物事を行うことは保障であり、決して３つを分けて対立させることはできない。政治体制改革は、必ず党の指

[*47]　２つの機能的要求と１つの制約的条件：原文は「両個功能性要求和一個限制条件」。

導の下で段階的、秩序的に行わなければならない。民主を発揚し、法制を強調すれば党の指導は不要と考えることは誤りである。同時に、各級の党委員会は、憲法と法律の範囲内で党の指導を強化、改善することを学習しなければならない。各級の指導者は大胆かつきちんと指導にあたり、民主を十分に発揚し、法に依って厳格に物事を行わなければならない」[*48]。確認できる文書では、この記述が「三統一」について比較的初期のまとまった発言である。

2002年、中国共産党第16回全国代表大会政治報告の中で、「三統一」について次のように正式記載されている。「社会主義の民主政治を発展させる上で、最も根本的なことは、党の指導の堅持と人民の主人公としての地位の確立、法律に基づいて国を治めることを有機的に統一させることである。党の指導は、人民の主人公としての地位の確立と法律に基づいて国を治めることを根本的に保証するものであり、人民の主人公としての地位を確立することは、社会主義の民主政治の本質的な要求である。また、法律に基づいて国を治めることは、党が人民を指導して国を治める基本方針である」[*49]。

こうした「三統一」を打ち出したことは、現代中国における民主政治建設の法則を見出し、知ることにつながる。それは、工業化と近代化が進む現段階にあって、民主政治を支える要素の間に内在する関係を表し、民主政治を執り行う上での実践ルールを打ち立てようとするものだった。第16回党大会以降、「三統一」は常に強調され、中国の特色ある社会主義民主政治が歩んでいく道の、カギとなる内容と考えられている[*50]。

3．「権利の保障」と「権力の集中」

中国の特色ある社会主義民主政治の建設において、前述の「三統一」

[*48] 江沢民「在学習鄧小平理論工作会議上的講話」(『江沢民論有中国特色社会主義(専題摘編)』、中央文献出版社、2002年)

[*49] 江沢民「全面建設小康社会、開創中国特色社会主義事業新局面」(『江沢民文選』第3巻、人民出版社、2006年)

[*50] 胡錦濤「在慶祝中国共産党成立九十周年大会上的講話」(中国共産党新聞網)
http://cpc.people.com.cn/90nian/GB/224164/15052968.html。

に照らし合わせて民主政治を執り行うことは、中国が試行錯誤の末に導き出した基本的経験のひとつであり、最も重要な経験でもある。これらに対し、政治と学術の両面から分析することができる。

（1）「三統一」について

　政治現象と政治過程について、これまで政治と学術の2つの流れによって説明、分析が行われてきた。これらは観察と分析という角度の違い、また純粋な言語体系としての違いはあるが、実質的な違いはない。「三統一」について言えば、政治的には、主に歴史沿革の側面からその意味を説明し、学術的には、現実的機能という側面に重きを置いてその意味を説明している。

　政治的角度から「三統一」を見ると、第16回党大会政治報告の中で3者の関係について次のようなスタンダードな解釈が示されている。「党の指導は人民の主人公としての地位の確立と法律に基づいて国を治めることを根本的に保証するものであり、人民の主人公としての地位を確立することは、社会主義の民主政治の本質的な要求である。また、法律に基づいて国を治めることは、党が人民を指導して国を治める基本方針である」。具体的には以下の内容を示している。

1）党の指導は、人民の主人公としての地位の確立と、法律に基づいて国を治めることを根本的に保証する。民主の実践は自発的な過程ではなく、中国の政治制度は共産党の指導を離れることはできない。人民大衆は、国家、社会、自身の運命を司る主人であり、人民全体の利益を代表し、反映できる政党を自らで組織し、自覚的意識を作り上げ、効果的な行動を起こすことが求められる。特に中国のように人口が多く、経済・文化が比較的立ち遅れているアンバランスな発展を遂げている大国では、人々の利益が広範かつ多様なため、こうした利益を実現させる複雑さと難しさに対して、人々の共通意思を集中的に反映させ、効果的に具体化させる政治的主軸が必然的に求められる。これによって人々が団結し、革命・建設・改革をめぐる事業を不断に進められるようにする。中国では唯一、共産党だけがこうした任にあたることができる。共産党は労働者階級、中国人民、中華民族の先鋒部隊で

あり、中国において最も多くの人々の根本的利益をきちんと代表し、保護している。人民代表大会、共産党が指導する多党協力・政治協商、民族区域自治、末端における民主自治などの政治制度を通じて、党は人民大衆から寄せられるさまざまな要望や訴求を人民全体の利益と共通意思としてとりまとめ、さらにそれらを国の法律や政策へ転化させていく。党の指導を離れるならば、人民の主人公としての地位の確立は潰えてしまい、法制や諸制度も真に実現、実行されることはないだろう。

2）人民の主人公としての地位の確立を実現することは、社会主義民主政治の根本目的である。共産党の指導は、実質的に人民の主人公としての地位の確立を指導、支持している。人民の主人公としての地位の確立とは、人民大衆が党の指導の下で、人民代表大会、共産党が指導する多党協力・政治協商、民族区域自治、末端における民主自治などの制度形態を通じて、国家政権を掌握し、民主的権利を行使し、国務・経済・文化事業・社会事務の管理にあたることを指す。具体的には、人民大衆が憲法と法律の規定に基づいて人民代表を選挙し、自身の要望を反映・表出し、また立法公聴会、行政公聴会などの形態を通じて、秩序に基づいて法律、政策の制定に直接関わることを表す。末端における民主の実施については、都市部と農村部の末端大衆自治組織の中で、広く人民が法に基づく民主的選挙、民主的政策決定、民主的管理、民主的監督といった権利を直接行使し、末端の公共事務と公益事業に対して民主的自治を行うことを指す。民主的監督とは、広く人民大衆が社会生活の各レベルで法律や世論など多様なチャンネルを通じて、党と政府および幹部に対して監督を行うことを指す。人民の主人公としての地位の確立は、国家の諸事業の発展が人々の利益と願望に合致することを保証する。したがって、この点から離れてしまうと、人々からの監督を受け入れず、党の指導と法治は正しい方向から逸脱、変質してしまう。

3）法律に基づいて国を治めることは、党が人民を指導し国を治める上での基本方針である。この本質は、広く人民が党の指導の下で憲法と法律の規定に基づき、さまざまなルートを通じて国務、経済・文化事業、

社会事務などを管理する権利を行使することを指す。さらに、国家の諸活動、社会における政治や生活が法律に基づくことを保証し、社会主義民主の制度化・法制化を徐々に進めることを指す。法治には安定性・規範性・連続性といった特徴があり、法律に基づいた上で国の統治、社会管理、民主の制度化・法制化を行うことで、指導者の交代あるいはその考え方や注意力が変わることで状況が一変するのを防ぐことができる。現在の中国では、党の指導、人民の主人公としての地位の確立、民主的権利を行使すること、これらのいずれにおいても必ず法律の範囲内で進めなければならない。また、厳しく法に基づいて物事を執り行う必要があり、いずれの組織や個人も憲法や法律を超えた特権を得ることは許されていない。こうした法治の原則に反した権力意思や「民主」は、社会秩序と人民の権利・自由を損ない、社会主義の民主政治制度を脅かすおそれがある。法制度を離れれば、人民の権利とその保障は失われ、混乱が起こり、やがて無政府主義の氾濫につながりかねない。これについて、文化大革命から得た教訓は極めて深い。法制度と民主をつなげた上で、民主の法制化および法制度の民主化を進め、法律に基づくこと、民主を保障することは、中国の特色ある社会主義民主の重要な一特性である。[*51]

これらの実践を繰り返し、党指導部は、実践レベルで民主が解決すべき本質的問題は「党と人民の関係」と「権力と権利の関係」だということにようやく思い至った。政治的言説としての「三統一」は、党と人民の関係が中心に置かれ、その基本的含意は、条件と目的の二重の意味から党と人民の関係を説明している。

まず、党は人民にとって前提であり必要条件である。人民は主権者であり、民主政治の主体である。しかし、政治あるいは社会主体という意味合いでは、その成り立ちと存在には条件が伴う。政治概念としての人民は歴史の行動主体であり、行動能力を有する主体はすべて自我意識と組織形態を備えている。さもなければ、人民は概念的な存在にすぎず、まさにマルクスが『ルイ・ボナパルトのブリュメール18日』で語った

[*51] 中国社会科学院鄧小平理論和"三個代表"重要思想研究中心「堅定不移地走中国特色社会主義民主政治道路」(『求是』、2007年第10期)

「ジャガイモ」さながらのフランス農民、あるいは中国近代史に登場する中国人が「ばらばらの砂」[*52]として形容されることに通じる。すなわち、共産党が人民に自我意識と自覚を与え、人民を組織してきた。つまり、共産党によって、人民は人民たらしめられたのである。さらに言えば、党組織と人民の代表が権力の掌握と行使を行うことで初めて、権力は真の効力を持つようになる。

次に、人民は党の目的である。共産党が権力を掌握・行使するのは、人民の権力を代行することである。党は人民を代表し、いかなる集団利益や特定の目的も持ち合わせていない。そのため、党の執政行為はすべて、「人民の主人公としての地位の確立を指導し、支持する」ためであり、人民に奉仕するためである。党は、人民全体の利益、長期的利益、根本的利益を実現させる道具であり、あるいは党が人民を代表して権力を掌握・行使することが、最終的に人民の権力と利益の全面的実現につながる。さもなければ、民主は異化、変質してしまう。

このように政治的言説として「三統一」を見た場合、それは党と人民の関係という意味を内包し、政治制度と民主に対する合法性と正当性という解釈を与えている。

(2) 権利の保障――社会の積極性を活かす

中国の民主政治において、「三統一」に基づいて物事を執り行うことは、民主政治を発展させる法則である。いわゆる法則とは、これに則ることで物事が円滑に進み、則らなければ物事が進まないことを表す。この意味から、「三統一」は実践の中でどのような役割を果たすのだろうか。もう少し具体的に分析してみたい。

ある民主政治モデルの価値を考える場合、その機能の表れを見なければならない。中国の「三統一」モデルは、実際的機能として次の2つの面に表れる。1つは「権利の保障」によって人々の積極性を引き出し、工業化と近代化を進めることで社会の潜在力を得ていくこと。2つめは

---

*52 ばらばらの砂：孫文が『三民主義』の中で示した考え方。近代中国では、大衆の宗族意識が強く、国民という意識が希薄だったことを「ばらばらの砂」に例え、こうした大衆を「国民」に作り替えていく必要があると考えた。

「権力の集中」によって戦略的に発展し、より効率的な工業化と近代化を進めることである。これらは、改革・開放によって30数年にわたり中国の経済社会が歴史的な発展を遂げ、中国が勃興したことで証明されている。

　人民の権利を保障し、その積極性、主体性、創造性を引き出し、中国の工業化と近代化を進める大きな原動力にしていく。

　中国の改革・開放も同様に、初めて民間の力を解き放った過程では、その社会メカニズムは日本および工業化に成功したすべての国の潜在力メカニズムと酷似している。異なるのは、中国の場合はさらに規模が大きく、政策実施が徹底され、イデオロギーと政策が同調する度合いが高いことである。

　改革・開放前の計画経済時代にも中国経済は大きく成長し、およそ30年を経て初歩的な工業化を成し遂げた。しかしそれは、改革・開放期における経済社会の成長速度や中身とは比べものにならなかった。そのシンプルな理由を社会発展の力という角度から見た場合、計画経済時代、中国は主にひとつの「積極性」があった。すなわち計画を立案する当局の積極性である。そこではかえって計画が制約となり、積極性が制限され、特に経済単位の基本である企業の積極性と創造性はほぼ窒息させられていた。改革・開放がもたらした最大の変化は、これまでの中国社会の基本的価値観を覆したことであり、その発展の力の流れを変えたことである。

　1980年代と1990年代以降、改革・開放と社会主義市場経済が導入された。その主な社会的意義は、多くの人々を縛る政治・経済・社会などの多方面の制約をなくし、出自や政治態度によって社会的価値が決まるという古い価値体系を変え、平等競争に基づく選抜教育制度、および機会均等に根ざす経済参入制度が作り出されたことである。社会的価値の変化と経済活動への見通しが開けたことで、普遍的な社会のダイナミズムや、巨大な潜在生産力が生み出され、多くの人々が幸せな暮らしを求めることが目標となり、人類歴史上における最大規模の生産・開発活動が展開されるようになった。

　改革・開放以来、中国社会の最も大きな変化のひとつは活力の高まり

であり、中国人の人間像が変化したことである。多くの人々が、国の工業化・都市化・近代化の歴史的過程へ積極的・主体的に関わった。こうした歴史的変化は、社会的価値および社会への期待感の変化に由来している。建国前の中国では、人々の大半は封建的な土地制度と官僚的な資本主義制度に縛られ、抑圧されてきた。建国から改革・開放に至るまでの間、人々の大半は政治や法律の上では平等な地位を得たが、経済的・社会的身分の上では未だに計画経済に縛られ、個人が経済・社会発展を求める機会に乏しく、潜在力を発揮することは難しかった。したがって改革・開放の社会的意義は、人々の身分的制約、特に人口の絶対数を占める農民の身分的制約をなくし、経済社会の自由と権利の保障を広げることを通じて、中国人民にとって新たな社会への期待感——すなわち個人の努力で社会流動、階層移動、富を得る機会が巡ってくるという——を抱くことが可能になったことである。これによって、中国社会の発展が生んだモチベーションは多くの人々の欲求と衝動に変わり、いったん動き出した歩みは止まることなく、経済発展へ向かう大きな奔流となっていった。

　企業の発展ならびに企業家精神は、社会の活力と社会的生産に従事する人々の積極性・主体性を判断する重要な指標である。

　改革・開放以降、中国社会は広く人民大衆、特に農村と農民へ向けた経済的自由を開放し、その経済的権利と利益を保障した。その結果、人々の精神状況と経済様相はすっかり一変した。1978年以前、中国には民間企業がほぼ存在せず、個人事業を営む数も少なく、ほとんどの経済活動は、政府の計画当局によるコントロールに委ねられていた。改革・開放から30数年を経て、中国人民における創業精神はかつてないほど高まり、2012年9月までに中国で登記された民間企業はすでに約1059万8000社、登記上の資本金総額は約29兆8000億元、資本金の平均額はおよそ281万3000元に上る。同時期の中国における個人事業者数は約3984万7000社、その資本金総額はおよそ1兆8800億元に達している。2012年、GDPに占める民間経済の割合はすでに6割を超えた[*53]。こう

---

*53　「中国在冊私営企業数量突破千万家」（新華網、2013年2月1日）
　　http://news.xinhuanet.com/fortune/2013-02/01/c_114587467.htm/

第 2 章　権利の保障と権力の集中のバランス

した改革・開放は、人類の工業化の歴史で初めてとなる最大規模の創業活動を生み、これらは経済的自由と権利の開放・保障に根ざしている。改革・開放の歴史を最も如実に表す典型は、浙江省義烏市の事例だろう。

義烏は今でこそ広く知られるようになり、中国経済のシンボルと見られているが、30年前には浙江省中部の貧しく立ち遅れた無名の田舎だった。1982年当時、義烏はわずか2.8km²ほどの小さな町だった。ここは耕地面積が平均0.5ムー[*54]に満たない上に、貧土のため、人々が抱える問題は一向に解決されなかった。当時、義烏の都市化率は10％に満たなかった。しかし、30年を経ずしてこの町に驚天動地の変化が訪れ、落ちぶれた小さな町は、国連、世界銀行、モルガン・スタンレーといった権威ある機関から「世界最大の小型商品卸売市場」として知られるようになった。現在、義烏マーケットの事業面積は470万m²、取り扱い商品は170万種、取引総額は24年間で1100倍にまで成長した。2012年、同地域の生産総額が803億元に達し、公共財政収入は101億5000万元、貿易総額は93億5000万ドル、都市住民世帯の平均可処分所得は4万4509元、農村住民世帯の平均純収入は1万9147元に上った。現在の都市化率は65％に達した。

義烏の奇跡は信じがたいものだったが現実に起こったことであり、これらはすべて30年前の政策的調整に由来している。1982年9月、この地に住む貧しい人々の強い要求を受け、義烏県委員会および県政府はこの町の開放と自由な市場取引を決定し、後に広く知られる「4つの許可」（四允許）について取り決めを行った。これは、①農民が都市で商売を営むことを許可、②農民が商品を遠くに運んで売りさばく仕事に従事することを許可、③都市部と農村部の市場開放を許可、④競争への多様な参入ルートを許可、を指す[*55]。これらは今からすれば当然の決定に見えるが、商業発展におけるひとつの奇跡を生み出し、義烏の人々が持つ無限の積極性と創造性を引き出し、この地に奇跡をもたらした。

義烏の変遷および改革・開放以降の社会全体の歩みは、工業化時代の

[*54]　ムー：中国で使われる土地面積の単位。畝。1ムーはおよそ666.7m²。
[*55]　中国社会科学院「義烏発展之文化探源」課題組『義烏発展之文化探源』、社会科学文献出版社、2007年

シンプルな真理を証明した。すなわち、権利を保障し経済成長を遂げることは、人々に尽きることのない原動力を与えるということである。

（３）権力の集中──戦略的発展のために

　途上国をめぐる「後発の優位性」については、純粋な経済的問題ではなく、それに見合う政治的条件も必要とする。こうした政治条件において、政府が果たす役割が最も重要である。すなわち、政府が経済発展の中で計画・組織・公共サービスを担い、経済発展を集約化し、その効率を高めていく。政府がこれらの役割を備えているか否かは、その国の政治制度によって決められ、またその政治制度下に置かれた政府が、一定の集中と資源配分能力を備えているかどうかによって決まる。つまり、鄧小平が言うところの「力を集中させて大事業を行う能力」である。

　中国の政治制度は、政府が資源を集中させて発展を進め、経済社会の発展における組織力・調和力の発揮を下支えしている。こうした中国の政治制度は、経済社会の進歩発展の中であたかも別の役割を果たしてきたと言える。すなわち、人民の権利を保障し、彼らの積極性を引き出すとともに、衆知・衆力を集め、経済の戦略的発展を有利に進めていく役割を果たしている。いわゆる戦略的発展とは、政府による計画・組織・推進の下、集約的な効率の高い工業化を進めることを指す。こうした集権は、必ずしも政府が一切を執り行うこととは限らない。改革・開放以前、高度に集中した計画経済体制の下では政府は万能であり、権力は経済社会のあらゆる面を網羅していた。そのため、経済体制改革の最初のターゲットは、往々にしてこうした高度集中、指令型の経済管理モデルであった。

　経済体制改革はこうした計画経済体制を終息させ、政府による経済管理のあり方もこれに伴って変化した。したがって、政府はマクロ経済管理においてどのような職能を担うべきかが、改革・開放初期に中国が直面した重大な問題であった。1982年から、３つの段階を設けた政府の機構改革が６度にわたって行われ、政府は何を手放し、何を管理すべきかを模索し、政府の経済的職能は徐々に歴史的な転換を遂げつつある。

　たゆまぬ改革と模索を経て、政府の経済的職能に対する認識は徐々に

クリアになった。それは主に次の側面を備えている。
①経済のマクロ・コントロール
②発展戦略および計画の制定
③各地域の調和的発展
④インフラ建設
⑤公共サービス提供
の5つである。

1）マクロ・コントロールについて
　マクロ・コントロールとは、政府が経済政策、経済法規、経済・社会の発展計画、必要な行政管理を行うことで、市場経済をコントロールすることを指す。その目標は、経済成長の促進、雇用の増加、物価の安定、国際収支の維持などがある。経済面における政府のさまざまな職能の中で、マクロ・コントロールは最も重要かつ基本となる役割である。
　マクロ・コントロールの概念は、イギリス人経済学者ケインズが生み出した。社会主義市場経済の中で、中国はこうしたマクロ・コントロールへ新しい意味を付加した。
　中国におけるマクロ・コントロールの概念は、次のような過程を経て形成された。すなわち、マクロ調節（宏観調節）→マクロ規制（宏観控制）→マクロ・コントロール（宏観調控）というプロセスである。1984年10月に採択された「経済体制改革に関する中共中央の決定」では、「経済が活性化すればするほど、マクロ調節を重視しなければならない」と指摘している。1985年8月13日付の『人民日報』に社説「慎重に臨み、統一的に按排する」（「瞻前顧後、統籌安排」）が掲載され、「マクロ規制の強化」が提起された。1989年11月、第13期五中全会の決議文書において「改革諸措置をいちだんと深化させ、完全なものにするとともに、計画経済と市場調節を結びつける原則に合致し、経済、行政、法律の手段を総合的に運用するマクロ規制体系を徐々に確立する」と記され、党の正式文書の中で初めてマクロ・コントロールの概念に触れている。
　1992年、第14回党大会政治報告で社会主義市場経済体制の概念が提起され、こうした経済体制におけるマクロ・コントロールと市場調節の

位置づけと役割について次のように明示された。「我々が社会主義市場経済体制を打ち立てるのは、社会主義の国家によるマクロ・コントロールの下、市場に資源配分の基礎的役割を果たさせ、これによって経済活動を価格原理に従わせ、需給関係の変化に適応させるためである」、「市場にもそれなりの弱みと消極面はあるので、経済に対する国のマクロ・コントロールを強化し、その改善に努めなければならない」[*56]と述べている。1993年の憲法改正案では、「国は経済立法を強化し、マクロ・コントロールの整備に努める」という一文が加えられ、マクロ・コントロールを法が定める政府の役割として認めている。

　初めて大規模なマクロ・コントロールが行われたのは1990年代だった。1992年、鄧小平は南巡講話や第14回党大会の精神を通じて、各地域、各部門、一般の党幹部、大衆の積極性を大いに奨励し、全国で見られた未曾有の発展に対して、国民経済の急成長を力強く推し進めた。その一方で、新旧体制の摩擦が生じ、古いコントロールのしくみが効力を失いつつあるにも関わらず、新しいマクロ・コントロールのしくみはまだ整っていなかった。そのため、経済発展の「過熱」が起こり、投資・消費が共に膨らみ、資金調達や金融機関の創設など社会がコントロールを失い、住民の生活費の値上がり幅が2桁台まで上昇した地域が35都市にも上った。

　1993年6月、党中央はマクロ・コントロール強化をめぐる16の施策を打ち出し、主に財政政策と金融政策の適度な引き締めにより、金融秩序と流通構造を整え、投資規模を抑え、価格監督などの強化を実施した。1994年からは引き続き、一連の重要改革をめぐる施策として、次の内容が発表された。

（1）**金融体制改革**。1995年に「中国人民銀行法」が施行され、中国人民銀行は中央銀行として金融コントロール、金融監督・管理の役割を担い、間接コントロールを主としたマクロ金融コントロールの基本的なしくみが形成された。
（2）**財政体制改革**。1994年に以下の分税制が実施された。

[*56] *55と同

①統一の税法、公平な税負担、税制の簡略化といった原則に則り、商工業における税収制度改革を実施。

②地方財政の独立採算制改革を行い、中央と地方それぞれの積極性を引き出す分税制を実施し、両者における税収システムを確立。

（3）**外国為替管理体制改革**。1993年11月の第14期三中全会で採択された「社会主義市場経済体制の確立における若干の問題についての決定」では、「外国為替管理体制を改革し、市場の需給調整を基礎にした、管理された変動為替相場制と統一的ルールの外国為替市場を確立し、人民元を徐々に兌換可能な貨幣にしていく」ことを発表。1994年には外国為替制度の改革が行われ、二重為替レート制および市場の需給調整を基礎とする単一で管理された変動為替相場制が導入された。1996年には人民元の経常項目における兌換性が実現した。

（4）**価格管理体制改革**。1994年、工業分野の生産資料価格における「二重価格制度」の基本的撤廃を実施。石油、穀物、綿花、化学肥料、医薬品の価格管理体制が改革され、これらの二重価格の大部分が市場へ委ねられるようになった。こうして、1996年下半期には一連のマクロ・コントロールが明らかな効果を上げ、金融秩序は速やかに回復し、インフレは抑えられ、適度な引き締めによるマクロ政策の下で、経済は高成長を続けながらも「軟着陸」することができた。

1997年のアジア金融危機以降、中国政府は人民元の切り下げ圧力に耐え、マクロ経済コントロール政策でも相応の調整を行うことで、内需拡大と景気刺激策を実施した。1998年からは次のような措置を実施した。

①大規模な国債発行を行い、政府投資を増やし、基幹インフラを増設し、社会の総需要を後押しする。

②高等学校（大学・短大・専門学校等）の募集枠を広げる。

③休日の経済効果と消費需要を促進する。

こうしたさまざまなマクロ・コントロール政策を組み合わせ、穏やかな経済成長を進め、景気に弾みをつけていった。

2003年下半期、中国経済の急成長に伴って、過度の固定資産投資と一部業種への過剰投資が起こり、重複建設の問題が深刻化し、消費者物

価の上昇が続いた。党中央および国務院は「果断に力強く、適時適切に、区別して対処し、実際の効果を重視する」ことを掲げ、実際から出発し、分野別に指導にあたり、保護と抑制を使い分けたマクロ・コントロールの原則を定めた。2003年10月の第16期三中全会では、「マクロ・コントロールの主な役割は、経済全体のバランスを保ち、インフレを抑え、重要な経済構造の最適化を促し、経済の安定的成長を実現することである。マクロ・コントロールは主に経済的手段と法的手段によって行われる。金融、財政、計画体制の改革を深化させ、マクロ・コントロールにおける手段と調和メカニズムを確立しなければならない。財政政策と金融政策の適度な引き締めを行い、コントロールの度合いに注意する。金融機関および証券市場を含む金融市場に対する監督・管理を法に基づいて強化し、金融秩序のルール化と維持に努め、金融リスクを効果的に防ぎ、取り除いていく」と述べている。

2004年になると、中央によるマクロ・コントロール力は明らかに強まり、投資過熱や盲目的拡張の勢いを効果的に抑えた。これによって、加熱の広がりとインフレを未然に防ぎ、経済の乱高下による国民経済への重大なダメージを、ある程度回避することができた。

2008年の世界金融危機が起こると、世界経済の成長は明らかに鈍化し、外部需要が減り、中国のかつての競争優位性は徐々に失われ、中国経済は厳しい試練にさらされた。中国政府は国内外の経済情勢分析をもとにマクロ経済政策を調整し、マクロ・コントロールの力点を過度な経済成長を防ぐことへ移行させ、財政政策と金融政策の適度な緩和を積極的に行った。国内需要とりわけ消費需要の拡大に力を入れ、経済、金融、資本市場、社会全体それぞれの維持安定に努めた。2008年11月初旬、国務院常務会議は、さらなる内需拡大と経済成長の促進をめぐる10の施策を打ち出し、海外からは「中国の4兆元景気刺激策」と呼ばれた。これらは次の内容を含む。①保障性住宅（低所得者層向けの公共住宅）の建設、②農村のインフラ整備、③鉄道・道路・空港などのインフラ整備、④医療・保健・文化・教育事業および生態環境の整備、⑤イノベーションと構造転換、⑥四川大地震被災地域の復興、⑦都市部・農村部の住民所得の引き上げ、⑧付加価値税改革と企業における技術革新の奨励

による企業負担の軽減、⑨金融強化による経済成長の下支え、といった内容である*57。

2）経済発展戦略

　中国で最も重要な経済発展戦略は、いわゆる「5カ年計画」と呼ばれる中・長期計画である。1953年に第1次5カ年計画が始まり、現在まで12回の「5カ年計画」が行われた。1981年の第6次5カ年計画からは、経済成長策のほかに「国民経済と社会発展の計画」と呼ばれる、社会発展をめぐる内容も加わった。こうした経済発展計画は、社会主義市場経済体制におけるマクロ・コントロールの重要な手段のひとつである。

　建国当初から改革・開放までの間、高度に集中した計画経済体制が実施され、生産・資源配分・消費までの全工程は指令型計画に基づいて管理された。こうした体制は、全国の人・物・財を効果的に動員し、短期間のうちに比較的独立した工業システムと経済システムを構築する上で、重要な役割を果たした。しかしその弊害も大きく、計画経済体制では、事実上、企業は行政部門の付属であり、自主経営はおろか、損益責任を自ら負うこともなかった。ミクロ経済活動に対する過干渉は、需要と生産のズレを生んだ。企業と労働者に対するインセンティブメカニズムの欠如は、効率の低下をもたらした。実際と乖離した計画は、多大な浪費を生んだ。

　こうした計画体制の改革は、経済体制改革が最初に切り込んだポイントだった。1979年12月、鄧小平は「我々は計画経済を主とし、市場経済も組み合わせているが、これは社会主義の市場経済である」*58と述べている。国務院は、国家計画委員会が計画体制改革をめぐる方策を定めること、また「大きい面はきちんと管理し、小さい面はそれぞれに任せる」こと、「行政の簡素化と権限の委譲」を行うことを要求した。1983年1月、国家計画委員会は「計画管理の改善と強化に関する意見」通達を出した。この通達は、指令型計画、指導型計画、国家計画のそれぞれ

＊57　「国務院常務会議部署拡大内需促進経済増長的措施」（中央政府門戸網站）
　　　http://www.gov.cn/ldhd/2008-11/09/content_1143689.htm／
＊58　鄧小平「社会主義也可以搞市場経済」（『鄧小平文選』第2巻、人民出版社、1994年）

が指導する市場調節という3種類の管理形態を、順を追って実施することを主な内容とする。1984年10月、国家計画委員会の「計画体制改善に関する若干の暫定規定」が国務院で可決され、国民経済と社会発展をめぐる計画は5カ年計画を軸とし、年度計画を簡略化し、長期計画を定めた。また、同時に業種計画、地域計画、国土計画、若干の特定計画が編成された。1987年の第13回党大会では、「計画と市場を内在的に統一させた体制」が打ち出され、計画と市場は社会全体に作用し、「国が市場を調節し、市場が企業を誘導する」というメカニズムの確立を訴えた。1989年、国務院は「当面の産業政策の要点に関する国務院の決定」を打ち出し、適切な産業政策を定め、各経済分野での奨励点と制約点を明確にすることで産業構造を調整し、マクロ・コントロールを実施するための重要な拠り所とした。1992年10月、第14回党大会では、「国の計画はマクロ・コントロールの重要な手段のひとつである。計画に対する考え方を新たにし、その方法を改善しなければならない。ポイントは国民経済と社会発展の戦略目標を合理的に定め、経済発展の見通し、総量コントロール、重要構造、生産力配備といった計画をきちんと立案し、必要な財と物を集中させて重点建設を行い、経済的テコを総合的に用いて、経済のより早いより良い成長を促していく」[59]という見方を示した。

第16期三中全会では、政府計画の役割を次のように明確に定めた。「国民経済と社会発展をめぐる中・長期計画の研究と策定に力を入れ、大戦略・基本任務・産業政策を打ち出し、国民経済と社会の全面的発展を図り、経済成長と人口・資源・環境の調和を実現する」[60]。

改革を経て、国民経済と社会発展をめぐる計画の位置づけと役割はすでに明確になった。国の計画は、政府によるマクロ・コントロール強化の重要な手段である。国の計画に基づく発展の重要戦略、基本任務、産業政策を打ち出し、それらは全体性、政策性、指導力を具えている。こうした計画は、国民経済全体に関わる重要分野、重要経済活動に対する

---

*59　江沢民「加快改革開放和現代化建設歩伐 奪取有中国特色社会主義事業的更大勝利」(『十四大以来重要文献選編』、人民出版社、1996年)
*60　「中共中央関於完善社会主義市場経済体制若干問題的決定」(中国共産党新聞網)
　　　http://cpc.people.com.cn/GB/64162/64168/64569/65411/4429165.html/

導引、調和、調節といった役割、また社会全体の経済活動に対する情報操作の役割、さらに社会資源の合理的配分を主導、促進する役割を具えている。

3）各地域の調和的発展

中国は人口分布と資源分布がアンバランスな国であり、黒河・騰衝線（序論 P.9 の＊1 参照）は人口分布の境界線だけでなく、自然地理、気候、資源分布を表す境界線でもある。中国の工業化と近代化にとって、地域および部門における調和的な発展の問題を解決することは必須である。

1957 年、毛沢東は省・市・自治区の党委員会書記へ向けた講話の中で「全般的に配慮し、各々にその所を得させること。これは、我々の一貫した方針である」[*61]と語った。また、同年に発表した「人民内部の矛盾を正しく処理する問題について」の中で「我々の方針は、全般的に配慮し、適切に按配することである」[*62]と述べている。鄧小平はこれについて「我々は統一的計画、全般的配慮という原則に基づいて、さまざまな利益の相互関係を調整しなければならない」[*63]、「近代化建設の任務は多面的なもので、諸側面の総合的なバランスをとる必要があり、一面的であってはならない」[*64]と指摘している。江沢民はさらに「改革・開放と近代化建設は偉大でかつ複雑なシステム・エンジニアリングであり、各方面の仕事において協調と呼応が必要で、一方に気をとられて他方をおろそかにしたり、時に軽んじたり時に重んじたりしていては、最終的に成功を収められない。……我々が仕事をする時、統一的に計画し、各方面に配慮すべきであることを説明するためである」[*65]と指摘している。

第 16 回党大会以降、統一的計画と全般的配慮についての認識はより深められた。2003 年の第 16 期三中全会で採択された「社会主義市場経済体制の若干の問題に関する中共中央の決定」の中では科学的発展観を

＊61　毛沢東「在省自治区党委書記会議上的講話」『毛沢東文集』第 7 巻、人民出版社、1999 年）
＊62　毛沢東「関於正確処理人民内部矛盾的問題」『毛沢東文集』第 7 巻、人民出版社、1999 年）
＊63　鄧小平「堅持四項基本原則」『鄧小平文選』第 2 巻、人民出版社、1994 年）
＊64　鄧小平「目前的形勢和任務」『鄧小平文選』第 2 巻、人民出版社、1994 年）
＊65　江沢民「論加強和改進学習」『江沢民文選』第 2 巻、人民出版社、2006 年）

提起し、「人間本位を堅持し、全面的、協調的、持続可能な発展観を樹立し、経済・社会・人間の全面的な発展を図る」、「都市と農村の発展、各地域の発展、経済と社会の発展、人と自然の調和のとれた発展、国内の発展と対外開放」（5つの均衡）という新しい要求を盛り込んだ。こうした科学的発展観は、中国共産党における執政理念のひとつとして確立された。

同大会後、地域の調和的発展の面では、国は西部大開発、東北振興、中部崛起などの重要戦略を次々と進めている。

2002年11月、第16回党大会で「西部大開発を積極的に推進し、地域経済の調和的発展を促す」ことを決定した。西部大開発には、重慶市・四川省・貴州省・雲南省・チベット自治区・陝西省・甘粛省・青海省・寧夏回族自治区・新疆ウイグル自治区・内モンゴル自治区・広西チワン族自治区など12の省・自治区・直轄市が含まれる。2006年、国務院は「西部大開発『第11次5カ年計画』」の実施を採択した。同計画は順調に進み、西部地域の総合的な経済力は大幅に引き上げられた。2000年から2008年の間で、西部地域の総生産額は1兆6655億元から5兆8257億元に増え、年平均成長率は11.7％に上った。同地域の総生産額が全国で占める割合は、1999年には17.5％だったが、2010年には18.6％に上り、1人あたり地域総生産は全国平均の58％から68％に伸び、主な経済指数の年平均成長率についても全国平均を上回った。また、2000年から2008年までの工業付加価値は、5946億元からおよそ2兆4000億元にまで上昇している。社会全体の固定資産投資は6111億元から3兆5839億元へ増え、年平均成長率は14.9％である。貿易総額は172億ドルから1068億ドルに増え、年平均成長率は25.6％に達している。人民の生活水準は著しく引き上げられ、2010年の都市部と農村部の家計所得の成長率は2005年と比べて、それぞれ80.0％、85.7％に達し、都市と農村は歴史的変貌を遂げた。2000年から2012年までの西部大開発をめぐる新たな重点プロジェクトは187に上り、その投資規模はおよそ3兆6800億元に達した。これにより、西部地域のインフラと生態環境の建設は破竹の勢いで進み、優位性のある産業特色を活かした勃興・発展を遂げた。

1990年代、東北地域の旧工業拠点にある国有企業の多くは、転換を

迫られていた。新旧体制の摩擦やこれまで山積した課題を抱え、国有企業の多くが操業停止や半操業停止状態に陥り、損失を抑えることができず、労働者の多くが一時帰休や失業を余儀なくされていた。このような東北地域の旧工業拠点が直面した数々の試練は「東北現象」と呼ばれた。2003年10月、国務院の「東北地区等旧工業基地振興戦略の実施に関する若干の意見」を皮切りに、東北地域をはじめとした旧工業拠点の振興戦略が始まり、これ以降、東北地域の各省各市の振興計画が次々と発表された。

　東北地域をはじめとした旧工業拠点における振興戦略の実施以降、東北地域の発展は大きな段階的成果を上げてきた。2010年、東北3省の地域総生産額は約3兆7090億元に上り、前年比13.6％増となった。2011年には約4兆5000億元、2012年には約5兆400億元に達し、経済成長率は全国平均を上回った。東北3省は投資環境の改善と投資誘致を強化し、固定資産投資は全国水準をはるかに上回った。2004年から2008年までの間、東北3省の固定資産投資の成長率は年平均30％以上を維持し続けた。さらに2011年の固定資産投資は約3兆2700億元、成長率は30.4％、翌2012年は約4兆1243億元、成長率は26.3％に達した。また、食糧生産量は、2004年の1446億斤（1斤は500ｇに相当）から2012年には2360億斤へ増加し、全国における食糧生産量の9年連続増加へ大きく貢献した。2003年から2007年の間、東北3省の財政収入は堅調に伸びたものの、全国平均を下回った。2008年から2012年までの同地域における財政収入の成長率は全国平均を数％上回った。

　中部崛起戦略には、山西・安徽・河南・湖北・湖南・江西の6省が含まれる。改革・開放以降、東南沿岸地域の経済発展は目覚ましく、中部地域の経済発展レベルはこれを大きく下回っていた。西部大開発が行われてからは、西部地域の経済発展が勢いを増し、中部地域の発展スピードは西部よりもさらに遅れていた。発展レベルにおいても中部は東部を下回り、発展スピードにおいても中部は西部を下回っていたため、「中部の落ち込み」と呼ばれる現象が見られた。こうした中部地域の発展を加速させるため、2006年4月に「中共中央、国務院の中部地区崛起に関する若干の意見」が正式に発表された。2004年3月、温家宝は政府

活動報告の中で、中部地域の崛起を進めることに初めて言及した。2006年3月27日、党中央政治局は会議を行い、同事業にまつわる研究を行った。2009年9月、国務院において「中部地区崛起の促進計画」が原則的に通過した。2010年9月6日、「国務院の中西部地区の産業移転受入に関する指導意見」が正式に通達された。

　中部崛起戦略の実施以降、中部地域の各事業は速やかな発展を遂げた。2005年から2010年までの間に、同地域におけるGDPの年平均は15.3％の伸びを見せ、全国平均を5％上回った。1人あたりGDPでは年平均で13.5％上昇し、同時期の全国平均を1.1％上回った。経済総額の全国に占める割合は、2005年の18.8％から2010年には19.7％まで伸ばしている。食糧生産では7年連続の増産で、全国生産量の3割以上を安定的に維持している。貿易総額は年平均で31.5％の成長率に達し、同時期の各省の年平均成長率は、全国平均をはるかに上回った。2010年、中部地域の固定資産投資は東部と西部を追い抜き、社会消費財小売総額の成長率では全国第1位を達成した。2011年、中部6省のすべてが「兆元クラブ」（GDPが1兆元を超える省・市・区、あるいは都市）へ仲間入りすることができた。2012年の中部6省におけるGDPの平均成長率は10.9％に達し、全国平均を3％上回り、全国に占める割合は2005年の18.8％から2012年には20.2％まで上昇した。

4）インフラ建設

　改革・開放以前、投資体制と高度集中型の計画経済体制はうまくかみ合っていた。投資主体は政府であり、投資をめぐる政策決定は高度に集中された政府の掌中にあり、投資資金は財政資金のみを財源とし、投資管理は物資の直接調達と無償分配制を採用していた。

　改革・開放後、こうした投資体制は大きく変化した。1993年の第14期三中全会で「社会主義市場経済体制確立の若干の問題に関する決定」が採択され、投資プロジェクトを公益性・基盤性・競争性の3タイプに分けることを打ち出した。公益性プロジェクトは政府投資による建設、基盤性プロジェクトは政府投資を主としながら企業や外資からの投資参入を広く受け入れ、競争性プロジェクトは企業投資による建設、として

分けられた。国の重要建設プロジェクトは、統一的計画に沿って、国家開発銀行などの政策性銀行からの財政投融資や金融債権などの方法による資金調達、持株会社制、資本参加、あるいは貸付優遇政策といった多様な形によって行われる。企業法人は、計画立案、資金調達、建設から生産・経営、貸付金と貸付金利息の返済、および資産保全から評価増に至る、全過程の責任を負う。公益性プロジェクトの建設では、社会の各方面から広く資金を受け入れ、中央と地方の事務権限の分担に基づき、政府が財政を統一的に按配する。

2004年には「投資体制改革に関する国務院の決定」が出され、政府投資は、主に国の安全に関わる場合と、市場では効果的に資源配分できない経済・社会分野に用いることが定められた。具体的には、公益性と公共性を持つインフラ建設の強化、生態環境の保護・改善、後発地域の経済・社会発展の促進、科学技術の進歩および先端技術の産業化の推進などが含まれる。社会からの投資で賄うことができる建設プロジェクトについては極力、社会から寄せられる資金を利用して建設にあたる。中央政府と地方政府については、その投資をめぐる事務権限を合理的に区別する。中央政府は同級政権に対する建設投資のほかに、主に地域や河川流域をまたぐ建設、および経済・社会の発展全体に大きく影響する重要プロジェクトを執り行う。

1954年から2008年までの間、農業インフラ、穀物や綿花の生産地帯、防護林プロジェクト建設にかかった投資総額は累計でおよそ2兆531億元、年平均成長率は10.6％に上る。第11次5カ年計画期に、農業資材・設備の技術水準はゆるやかに向上し、全国の耕地に占める有効灌漑面積は約9億500万ムー、節水灌漑面積は約4億1000万ムーに拡張し、主な農作物の耕作・収穫作業におけるオートメーション化水準および農業技術の進歩による生産への寄与率はどちらも52％に達している。こうして、5年間で約2億1000万人の農村人口が安全な水を飲めるようになり、農村地域の大部分における電力について都市部と農村部で一体化した管理とサービスが基本的に実現した。また、農村の道路整備については、新たな建設改修が行われた道路距離は186万km余り、農村のメタンガス利用は4000万世帯に上り、このような農村での安定した暮らし

に関わるプロジェクト建設は順調に進展を遂げている。5年間の人工造林面積は2527万ヘクタール（ha）、森林被覆率は20.36％、新たな措置を講じた水土流失面積、砂漠化面積、草地の三化（退化・砂漠化・アルカリ化）面積は、それぞれ23万km²、1081万 ha、8017万 ha となり、退牧還草（家畜の放牧をやめて、草地を草原に戻すこと）の実施面積は3240万 ha にまで広がった。

また、南水北調[*66]プロジェクトがまもなく完了する。1959年に発表された「長江流域利用計画要点報告」では、南水北調の全体像として、長江を上・中・下の流域別に送水する方案が出された。数十年に及ぶ努力を経て、計画・設計・検証に基づくプロジェクトの全体計画が立てられ、東線・中央線・西線の通水ルートが決められ、送水計画の全体規模は448億m³にまで及んだ。完成すれば、長江・黄河・淮河・海河の4河川が連結し、「四横三縦」（東西4本と南北3本）という全容となり、全国の水資源を南北へ運び、東西が互いに利用するという目標が実現する。2002年、プロジェクトは正式に着工した。建設計画に合わせて、東線の第1期工事は2013年に通水が行われ、中央線の第1期工事は2013年に主な工程が完成、2014年には通水が行われた。

鉄道運行距離は、1949年の2万1800kmから、2012年末には9万8000kmにまで延びて世界第2位となり、高速鉄道の運行距離では9356kmと世界第1位の長さを誇る。2013年6月末時点での建設中の高速鉄道の総延長距離は1万2060kmに達する。道路距離については、1949年の8万kmから2012年には423万7500kmにまで延び、そのうち高速道路は1988年の100kmから始まり、9万6200kmまで延伸した。「五縦七横」（5本の南北幹線と7本の東西幹線）政策に基づき、まずは国道の主要幹線道路が整備され、道路自体の質が明らかに高まり、道路状況は大きく改善され、自動車産業の発展につながった。

民間空港建設では、長足の進歩を遂げた。2012年末時点で、全国の民間輸送空港は183カ所に上る。現在、中国内陸部では地級以上の都市の77.7％、少数民族自治州・盟・地区首府の76％に空港が建設されている。

[*66] 南水北調：中国北方地域の水不足解消のため、南方地域の水を北方へ運ぶ送水計画。2014年12月に中央ルートが完成し、送水が行われた。

第12次5カ年計画期に、全国で82空港が新たに建設され、26空港が移転し、109空港で拡張工事が行われ、36空港の建設が検討されている。

固定電話の利用世帯数は、1949年の約22万世帯から2013年には約2億7400万世帯（2008年のピーク時には3億4000万世帯に到達）に激増した。携帯電話については、工業情報化部の発表データによると、2013年3月までのモバイル通信利用者数はおよそ11億4600万人、そのうち約2億7727万人が3Gの利用者で、全利用者のおよそ24.20％に相当する。また、約8億1739万人がモバイルネットワークを利用し、その数は全利用者のおよそ71.34％に相当する。

5）基本公共サービス

第16回党大会政治報告の中で、社会主義市場経済における政府の職能として「経済の調節、市場の監督・管理、社会の管理と公共サービス」が挙げられた。2010年に発表された「国民経済と社会発展における第12次5カ年計画の制定に関する中共中央の提言」では、国民生活の保障と改善に力点を置き、国情に合わせた、比較的整った都市部と農村部をカバーする持続可能な基本公共サービスのしくみを徐々に整備する必要性を訴え、政府の保障能力を高め、基本公共サービスの均等化を進めることを打ち出した。2008年の第17期中央委員会第2回全体会議では、「行政管理体制改革の深化に関する意見」の中で、厳格な市場の監督・管理、公平な市場参入、市場における法執行のルール化、が打ち出され、国民の生命、財産、安全に関わる分野に対する監督・管理が強化された。すなわち、社会管理の強化、雇用と所得分配調節を担う政府の役割を強め、社会保障システムの整備、末端における社会管理体制の完備、社会の安定維持、に力が注がれた。また、公共サービス、教育・保健・文化などの社会事業の健全な発展、健全・公平・公正で全国民を対象とする適度で持続可能な公共サービスシステムを確立すること、さらにこうした基本公共サービスの均等化の推進が重視されるようになった。

建国以降、特に改革・開放以降、中国政府が提供する公共サービスは質量ともに大きく向上した。

建国当初、人口の8割以上が文盲で、学齢期の小学校入学率は20％

に満たず、中学校入学率はわずか6％だった。改革・開放の初期にあたる1978年の小学校入学率は94％、中学校入学率は20％、高校進学率は10％に満たなかった。1986年、全人代によって「義務教育法」が公布され、2000年までに9年間の義務教育が普及した。2012年、学齢期の小学校入学率は99.85％に達した。中学卒業後の進学率は88.4％、高校進学率は85.0％に上った。2002年には高等教育（大学・短大・専門学校など）進学率は15％だったが、2012年には30％に達した。

　建国当初、中国の保健事業は「一に貧しく、二に空白」と言われるほど白紙状態だった。改革・開放後、公共医療事業は速やかな発展を遂げた。2012年には、人口1000人あたりの執業医師（執業助理医師）[*67]は1.94人、正看護師は1.85人、医療保健機関の病床数は4.24床だった。全国で98.3％の農民が新型農村合作医療保険に加入し、医療保障が受けられるようになった。中国人の平均寿命は76歳に達している。

　中国は経済発展では優勢に立ちつつある。国際的な経済学界は、その理由のひとつに「後発性の優位」を挙げている。しかし世界経済全体からすれば、いわゆる後発性の優位を真に実現させることができる国は決して多くない。確かにアジアでは、韓国・シンガポール・中国の台湾地域などごくわずかな国々が、戦後、持続した経済成長を維持していることから、こうした後発優位の概念に、ある程度は符合している。しかしその一方で、フィリピン、インドなど多くの国々では、戦後しばらくは好条件を備えていたにも関わらず、その後は長期的な景気低迷に陥ったケースもある。本来、自然資源に恵まれたフィリピンは、1960年当時は1人あたり所得が日本に次いでアジア第2位だった。しかしその後の凋落によって、今ではアジアの中ではるか下位へと転落してしまった。アジアないし世界の大国の中で、中国は後発性の優位を真に実現できた数少ない途上国に数えられるのである。

---

*67　執業医師、執業助理医師：中国における医師の分類。「中華人民共和国執業医師法」によると、中国では国家試験によって執業医師、執業助理医師の2つに分けられ、さらにそれぞれ臨床医師、中医師、口腔医師、公共衛生医師の4つに分類される。

第3章

協商民主という考え方

民主政治は、その形態から「協商民主」と「選挙民主」に分けることができる。中国共産党第18回全国代表大会では、大会政治報告の中で「協商民主」という考え方を正式に認め[*1]、現時点での中国の特色ある社会主義民主政治が向かう方向性とポイントとして定めた。こうした観点は、試行錯誤による経験から導き出されたものである。

1．協商民主の由来とその発展

　現在確認できる公開刊行物によると、「協商」と「選挙」についての最初の言及は、1991年3月の江沢民の発言の中にある。江沢民は「人民は選挙と投票を通じて権利を行使し、人民内部の各方面で選挙、投票を実施する前に十分に話し合い（協商）を行い、共通する問題はできるだけ意見を一致させることが、わが国の社会主義民主の2つの形態である。これは西側の民主と比べようがなく、理解もされないだろう。2つの形態があることは1つの形態よりも良く、社会主義社会の中で人民の主人公としての権利を真に体現させることができる」[*2]と述べている。

　正式文書の中で最初に「協商民主」が登場したのは、2006年に通達された「人民政治協商会議の活動強化に関する中共中央の意見」の中であった。この中で、「我々のこうした広い国土と多くの人口を有する社会主義国では、国民経済と国民生活に関わる重要問題は、中国共産党の指導の下で広く話し合いを行い、民主と集中とをひとつに体現していく。人民は選挙と投票を通じて権利を行使し、人民内部の各方面で重大な意思決定の前に十分に話し合いを行い、共通する問題はできるだけ意見を一致させることが、わが国の社会主義民主における2つの重要な形態である」[*3]と指摘している。

　こうして、中国の特色ある社会主義民主政治の2つの形態として「選挙民主」と「協商民主」という概念が初めて提起された。

＊1　胡錦濤「堅定不移沿着中国特色社会主義道路前進、為全面建成小康社会而奮闘」（『中国共産党第十八次全国代表大会文件匯編』、人民出版社、2002年）
＊2　『江沢民論有中国特色社会主義専題摘編』、人民出版社、2002年
＊3　政協全国委員会弁公庁、中共中央文献研究室編『人民政協重要文献選編』下巻、中央文献出版社、2009年

第3章　協商民主という考え方

　2007年11月15日、国務院新聞弁公室は「中国の政党制度」白書を発表し、初めて「選挙民主」と「協商民主」という概念に触れている。同白書には「選挙民主と協商民主を結びつけることは、中国の社会主義民主の特徴のひとつである。中国では、人民代表大会制度と中国共産党の指導する多党協力と政治協商制度とが、相互に補完する関係にある」[*4]と記載されている。

　2009年、胡錦濤総書記（当時）は中国人民政治協商会議の創立60周年慶祝大会で演説を行い、前出の「人民政治協商会議の活動強化に関する中共中央の意見」で示した、民主をめぐる2つの形態について重ねて表明し、十分な話し合いを通じて、広く合意を形成して力を結束させること、また党の指導、人民の主人公としての地位、法による治国、の有機的な統一を堅持することを強調した。そして、社会主義民主政治の発展、各方面で中国の特色ある社会主義の積極性と主体性を堅持、発展させることに重要な意義があると強調した。

　全体として、協商民主は、中国が発展するなかで地道な模索と総括を経て、最終的に理論化され制度化された、長い模索と発展が作り上げたひとつのプロセスである。

（1）「三三制」と「旧政協」

　1940年、毛沢東は抗日民族統一戦線を強固にするため、「三三制」[*5]の原則を打ち出した[*6]。これによって、抗日民族統一戦線は中間層からの支持を得て、小資産階級、中産階級、進歩的人物、などの非党員に政治参加と政治議論ができる場を与えた。

　抗日戦争の勝利後、国民党と共産党は「双十協定」を結び、1946年1月、多方面からの参加を募った政治協商会議の開催が決定した。なお、その後の1949年から始まった中国人民政治協商会議と区別するため、同会議は「旧政協」[*7]と呼ばれる。旧政協では、政府再編、施政綱領、軍隊

---

*4 　*3と同
*5 　「三三制」：抗日戦争期に行われた政権制度。抗日統一戦線へ向けて、政権組織の構成員の比率を、共産党・国民党・無党派が各々3分の1になるよう構成することを定めた制度。
*6 　関連内容は第1章第1節（P.27～）を参照。

改編、国民大会、憲法草案、などの問題をめぐって激論が交わされ、最終的に「軍事問題に関する協議」など5つの決議が行われた。会議では、「国民党政府の改組は、国民党以外の人物が半数からなる委員が行う」[*8]ことが取り決められた。しかし、1946年11月に同協定は破棄され、「旧政協」はその短い役割を終えた。

この「三三制」と「旧政協」は、新民主主義期に行われた、中国人による協商民主をめぐる初の試みであった。ここにはすでに協商民主のいくつかの特徴が見られ、新中国成立後、政治協商会議制度を確立する上での参考となった。

（2）「新政協」における協商民主の実践

1949年に行われた中国人民政治協商会議は、新中国における協商民主の新たな扉を開いた。新中国の創建者である毛沢東は「新中国は話し合い（協商）によって建国した」と語っている。1948年4月30日、中国共産党は、全国の各界の人々が新中国建国という名誉ある使命を果たせるよう「『五一』労働節を記念するスローガン」を発表し、「民主諸党派、人民諸団体、社会各界の人士は速やかに政治協商会議を開催し、人民代表大会の開催を協議、実現させ、民主連合政府を成立させる」[*9]よう呼びかけた。建国の直前、中国共産党は、再び政治をめぐる協議（政治協商）を行うことを旗印に掲げた。当時、この呼びかけは民主諸党派や無党派の民主人士からの大きな反響を呼び、それぞれの指導的人物、著名な社会的人物の連名による電報が全国から次々と寄せられ、「新政治協商会議」の開催、および民主諸党派が参画する民主連合政府の成立に賛同する表明が行われた。毛沢東もこれに謝意を表し、こうした人々に全国各地や海外から次々と解放区へ入り、共産党と共に新政協の設立準備に加わることを要請した[*10]。こうした出来事は、建国へ向けて、民主諸党派と無党派の人々が正式にかつ自主的に中国共産党の指導を受け入

＊7　旧政協：1946年に開催された政治協商会議。中国国民党、中国共産党、中国民主同盟、中国青年党、社会的実力者などが参加した。
＊8　胡縄主編『中国共産党的七十年』、中共党史出版社、1991年
＊9　『中共中央文件選集』（14）、中共中央党校出版社、1987年
＊10　同上

れたこと、また、彼らが共産党に従って新民主主義と社会主義の道を歩み始めたことを意味した。

1949年9月21日から30日にかけて、中華人民政治協商会議第1期全国委員会（第1期全国政協）全体会議が開催された。これは新中国の建国会議にあたり、広く話し合いに基づいた上で、出席した46機関に属する662名の代表によって「中国人民政治協商会議共同綱領」「中国人民政治協商会議組織法」「中華人民共和国中央人民政府組織法」といった、新中国の礎となる3つの歴史的文書が採択された。「中国人民政治協商会議共同綱領」は、新中国における臨時憲法となり、全人民が遵守すべき中国版「マグナ・カルタ」となった。「中国人民政治協商会議組織法」は、政治協商会議は一貫して政治的協議を担う役割であることを定め、組織と制度の上でこうした役割を認めた。また、同会議をひとつの制度設計とするために、政治的協議を理念や制度として捉えることを起点にした上で、それが制度化、実践化されることを目指した。

建国当初、国の組織や機構の設立と運営といった重大問題をめぐっては、民主的な協議（民主協商）が広く行われた。1952年、第1期全国政協常務委員会第43回会議で「1953年に全国人民代表大会および各級と地方の人民代表大会を開催し、『共同綱領』を基にした憲法制定を提議する」[*11]ことが提起された。1954年、これまで臨時憲法だった「共同綱領」に代わり、「中華人民共和国憲法」が初めて公布された。また、これまでの「中国人民政治協商会議章程」に代わって「中国人民政治協商会議組織法」が制定された。政治的協議（政治協商）のより明確で理論的な位置づけについて、当時は次のように説明されている。「政治協商は人民民主を実現させる重要な方法として位置づけられ、その本質はすなわち人民民主である」[*12]このように、協商民主と人民代表大会制度は、当時の民主政治建設にとっての「両輪」であった。制度設計の上で、人民代表大会と政治協商会議という両会制は、人民代表大会を通じて最大多数を占める人民の民主的権利を表明するだけでなく、政治的協議を通じて、各方面の利益をある程度反映させ、少数派の民主的権利を尊重

---

*11　馬永順『周恩来与人民政協』、中国文史出版社、2004年
*12　李維漢「進一歩加強党的統一戦線工作」（『人民日報』、1956年9月26日）

させることもできる。

（3）「反右派闘争」「文化大革命」での紆余曲折

　1957年以降、国内外の情勢への誤断と思想的偏向が災いし、毛沢東はじめ共産党指導者達は「反右派闘争」「四清」「文化大革命」といった誤った政治運動を次々に展開した。これにより国は正しい軌道を外れ、民主政治建設の正しい発展も大きく干渉、阻害される。協商民主の受け皿である政治協商制度も脅かされ、停滞状態に陥り、正常に行われることはなくなった。やがて、こうした世相を反映した3つの出来事が起こった。1つは、第4期全国政協第1回会議（1964年12月20日〜1965年1月5日）における第3期常務委員会活動報告の中に「政治協商」という言葉が出てこなかったこと。2つめは、全国政協と全人代の合同会議で「第4期全国政協第2回会議を無期延期し、今後、第4期全国政協は第2回会議を再開しない」*13 と決定したこと。3つめは、1966年8月30日をもって政治協商会議の全国委員会組織は運営を停止したことである。各級の地方委員会も、文革中には運営停止を強いられた*14。この期間、中国では社会主義の民主法制は破壊され、協商民主の確立は中断を余儀なくされた。文革が終結し、社会を正常化させる運動が広がるにつれ、政治協商会議と協商民主は次第に回復の兆しを見せた。こうして、改革・開放が行われるなかで新たな活力を得て、次第に制度化・秩序化・規範化が進められた。

（4）改革・開放期における協商民主

　1978年に行われた第11期三中全会は、改革・開放の幕開けとなった。新時代を迎えた協商民主は大きく発展し、政治レベルでの協議（政治協商）や社会レベルでの協議（社会協商）などを広く含んだ、ひとつの協商民主制度を作り上げた。

　第11期三中全会の閉会後、鄧小平は「中国共産党の指導の下で多党派協力を行うこと、これはわが国の具体的な歴史的条件と現実的条件に

---

*13　全国政協研究室編『中国人民政協全書』上巻、中国文史出版社、1999年
*14　彭友今主編『当代中国的人民政協』、当代中国出版社、1993年

よって定められた、わが国の政治制度におけるひとつの特徴であり長所である」[*15]と語った。1982年9月の第12回党大会では「長期共存、相互監督」の方針を掲げ、その後「長期共存、相互監督、肝胆相照、栄辱与共」へと引き継がれ、共産党と民主諸党派との関係はこの「16字方針」を目指すことを正式に認め[*16]、共産党が指導する多党協力の新時代へ向けた基本方針となった。1987年10月の第13回党大会では、共産党が指導する多党協力制と政治協商制の2つの制度を打ち出した。1989年末には「中国共産党の指導する多党協力、政治協商制度の堅持と完備に関する中共中央の意見」を発表し、この2つを基本的な政治制度として定めた。

　1993年に行われた全人代では「中国共産党の指導する多党協力、政治協商制度は、長期にわたり存在、発展するであろう」という内容が憲法前文に盛り込まれ、これらの制度が国法によって根本的に保障されるようになった。1997年9月に行われた第15回党大会では、「中国共産党の指導する多党協力、政治協商制度の堅持と完備」を社会主義の初期段階における党の基本綱領として盛り込み、国の基本制度として定めた。また、「末端の民主を拡大し、人民大衆が民主的権利を直接行使し、法律によって自らの事柄を管理し、自分たちの幸せな生活を築けるようにするのが、社会主義民主の最も広範な実践である」[*17]と明確に述べている。

　2000年代に入り、急速な工業化と都市化に伴い、新たな社会条件、社会矛盾、社会問題が次々と生じたが、その一方で「協商民主」も発展と進歩を遂げていった。第16回党大会以降、「協商民主」のさらなる制度化と規範化が進められた。また、共産党が指導する多党協力と政治協商といった政党制度の面から「協商民主」が説明され、政治的意思決定に関する制度や手順として取り扱われるようになった。2005年、党中

---

*15　鄧小平「各民主党派和工商聯是為社会主義服務的政治力量」(『鄧小平文選』第2巻、人民出版社、1994年)
*16　1989年に中国共産党が公布した「関於堅持和完善中国共産党領導的多党合作和政治協商制度的意見」参照。
*17　江沢民「高挙鄧小平理論偉大旗幟、把建設有中国特色社会主義事業全面推向二十一世紀」(『十五大以来重要文献選編』上巻、人民出版社、2000年)

央は「中国共産党の指導する多党協力と政治協商制度建設の、さらなる強化に関する意見」を公布し、政治的協議の内容、形態、手順について、より具体的な規定を追加した。つまり、重大問題をめぐる意思決定にあたっては協議を行うこととし、決定プロセスの中に政治的協議を設けた。また、その基本的なやり方として、「中国共産党と民主諸党派による政治協商」と「政治協商会議における中国共産党と民主諸党派、各界代表人士による協商」の２つを明確に示し、こうした３者による協議の中身と手順をより規範化・制度化させることをはっきりと打ち出した。2012年には新たな段階と情勢に基づき、これらの取り組みはさらに強化された。中国共産党中央弁公庁と国務院弁公庁は「人民政治協商会議を強化する取り組みに関する意見」を策定し、制度整備へ向けた手順のルール化と質の向上に努め、全体的かつ詳細な布陣を行うことを発表した。また、こうした取り組みを各級党委員会および政府の重要議事日程に定め、全体工作へ組み込むことを求めた。

　2012年11月に行われた第18回党大会での報告では、「協商民主」に対する専門的・全面的・具体的な説明が行われ、協商民主制度が広く多層的な体系と構成を備え、国家政権機関、政協組織、党派団体、末端などで協議を行うための道筋と指摘している。つまり、経済社会の発展における重大問題や、大衆の利益に切実に関わる現実問題、主にこうした問題について協議を行い、さまざまな意見、衆知、合意、衆力を結集することを目的としている。意思決定に伴う手順としてこうした政治的協議を設け、決定前や決定の各段階において、これらの協議を堅持することが基本原則となった。また、人民政治協商会議の役割を活かすことは、協商民主を行う上での重要なパイプ役を果たすことにつながり、そのためには、より踏み込んだ特定テーマをめぐる協議、直接関係者による協議、分野別協議、提案への対応についての協議など、多様な協議を行う必要がある。こうした提起や取り組みは、社会主義に即した協商民主の理論と制度をきちんと確立させることを目指したものであり、ここから中国における民主制度の建設と発展へ向けた新境地が開かれる。

2．協商民主の意義、形態、特色

　工業化と近代化が進むなかで、中国の特色ある社会主義民主政治建設も歩調を同じくして形成、発展を遂げてきた。建国以来60余年にわたる模索と発展を経て、とりわけ改革・開放以降の30年来の取り組みによって、協商民主は中国の民主政治における重要な形態かつ特色となり、現代中国の政治文明が生み出した重要な成果となった。

（1）協商民主の現代的意義

　協商民主の中国での誕生と発展は、その外部環境や諸条件と不可分である。しかしここでは、協商民主がそれぞれの時代できちんと機能し、その役割を果たしてきたことを重視する。なぜなら、こうした点も、協商民主が中国で発展を続けられた重要な理由であるからだ。協商民主は、中国の特色ある社会主義民主政治の大きな特徴であり、長所である。こうしたやり方を広く進めるのは、これが今の中国の経済社会の発展にとって、根本的に最も適した民主の形態だからである。競争的な制度は、今の中国社会には適していない。しかし、民主的な協議であれば、社会の矛盾を調和させ、差異を超えた共通点を見出し、広く合意を形成していける。すなわち、協商民主が持つ作用と価値は、社会の衝突を効果的に抑え、社会の合意形成を促し、社会を調和へ向かわせることができる。つまり、こうした選択が今の中国の民主政治の主な形態となるのは、協商民主が重要な歴史的、現代的意義を有するからである。

1）協商民主は社会的合意形成を広げる

　競争民主では、「分裂」と「勝者総取り」が強まり、利益をめぐる排斥が起こりやすくなる。これに対し、話し合い（協商）の本質は、共通の利益を見出すことであり、最大公約数を求め、各々の利益に配慮しながら妥協と共通する利益の形成を促すことである。そのため、工業化の転換期と社会矛盾の頻発期にあって、こうしたやり方は社会矛盾を和らげ、社会に調整を促すことができる。協商民主によって形成された社会

的合意は、社会全体の調整を進めながら、主に政党、新興社会集団、民族といった3つの関係調整に見ることができる。そして、こうした社会的調整を働きかけるのが、主に政府組織、政党組織、民間組織である。

　この中で最も重要なのが党際関係（共産党と共産党以外の組織との関係）であり、執政党と民主党派や大衆団体との団結協力は、政治協商会議制度によって強化されている。共産党が指導する多党協力と政治協商制度は、実質的には1つの協力協議である。共産党の指導の下、民主諸党派と無党派人士は重大問題を協議し、その中で各党派団体とさまざまな民主勢力[*18]の関係を調整し、それぞれの利益と協調し、各政党の力関係を整合させながら、最終的に合意を形成させて事業を進めている。

　改革・開放以降、社会集団が次第に分化し、利益が多様化し、社会矛盾も多く見られるようになってきた。公有制を主体とし、私有経済を重要な補完とした社会主義市場経済の基本が確立されたことで、中国社会に多くの新興社会集団が生まれた。それは主に私営企業家・ホワイトカラー層・農民工という3つの集団である。これらの集団の多くは体制の外側にあって、主に非公有制経済に従事し、自由に職業を選択する人々と農民工によって成り立っている。彼らは中国の特色ある社会主義事業の建設者として、国の政権の社会的基盤を構成している。そのため、彼らの利益をめぐる主張は、国の政権への関心と満足につながる。したがって、協商民主は、政治参加と利益調整を促すひとつのしくみとして、各社会集団にそれぞれの立場を表明できる機会を与え、それぞれの利益を守りながらも、それぞれに社会奉仕の責任を担わせている。

　中国は56の民族を擁する多民族が共存する、単一制国家である。民族区域自治制度は、国による統一を前提とした各民族の団結と、社会的安定の維持を目的としている。民族の団結は、社会の調和と安定に関わる重要な要素である。協商民主は、各民族間の理解と共存を促し、重要な現行政治制度である人民政治協商会議として、民族や宗教界に属する委員が多くの少数民族や信仰者とつながることで、一定の影響力、求心力、訴求力を備えた、政治協商会議独自の民族工作と宗教工作のシステ

---

*18　民主勢力：原文は「民主力量」。英語は「the democratic forces」。

ムを作り出している。少数民族の多くは宗教信仰を持ち、なかには民族全体が信仰している場合もある。このため、社会における信仰を広く認め、宗教と社会主義の関係を正しく扱う必要がある。協商民主の形をとることで、少数民族と宗教信仰者の経済・政治・文化における合法的な権利と利益を守り、民族間および信徒間の調和と共存の関係に大きく寄与している。

２）協商民主は民主的監督を促す

「協商民主」「選挙民主」「多数決」は、必ずしも対立、矛盾するものではない。協商民主は、さまざまな意見をきちんと表出させ、交流と議論を通じて、各意見の長所を生かし短所を補い、偏りをなくしできるだけ一致させていく。また、「多数意見に従うこと」と「少数意見を尊重すること」を合致させていくことができる。こうした協商民主における公開性、平等性、広範性といった特徴は、多方面からの民主的監督を可能とし、民主の質を高め、「少数派」と「多数派」の利益を最大限に調整することができる。

権力の可視化と透明化は、民主的監督を行う上で効果的なやり方である。公開性という特徴は、公共政策の審議を通じて政策制定にまつわるさまざまな背景情報を公にし、利益に関わる集団が平等に話し合うことで、党と政府の意思決定プロセスを公開し、透明化させることができる。また、人々の参加する権利と知る権利を具体化させ、「ブラックボックス」化を防ぐことができる。開かれた参加という特徴によって、各利益集団が協議と議論を通じて個人や集団の利益を守るだけでなく、それらを超えた社会の共通利益を効果的に守ることを促し、政治への監督機能を働かせることができる。そして、協商民主における平等性、責任性、呼応性といった原則は、公権力を効果的に監督し、特に政府の自由な裁量権に対して「すべての政策協議への参加者は、問題や議論の根拠を決め、議事日程を定める機会を等しく有し、協議の過程でさまざまな異なる利益・立場・価値観を受け入れることによって、議論と政策決定のなかで社会の知識を最大化させる」という効果がある[19]。協商民主の基盤である公共問題をめぐる協議では、政府・社会・個人の３者がそれぞ

れの価値観の偏りを調和させ、多様な社会利益を公共利益として「最大化」させ、それぞれの自由平等な議論・討論・協議を通じて、それぞれの利益を表明・協調・実現させていく。これは、中国の民主政治が発展するための最も重要な目標であり、最優先されるべき価値であり、協商民主の現代的意義もここにある。

３）協商民主は科学的意思決定のレベルを上げる

「競争民主」「表決民主」「選挙民主」の前提は、開かれた競争と議論である。これらにはメリットもあるが、明らかなデメリットもある。それは分裂や矛盾が公にされることである。これにより、具体的な問題が抽象化・原理化され、価値観の対立や道徳的な評価を生み出し、その結果、妥協や合意形成に至るための取引コストを高めてしまう。これに対して、「協商民主」は、一般的には矛盾の先鋭化を避けることができ、分裂が公にされることもない。その結果、妥協や合意形成に至る取引コストを軽減させることができる。

意思決定の過程で、協商民主は主に次の３つに影響を与える。

① **杜撰な意思決定を防ぐ**。多くの人々が意思決定に関わることで、政策にまつわる問題をきちんと示すことができ、党と政府部門がそのメリットとデメリットを全体的に考慮し、より良い選択を行うことができる。

② **意思決定の遅れを防ぐ**。協商民主は衆知を結集した高度なプラットフォームであり、各参加者が豊富な専門知識や実践経験を具えている。各級の党や政府が意思決定を行う時に、優れた理論的根拠を参照できることで、潜在リスクや今後の見通しに対する予測分析を行うことができる。

③ **意思決定における効率の低下を防ぐ**。「協商民主は意思決定の過程で一貫してその過程における決定の行われ方を監督し、最終的な意思決定に対してもうひとつのセーフティネットを与えている」[20]。民主的な意思決定メカニズムの多くが制度や形態として示され、制度を通じ

---

*19　陳家剛「協商民主：概念、要素価値」(『中共天津市委党校学報』、2005年第３期)
*20　林尚立『中国共産党与人民政協』、東方出版中心、2011年

てこれらのメカニズムが効果的に機能するようにルール化され保障されている。今の中国では、協商民主を行う主な手立ては政治協商会議であり、これが効果的に機能して民主的な意思決定が行われるよう保障する制度として、主に調査研究制度、提案工作制度、社会情勢・民意反映制度などが設けられている。

（2）協商民主の主な形態

　現在、協商民主はすでに中国社会の多方面にわたり、政党・国家・社会と公民との間の広く一般化した統治システムとなった。その主な形態は以下の通りである。

1）**政治レベルでの協議（政治協商）**。中国共産党が指導する多党協力と政治協商制度の下、執政党は、国家の政治方針および政治・経済・文化・社会生活における重要問題、国の重要指導者の選出などについて、民主諸党派と協議の上で彼らの意見をきちんと受け入れている。協議を通じて出た意見は、執政党と国家による意思決定と立法化の過程で吸い上げられ、政策や法律制定および重大決定を下すための基盤となる。執政党と各参政党の協議は、主に民主協商会、小規模な話し合い、座談会、参政党中央から共産党中央への書面による提案、といった形で行われる。

2）**行政レベルでの協議（行政協商）**。各級の人民政府と公民との間で行われる、公共事務・公共政策・公共問題・社会矛盾などの管理をめぐる協議では、主に実際の公共利益や人々に直接関わる利益の問題について話し合われる。これらの主目的は、協議を通じてそれぞれの利益を表出・集束・調和させ、政府の意思決定の合理化と民主化を図り、公民の要求と意志を具体化させることである。また、公共政策の公正性と合理性を強化し、政府運営を最適化させることでもある。こうした面では、行政をめぐる協議とは、協商民主制度を拡充したものである。つまり、これは改革・開放と公共統治が発展した成果であり、その中で政府と公民との関係が最適化されつつあることを反映し、さらに公民による秩序ある政治参加が深化、拡大しつつあることを表している。実際には、民主懇談、協議による意思疎通、公開ヒアリング、

多角的対話、意思決定における諮問、大衆議論、メディア評論、インターネットを通じた政務活動など形態の多様化が進んでいる。
3）社会レベルでの協議（社会協商）。公共問題、公民の権利と利益、社会矛盾について、公民がそれぞれの自治範囲でこれらを自主的に解決し、秩序ある発展を実現させる。また、社会自治における民主的管理の一環として、共同体の事務については公民自らによる管理、教育、サービスを実現させ、協議、意思疎通、協調といったやり方で自治を執り行う。これ以外で、企業や事業体で関連業務と労働関係を調和させる場合にも、こうしたやり方を用いることがしばしばある。したがって、こうしたレベル間の協議による統治は自治に含まれ、地域、事柄、時代に応じてさまざまな形の協議が行われる。例えば、住民フォーラム、公民評議会、コミュニティ討議、党と大衆による討議、インターネットによる官民対話、などがあり、1つの形にとらわれない大きな広がりを持った、日常での現実的な実りある討議が行われている[21]。

中国における協商民主の発展は、実際から出発することを堅持し、各方面からの意見をすり合わせながら、広く人民大衆の利益を一貫して守り続け、民主政治建設を進めることを起点とし、立脚点としている。また、協商民主は、中国の伝統歴史文化の奥底に流れるものを取り入れ、改革・開放を時代背景としながらも、人民の主人公としての地位を徐々に確立させ、人々の秩序ある政治参加を保証する重要な民主の形態へとなりつつある。

（3）協商民主の主な特色

1）政治レベルでの協議（政治協商）は広範囲にわたり、社会の政治生活の中で果たす役割もまた広範囲に及んでいる。今の中国では、こうした政治協商は全国政協だけに留まらず、社会の政治生活の中で要となる各層や各分野でも発展を続けている。中国で行われる政治協商は、執政を行う中国共産党と参政議政（政治に参加し、政治を議論すること）を担う民主諸党派、無党派人士によって国の重大な政治問題が議

---

[21]　陳剰勇、何包鋼主編『協商民主的発展』、中国社会科学院出版社、2006年

論されるだけではなく、末端で執り行われる民主政治においても重要な公共利益や公共事務についての議論が行われ、すでにこれらが制度化されつつある。改革・開放以降、こうした現象は末端の民主政治において、ある程度一般的になってきている。例えば、浙江省台州市（地級市）に属する温嶺市（県級市）が実施する「民主懇談」は、末端の公共事務をめぐる協議制度の代表例である。全国多数の地域で行った我々の調査によると、こうした取り組みは次第に広がり、末端で行われる民主政治として一般的になりつつある、新たな制度形態のひとつとなっている。

2）政治協商が含む内容は、常に増え続けている。政治協商は、これまでは主に政策面で行われ、政策作成や政治的同盟関係を構築するための重要な形態であった。この点は歴史や今の西側資本主義民主政治も同様である。しかし、中国の政治協商は、政治指導者の選抜や任用にも広く用いられ、政治における採用と継承を司るひとつの重要なメカニズムでもある。このように政治協商を通じて各級の指導幹部の選抜登用を行うことは、これまでの民主政治の実践によって生み出された。こうしたやり方は、現代の民主政治で行われる選挙民主に対して重要な補完的役割を果たし、執政党の社会基盤を強固にしながら執政の正当性を強化し、極めて重要な独自の役割を果たしている。

3）政治協商は、実践の中で規範化、法制化された制度形態を模索しながら、常に整備され続けてきた。これらはまず、共産党が指導する多党協力という協議メカニズムとして示され、さらに全国政協と各級の政治協商会議の活動体制としても示された。さらに、執政党内の党内民主をめぐる協議のしくみが整備・制度化され、末端の民主をめぐる実践についても同様にルール化・制度化が行われている。前述した浙江省の「民主懇談」制度は、すでに人民代表大会の議事、監督制度と結びつき、ルール化されたひとつの手順、制度となり、すでに市級の重要な公共事務として実施されている。例えば、部門予算の手続きとして取り入れられ、党内で重要事項を決定する場合などには事前にこうした懇談形式の協議を行うことが定められている。このように、浙江省では現在こうした民主の実践が展開されつつある。

3．国際的な視野から見た協商民主

　政治協商は長い歴史を持つ政治形態である。例えば、古代ギリシャのアテネでは、民主政治制の下で協議の形が生まれている。中国の古代社会でもまた、違った形の協議が存在していた。近・現代以降、各国で民主政治が主流になり、政治協商はこうした民主政治の下でそのひとつの形態となっていく。例えば、西側の議会制民主における党外との意思疎通、党内協議、政治遊説などである。20世紀後半、西側の学術界は競争選挙を主な制度とし、これによって伝統的な民主モデルが抱える問題と欠陥が次第に増加、露呈し始めた。こうした背景の下、民主の新たな形態をめぐる志向と模索が始まり、民主理論に関連する研究の風向きにも若干の変化が生じた。協商民主は、西側諸国が新たな民主を模索する上でひとつの重要な思想である。

（1）西側における協商民主

　1980年代以降、西側の学術界は中国の政治協商に似た概念を提起している。1980年、アメリカの政治学者であるジョゼフ・ベセット（Joseph M.Bessette）は、著書『熟議民主主義[22] 共和政府の多数決原則』の中で、協商民主の概念を初めて打ち出した。彼によると、アメリカ憲法は多くの原則を示すとともに、多くを制限することで均衡を保っている。オランダ人学者のアーレンド・レイプハルト[23]は、オーストリア、ベルギー、スイス、オランダの政治システムに対する分析を基に、独自の協商民主理論を導き出した。

　ほかにも、アンソニー・ギデンズらは、また違った角度から「対話型民主主義、コミュニケーション型民主主義、熟議型民主主義」[24]といっ

---

[22] 原文は「Deliberative democracy」、中国語では「協商民主」「審議民主」と訳される。
[23] アーレンド・レイプハルト：Arend Lijphart。1936年生まれ。オランダ出身のアメリカの政治学者。カリフォルニア大学サンディエゴ校名誉教授。元アメリカ政治学会会長。多数決型、コンセンサス型、多極共存型といった民主主義モデルの比較研究を行う。オランダ社会を例に、宗派やイデオロギーによって分割された社会を「柱状社会」（ピラーソサエティ）と名づけ、こうした縦割り構造の社会を「柱」に例えた。

た概念を提起し、これらもまた協商民主のカテゴリーに含まれると考えられる。

　西側の協商民主に対する学術的理解と議論は、全体的に次のような面に集中している。
①**意思決定の一形態としての協商民主**。伝統的な意思決定と違い、協商民主は、すべての公民と有権者へ自由な意思表示の機会を与えている。
②**社会関係における一原則としての協商民主**。協商民主は国民主権の原則としての上に或り立ち、多くの人の利益を守りながら少数派も尊重しなければならない。こうした営みの中で真に平等な社会関係が構築されることを指す。
③**社会自治の一形態としての協商民主**。西側諸国の協商民主論者は、話し合いを通じて実りある文化間対話に応じ、多様化した社会での理解と合意を図りたいと望んでいる。つまり、対話による合意形成を基盤にした広く公衆が参加する社会自治を育てようとしている。
④**西側の自由民主主義が向かう段階的措置としての協商民主**。すなわち、自由民主主義への戒めとそこからの超越を指す。アメリカの著名な政治哲学者ジョン・ロールズ[*25]、イギリスの社会政治理論家アンソニー・ギデンズ、ドイツの哲学者ユルゲン・ハーバーマス[*26]らは、協商民主論の支持者でもある。彼らは、西側の競争的な民主政治と代議制民主主義を中心とした制度は深刻な問題を抱え、すでに社会的、現実的需要にそぐわなくなっていることを指摘している。

　このように、西側の学術界は中国に見られる「政治協商」の概念を提唱はしているものの、まだ主流ではない。西側では、民主制度の下で政治活動によってさまざまな利益集団を代表する派閥政治が生まれている。こうしたことから、権力を規制するしくみ、多中心・多層的な意思決定

[*24] ［英］安東尼・吉登斯（アンソニー・ギデンズ）（李慧斌ほか訳）『超越左与右』、社会科学文献出版社、2000年
[*25] ジョン・ロールズ：John Rawls。1921年生まれ。主著に『正義論』（A Theory of Justice）がある。本書によって戦後の政治哲学の議論を牽引し、その後の社会現象を考察する分野で大きな影響を及ぼした。
[*26] ユルゲン・ハーバーマス：Jürgen Habermas。1929年生まれ。主著に『公共性の構造転換』（Strukturwandel der Öffentlichkeit）があり、公共性論やコミュニケーション論で大きな功績を上げた。

のメカニズムが作り出されている。そして、西側のこうした派閥政治は、意思決定を複雑にし、立法と行政の効率を低下させている。また、集団利益と全体利益が衝突しやすくなることで、国の政策が短期化し功利化してしまう流れを作り出している。このような選挙を中心とした西側の競争的民主主義を指して「否決政治」と呼ぶ者もいる。

（2）中国と西側の協商民主の共通点と相違点

中国の協商民主と、西側の学者が提唱し、限られた形で行われている協商民主。この両者の理念と方向性に見られる相似性と共通点は、主に次の2つの面に表れている。

①**趣旨の相似性**。西側の協商民主は、偏りをなくし、合意を形成しやすくすることが最大の狙いである。「協商」をめぐる理論では、合意形成とは協議の結果のことを表し、問題への議論が尽くされたことで生まれた一致性を指している[27]。中国では、共通の問題や公共の利益をめぐる協議の場合、そのすべてのプロセスにおいて、決められたルールや原則を守り、最終的な意見の一致を図る。これについては、中国と西側諸国の協商民主は驚くほど酷似している。こうしたやり方は、明らかに意思決定に対して重要な合法性を与えることにつながる。

②**進め方の相似性**。西側の協商民主は偏りをなくすことを趣旨としている。つまり、政治への参加、議論、対話を通じて対立や相違といった偏りをなくし、最終的に合意を形成していくことを目指している。中国の場合、意思決定に際して予め議論や対話を行うことで、共通する問題に対して意見を一致させることを強調している。実際には、西側と中国の両者は共に話し合いのメリットを重視し、対話や議論といったやり方で合意を形成させ、意見の一致を図ろうとしている。

また反対に次のような大きな違いも存在する。

①**協商民主に対する捉え方の違い**。協商民主について、西側は「補完」、中国は「重点」として捉えている。西側は、「協商民主」という考え

---

[27] 陳家鋼「協商民主：概念、要素与価値」（『中共天津市委党校学報』、2005年第3期）

方によって代議制民主の不足を補おうとしている。それは、道徳的衝突、政治的無関心、政治参加における不平等、といった問題に対峙することを目的としている。その位置づけは、代議制民主を補完して、その弊害をできるだけなくすためのものであり、ひとつの理論上の構想であり、そこには特定のモデルを構築しようとする意図は元から存在しない。これに対し、中国の協商民主は、少なくとも新民主主義期には、ある程度は実際に存在していた。協商民主制度にある政治協商は、共産党と民主諸党派の団結協力の主な形態として実際に行われている。また、民主諸党派や各分野の人々は、政治協商会議をプラットフォームとして国の事務管理に関わっている。

② **協商民主の根底にある理念の違い。**西側の民主は昔から個人主義や自由主義に根ざし、人々は競争や互いへの制約などを重んじてきた。こうした文化伝統を背景とし、協商民主で強調される協商とは、話し合いの中で参加者が自由に堂々と意見を述べ、あるいは政治理念を一致させ、立法と意思決定を合法的に行うことを表している[*28]。中国の場合、協商民主は、マルクス主義理論の下で形成され大きく発展してきた。それは、愛国主義や集団主義の理念の上に確立されている。中国の政治や文化は伝統的に性善説を志向し、「兼聴則明」(広く意見を聞き入れることは聡明である)、「和而不同」(協調しながらもむやみに同調せず)、「有容乃大」(多くのものを受け入れるからこそ大きくなる)といった思想を重んじ、そうしたなかで「協商」という考え方を提唱してきた。

全体として、西側諸国で言われる「協商民主」の位置づけや役割は、今の中国で見られる「政治協商」には遠く及ばないため、両者を並べて論じることはできない。しかし、西側の協商民主が求める平等・理性・慎重・寛容・開放といった市民意識については中国も参考にすべきだろう。

---

*28　李仁彬「中外協商民主化比較分析」(『党史文苑』、2009年第2期)

第4章

権利意識の高まりと
その制度的保証

権利は先天的、抽象的なものではなく、むしろ社会の発展、歴史の進歩の中で常に具体化されるものである。権利を実現し、発展させることは、長く困難を伴う複雑な仕事である。こうした民主政治建設を進めていくことは、中国の工業化という歴史的課題の中で重要な意義を持つ。なかでも、権利を段階的、漸進的に発展させることは、中国の民主政治の建設における貴重な経験のひとつである。

1．権利に対する考え方

（1）権利は天賦ではなく歴史である

　西洋哲学者によると、権利は先天的なものと考える。古代ギリシア哲学の時代から、権利は自明の理として考えられた。スコラ哲学が隆盛した時代、アウグスティヌスやトマス・アクィナスといった神学思想家は、「権利の神性」に基づいて各々が解釈を行い、それは神権に属するものだと考えた。ルネッサンス時代になると、「人」が大きくクローズアップされ、「権利の人性」が盛んに喧伝されるようになった。こうした考え方は、やがて「人権」となり、多くの思想家が提唱するようになる。ホッブズ、ロック、ルソー、カントらは、こうした考え方に情熱と知恵を注いで貢献した。しかし啓蒙主義時代を迎えると、これらの権利は、アメリカ「独立宣言」に見られる「天賦の人権」として捉えられるようになった。すなわち、人は生まれながらにして平等であり、造物主は人に何らかの不可譲の権利を賦与し、そこには生命権、自由権、幸福を望む権利が含まれると考えたのである[*1]。こうした権利における科学的意味合いについて、マルクスは初めて唯物史観に立った解釈を行い、次のように述べた。「権利は、社会の経済構造および経済構造によって制約される社会の文化発展を決して超えない」[*2]。つまり、権利が表すものは経済的基盤によって決定づけられ、社会における文化的発展の様態もその制約的要素となる。ここでマルクスが強調しているのは、権利には経済

[*1] 『外国法制史資料選編』、北京大学出版社、1982年
[*2] 馬克思（マルクス）「哥達綱領批判」（『馬克思恩格斯選集』第3巻、人民出版社、1995年）

と文化という二重の制約的要素が存在している点である。今日、権利に対する、文化による「ソフト」な制約にも関心が寄せられている。それは、文化的発展のレベルの差とその背景によって、権利に求めるものが異なること、またそれが人々の権利意識にも影響していることを示している。権利を実現させるには、経済発展という物的基盤だけでなく、文化というソフト面と権利主体の意識が共に一定レベルに達していなければならない。権利が表すもの、また権利を実現させることは、その社会全体の歴史的条件によって決定づけられる。こうした歴史的条件の違いが、権利に対する考え方、権利の性質、権利の主体、権利の範囲の違いを生み、社会の発展と進歩まで変えてしまう可能性がある。

　そのため、権利は、究極的には歴史が決めるものであり、観念的・抽象的な存在ではない。「人は皆、生まれながらにして平等である」ことは素晴らしい。しかし、複雑かつ具体的な歴史の前では、それは望むことはできても叶えられることはない理想と言えよう。このように、観念から出発し、歴史を加味せずに語られる権利は、あたかも根無し草のようなものであり、それは現実的意義を全く伴わない。

（２）権利は個人ではなく社会から生まれる

　西側の思想家が権利と個人主義を提唱したことには、歴史的な関連性がある。個人主義では、人が本質として具える基礎的な作用を重視し、常に人は自由自律の存在であると強調する。こうした本質が、個人における権利の基本的根拠である。個人主義では、権利は、自由と自律という人としての本質が具体的に示されたものであり、また個人における利益を直接的に現実に反映されたものとして考える。こうした考えの中で、個人主義は権利の正当性の根拠を示すだけでなく、その正当性と合理性における個人の役割をことさら誇張する。したがって、個人を誇張し、個人の社会的属性を抽象化することで、個々人をそれぞれに孤立した存在として捉え、さらにその権利を天賦のものとして、かけがえのないものとして絶対視するようになった。

　マルクスは、このように個人の権利を至上として神秘的に捉えることを否定し、権利は社会と物的基盤から離れることはできないことを主

張した。また、徹底した唯物主義の原則を社会や歴史の分野へ持ち込み、唯物史観の認識論の立場から、「抽象的で孤立した人」を根拠とした権利の考え方に反対した。これらの考え方は個人主義の権利観であり、権利の主体を抽象的な「人」、差異のない「人」、普遍的な「人」へと変えてしまう。このような「人」は幻想であり現実感に乏しく、人としての生き生きとした現実性、差異性、具体性が覆い隠されることで、現実的存在としての人とそれを取り巻く現実世界を引き裂いてしまっている。つまり、権利の主体としての人は抽象化・一面化され、その権利も同様に抽象化・単純化され、実際の権利における多様性や複雑性が覆い隠されてしまっている。これに対してマルクスは、人の本質について、「その髭や血、その抽象的な肉体ではなく、その社会的特質である」[*3]、「人はただ世界の外でじっとしている抽象的な存在ではない。人はその世界であり、国家、社会である」[*4]と考えた。すなわち、人の多彩な本質によってその求める権利も多様となり、それは人類生活や現実世界の多様性を表し、また実際に人類が多様性を求めていることを反映している。

　社会関係の総和である「人」が求める権利には、いずれも基本的な社会性が備わっている。権利の誕生は物質生活における一定の条件と不可分であり、こうした社会の経済状況と人々の現実生活を支える条件によって権利の属性と実態が決められる。つまり、その社会の現実的基盤から出発してこそ、権利の本質を真に理解することができる。またそれによって、何が権利の内実を決定づけ、それがどこに由来するのかを見出すことができる。これら現実社会の条件と物質的条件を勘案せずには権利の実態を理解することはできず、権利に対する科学的視点を構築することもできない。

　権利が持つ社会性は、それが具体的な社会実践とは不可分であることを示している。現実生活の中で権利を理性的に求め、法律と社会のしくみに沿って徐々に権利を保障し、発展させていかなければならない。ただ声高に権利を叫ぶだけでは、実現させることはできない。権利を保障するには、さまざまな権利を受け入れた上で、その内容、実現可能な方

[*3]　馬克思「黒格爾法哲学批判」(『馬克思恩格斯全集』第3巻、人民出版社、2002年)
[*4]　馬克思「黒格爾法哲学批判」(『馬克思恩格斯選集』第1巻、人民出版社、1995年)

法、適切な進め方を冷静に分析しなければならない。また、権利の現実的価値や限界性について分析し、権利の保障と経済社会の発展を同じ歩調で進め、権利と正当な利益に対する冷静な判断力と客観的態度を作り上げていく必要がある。

（3）権利は理想ではなく現実である

　現実社会で言われる権利は、往々にして理想的なものである。権利を要求することとそれを実現することには客観的な隔たりがあり、現実生活から乖離した権利はせいぜい麗しい理想に成り変わり、かえって権利自体を遠ざけてしまう。しかし、理想としての権利にもそれなりの合理性はある。そこには、現実の権利を工夫することで、その不足を補うという重要な意味がある。こうした工夫が、現実の権利が置かれた状況の改善・発展・補完を可能とする。また、より高いレベルや良い状況へ向かうことで、権利に対する人々の要求をより満足させることができる。しかし、所詮これらは権利へのイメージであり、「青写真」に過ぎず、社会生活の中で実際に人々から寄せられる権利の要求を、真に解決することはできない。

　理想としての権利は、そのあるべき姿を示している。現実の中で、我々は権利のあるべき姿と実態とをきちんと区別しなければならない。マルクスは、あるべき姿としての権利を否定はしなかったが、社会関係や社会生活から乖離した抽象的な人権については異議を唱えた。彼は、あるべき姿としての権利は国家や社会と対立するものではないと捉え、社会の歴史条件に準じて人類社会がより高い段階へ発展するよう、権利を求めるべきだと考えた。つまり、実態としての権利は実現への過程であり、あるべき姿としての権利へと近づくためのプロセスとして捉えていた。

　こうした権利の変移をめぐり、現実生活においては、往々にして認識の違いが生じる。あるべき姿としての権利は、法律上は認められているものの、それが必ずしもすぐさま現実の実態としての権利になるとは限らない。こうした権利が実態へと転化するには、一定の過程と条件を要する。そのため、権利を発展させ保障するには、現実から出発しなければならない。権利の現実性がその理想性に勝ることを強調する必要があ

る。すなわち、我々が実際に手にしている権利こそ、何ら用いられることのない権利よりも上回っていることを知らなければならない。それらは現実生活で人々が実際に分かち合っている権利であり、現実の要求に合致し、客観的な条件と現状に即した権利なのである。このような現実条件を具えた理想の権利だけが、権利の主体が真に認め、その要求に真に合致したものである。

２．権利をめぐるさまざまな実践

（１）権利を緩やかに発展させる

　民主的な権利を発展させるにはどういった選択をすべきか、という問題については、西側の民主の深い影響もあり、その国内における認識は千差万別である。近年、社会のドラスティックな転換がもたらした一連の問題や矛盾が激化・先鋭化し、急進的な思想が台頭しつつある。こうした流れには、直線的な発展を志向して、権利の実現を一挙に成し遂げようとする考え方が根底にあり、その理由として３つ挙げられる。

１）経済体制改革や経済建設に比べ、中国の政治体制改革と民主政治建設が遅れているため

　　政治体制が経済発展の足枷となっているため、民主的権利がこれまで以上の飛躍的発展を遂げなければ、今後の経済建設が見込めない、という考え方がある。

２）西側諸国に比べて中国の民主制度が立ち遅れているため

　　こうしたことから、中国は社会主義民主制度のメリットを活かしきれず、移行期に起こる危機や難題を効果的に解決できていない。したがって、できるだけ速やかに各方面の権利を実現させ、民意と衆知を結集して危機を乗り越えていかなければならない、という考え方がある。

３）マルクス主義が志向する社会主義による高度な民主と比べ、現状はかなりの隔たりがあるため

　　それゆえ、その発展にキャッチアップする必要があり、それができ

なければ社会主義国とは言えなくなる、という考え方がある。

こうした「権利の速成論」を主張する者は、線形型の発展モデルをイメージして民主を直線的に進めようと考えている。しかし、発展に紆余曲折はつきものであり、常に順風満帆にはいかない。まさに「歴史は直線を嫌う」[*5]のである。1つの権利を勝ち取ることは、一朝一夕ではなく数世代にわたる奮闘を要する。1日でローマを築き上げようとすれば、それは急いては事を仕損じることになりかねない。

（2）欧米諸国における政治発展の歩み

欧米の政治発展の歴史を見ると、現在、先進的な民主国家と呼ばれる国々でも、その権利の中核的価値観や体制モデルが決して順風満帆に築き上げられたものではないことが分かる。権利保障の歴史を見ると、イギリスでは1215年に「マグナ・カルタ」が生まれ、1948年に普通選挙権がようやく全国に普及し、この間ですでに約700年の歳月を要している。選挙権を例に挙げると、イギリスでは1429年に年収40シリング以上の者に選挙資格を与えることを定めた。その後、1831年にはイギリスの成年人口に有権者が占める割合はわずか4.4％しかなかったが、1867年には有権者はイギリス成人男性の3分の1を占め、全人口の15％にあたる都市部の熟練工が選挙権を持てるようになった。1884年には成人男性の3分の2、全人口の28.5％にあたる農業労働者が選挙権を得た。この後、全成人男性に普通選挙権が与えられ、1928年には21歳以上の女性にもようやく普通選挙権が与えられる（法律上は1918年に30歳以上の女性にのみ投票権が与えられていた）。やがてイギリスは、1948年に大学教員、学生、資産家に対して長年行っていた複数投票制を撤廃し、ようやく法的制限を取り払った普通選挙が認められるようになった[*6]。

フランスでは、政府は財産、納税額、居住期間によって投票権を制限してきた。1791年から1871年までは男性に普通選挙権が与えら

---

*5　［米］査爾斯・蒂利（チャールズ・ティリー）（魏洪鐘訳）『民主』、上海人民出版社、2009年

*6　王紹光『民主四講』、生活・読書・新知三聯書店、2008年

れ、1944年にようやく女性にも普通選挙権が与えられた。ここまでに153年の歳月が費やされた。フランス革命は現代の民主の起源として考えられがちであるが、1791年に最初にフランスで公布された憲法では、満25歳以上の納税者にのみ選挙権を与えている。これにより当時およそ440万人の男性市民が選挙権を有したものの、それは当時のフランス全人口のわずか16.9％に過ぎなかった。1795年憲法（共和暦3年憲法）[*7]では、およそ10万人という一部の富裕資産家と納税者にしか選挙権は与えられなかった。やがて1848年2月の革命で、フランス政府は労働者階級からの要求に応じて普通選挙を再実施したが、労働者階級と小資産階級による執政を防ぐため、憲法制定議会はわずか2年足らずでこれを取り消した。その後、フランス第三共和政の初期にあたる1871年に男性の普通選挙権を再開した。なお、女性については第二次大戦中の1944年以降にようやく選挙権が実施された[*8]。

　民主の模範と言われるアメリカでも、普通選挙権は長い歴史を経て実現されている。植民地時代の初期に成人の白人土地所有者にのみ投票権を認めてから、1960年代に「公民権法」が文化の違いによる投票権の制限を禁じるまでの約350年を経て、アメリカの黒人（および先住民、華人その他の少数民族）はようやく法律上の選挙権を得ることができた。

　このように、19世紀初頭の欧米資本主義国の多くは、憲政体制の上ではすでに自由と平等の原則を定め、普通選挙の実施を宣言していた。しかし、当時、欧米諸国で選挙権を持つ国民は、人口の10％未満であり、19世紀末でも20％を超えることはなかった[*9]。これらの国々で国民が権利を得られたのは、その多くがトップダウン式に選挙範囲を徐々に広げ、漸進的に発展を遂げたためだということが分かる。いわゆる民主主義国家としてのこれらの国々の歴史は、100年以上に及ぶ。民主的な権利を実現することは長い積み重ねの結果であり、一朝一夕に成し遂げたものではない。その過程を見ずして結果だけに目を向けるならば、急進

---

*7　1795年憲法（共和暦3年憲法）：1795年に公布されたフランス憲法。同憲法では一部の納税者による制限選挙、間接選挙を主な選挙制度とした。
*8　王紹光『民主四講』、生活・読書・新知三聯書店、2008年
*9　［米］莱斯利・里普森（レスリー・リプソン）（劉暁ほか訳）『政治学的重大問題』、華夏出版社、2001年

的なやり方を積極的に進めることで、個人の権利に基づく言論や行為を認めさせようとするだろう。しかしこうしたやり方は、事物の発展法則だけでなく歴史的事実にも反する。

（3）途上国に見られた盲目的民主化という教訓

　1970年代以降、ラテンアメリカでは欧米の民主制度モデルをそのまま取り入れた結果、「ラテンアメリカの罠」（「中所得国の罠」[*10] とほぼ同義）に陥り、軍事的政変や政権交代が目まぐるしく行われた。経済発展は停滞し、生存権や発展権が大きく損なわれ、上辺の政治的権利だけでは、次第にこれらの窮状を治めきれなくなった。1980年代、アフリカは迫られた形で西側の民主主義を受け入れ、多党制を実施したが、経済的繁栄、政治的安定、国民の権利を実現させることができなかったどころか、かえって深刻な動乱、戦乱、経済不況を招いてしまった。21世紀に入り、アフガニスタンやイラクなどには西側諸国の軍事介入の後、西側の民主が輸出された。北アフリカや西アジアといったアラブ諸国ではいわゆる「アラブの春」運動が起こった。それらの地域の国や社会には「人権」と「解放」の名の下、国民の不安感と混乱を極めた動揺だけがもたらされた。

　民主への道は一歩ずつ歩んでいかなければならない。政治的権利を実現させ発展させるには、段階的・漸進的に進めていくしかない。他国モデルの「クローン」や近道を求め、手っ取り早く権利を得ようとすることはできない。歴史の発展の中で、当然踏むべき手順を飛び越えてやみくもに権利を認めさせようとするやり方は、これまで成功した例がなく、無責任に功を焦る行為は経済発展と社会の安定を損なうだけで、何のメリットも生み出さない。

　こうしたことは、歴史によって何度も証明されている。すなわち、権利とは不断の完成と発展による歴史的過程であり、そこには自らの発展法則があり、それは一挙に実現させることはできず、功を焦ったところで最後には悲劇的な結末が待っている。事を急くあまり「盲信」「突進」

[*10]　中所得国の罠：新興国（低所得国）がある程度の経済成長を遂げて、中所得国の仲間入りをしたものの、それ以上の高所得国に成長することができず経済が停滞する現象。

「急進」「性急」に陥ることは、現実の政治における過激な運動あるいはコントロールや秩序を失うことにつながり、崩壊的な終わりを迎えることが常である。そのため、民主政治建設では、高いリスクを伴う飛躍的なやり方を避け、穏当で秩序的かつ調和的な道筋を模索し、漸進的・段階的に権利を発展させていかなければならない。

3．権利を漸進的に発展させるために

　中国は、民主政治建設の中で一貫して、人民の基本的権利を保障することを重視し、権利の実現は、社会のさまざまな事業と調和させた上で徐々に進めることを強調している。党と国の指導者もこの点を強調している。かつて江沢民は、集団の人権と個人の人権は、経済・社会・文化における権利、公民権、政治的権利、と強く結びつけた上で調和的に発展させることを強調した。そして、こうしたやり方こそ中国の実情に即した、中国の人権事業が向かうべき路線であると指摘している[11]。また胡錦濤も、人民全体の奮闘と経済発展をベースに、権利を平等に発展させることを強調している[12]。このように、権利の調和的な発展と漸進的な実現が民主政治建設における中国の貴重な経験であることは、これまでの経験が証明している。我々は、すでにこうした国の実情に即した民主的権利を発展させる道を歩み出している。

（1）権利意識が持つ二面性

　社会主義市場経済における「権利本位」は、大衆が利益を求めるためのカンフル剤である。市場経済のような経済形態では、人々は普遍的な権利を求めるようになる。こうした要求が広がり続け、やがて社会生活のあらゆる分野に現れるようになると、個人的権利の確立は避けようがなくなる。これらの要求が高まり続けると、権利意識も強まっていく。こうして人々の積極性が刺激され、経済発展と社会進歩が進んでいく。

---

[11]　江沢民「充分保障人民依法享受人権」（『江沢民文選』第2巻、人民出版社、2006年）
[12]　胡錦濤『堅定不移沿着中国特色社会主義道路前進　為全面建成小康社会而奮闘——在中国共産党第十八次全国代表大会上的報告』、人民出版社、2012年

これは権利意識のプラス面である。しかし、もし利益を求める形が歪められ、利益のために手段を選ばなくなると「権利本位主義」へと変わり、権利意識のプラス面が失われてマイナス面が大きくなる。これこそ権利意識が持つ二面性である。

改革・開放から30数年を経て、中国は社会主義市場経済体制を確立した。人々の意欲や財を生み出すための積極性が活かされ、生産力は著しく伸び、物質面での生活水準は大きく向上した。社会の富が急速に増進し、社会全体に活力が溢れ、人々の自覚意識、競争精神、効率意識が高まり、権利に対する考え方も芽生え始め、権利意識も大きく前進を遂げた。この権利意識の高まりが、人々の社会参加や境遇改善に対するモチベーションを刺激し、社会進歩と国家事業の発展を促した。これらは権利意識のプラス面である。しかし、権利意識の「成長」が正しい軌道から外れると、反対の作用を起こすこともある。第14期六中全会の決定文書では、「市場自身の弱点やマイナス面も、精神生活に反映されてくる」[*13]と強調している。権利意識の過度な膨らみが極端化する場合もある。つまり、個人の権利意識が極端な個人主義に変わり、民族意識が民族の分断意識へと変わり、信仰が過度な宗教意識に変わる場合がある。これらは権利意識が長じたことによるマイナス面である。中国の改革・開放が深化し、利害関係の大きな調整が必要になると、権利意識におけるマイナス面が強まり始める。この点を憂慮する声はすでに社会の各方面から寄せられている。

極端な個人主義は、個人を本位として自我を中心に置き、個人的私欲を満たすために社会や他人の利益を平気で損なおうとする。その上、むしろこうした行為こそ自らの権利だとする誤った考えを抱いている。このような歪んだ権利観は、社会の調和を大きく損なう上に社会道徳と人への基本的な信頼感を破壊してしまう。また、極端な民族意識は、国の統一や社会の安定に関わってくる。中華民族は「あなたの中に我あり、我の中にあなたあり、という各々が個性を持った多元的な統一体」[*14]である。中華民族は1つの民族共同体として不可分であり、各民族が皆、

[*13] 『十四大以来重要文献選編』、人民出版社、1996年
[*14] 費孝通『中華民族多元一体格局』、中央民族学院出版、1989年

中華民族を為す重要な部分であり、民族の共存共栄は諸民族の個々人における基本的利益に合致している。しかし、一部にはこうした諸民族の基本的利益を顧みず、自身の狭隘な民族意識にとらわれて民族を分断させようとする者もおり、血なまぐさい事件を起こして国家と民族の利益を大きく損なっている。したがって、経済発展、社会変革、法治建設にふさわしい人々の権利を必ず実現させ、経済発展のレベルに準じた権利を発展させていかなければならない。また、人々の政治意識とレベルに準じた権利を実現させなければならない。人々の政治意識と権利意識が一定のレベルに達していないにも関わらず、多くの権利を与えてしまっては、権利を効果的に活かすことができないだけでなく、逆効果を生み出す場合もある。

（２）権利に対する科学的発展観

権利を発展させ保障する過程で、我々は一貫して権利に対する科学的発展観を堅持する。

1）**人々の基本的利益と一致することを重視する。**鄧小平は「社会主義制度の下では、結局のところ、個人の利益と集団の利益、局部の利益と全体の利益、一時の利益と長期の利益が統一したものだからである。我々は統一的計画、全般的配慮という原則に基づいて、さまざまな利益の相互関係を調整しなければならない。それとは反対に、集団の利益に背いて一時の利益を求めるなら、双方ともに損失を招く結果になるのは必至である。民主と集中の関係、権利と義務の関係は、つまるところ、上に述べたさまざまな利益の相互関係が、政治面または法律面に現れたものである」[*15]と述べている。

現段階の中国では人々の利益は一致し、基本的利益をめぐる衝突も見られない。確かに局所的・一時的には、社会の経済関係の中で各人それぞれにある程度の違いが存在し、享受できる権利の程度や中身にも違いがあるだろう。しかし人々が享受する権利は、本質的には真実性と普遍性があり、個人の権利と公権力、人と人の間の権利はそれぞ

---

*15　鄧小平「堅持四項基本原則」（『鄧小平文選』第２巻、人民出版社、1994年）

れ一致している。
2）**実際から出発することを重視し、プロセスに対する考え方を確立する。** 権利を実現させることは、経済建設と同様に順を追った漸進的な過程である。したがって、実際から出発し、功を焦って歴史の発展段階を飛び越えてはならない。利益を保障することは、終わりなく永遠に続く事業であり、数世代にわたって守り抜かねばならない。グリムは「本質から言えば、民主主義は常に前進・発展・変化するため、永遠に完成に至ることはない。その目指すところはあたかも蜃気楼のようなものであり、近づけばまた遠ざかってしまう」[*16] と指摘している。権利を発展させることは、こうした蓄積の上に進化を重ねていくプロセスである。
3）**権利保障をめぐる過程では、最終目標と段階的課題を区別することに注意する。** こうした過程では、慎重で現実的かつ楽観的な姿勢で臨み、社会の発展、経済社会の文化的条件、発展の中心的課題、といった各段階に応じて、それに即した権利を実現させるための課題を設けた上で、健全かつ秩序的に進めていかなければならない。そのため、速成論に反対し、ソ連解体と同じ轍を踏むことなく、文革期の「大民主」を繰り返させてはならない。民主の流れを逆戻りさせることなく、漸進的・段階的に権利を発展させることを堅守し、権利の保障と経済社会の発展を共に調和させていかなければならない。

（3）人民の権利を徐々に実現、拡大させていく

　改革・開放の深化に伴い、中国の特色ある社会主義建設は大きな成果を上げた。権利保障の面でも著しい進歩を遂げ、さまざまな権利が司法から等しく適切に保護されるように変わってきた。こうした権利の段階的・漸進的な発展へ向けて、数々の取り組みが行われている。
1）**法的保障を徐々に整備。** 78 年憲法では、54 年憲法に定められた重要な権利と自由についての取り決めが一部復元された。また、権利の

---

*16　[米] 弗莱徹・M・格力（フライシャー・M・グリム）（李融、包涵ほか訳）「美国民主的周期」（中国美国史研究会等編『奴役与自由：美国的悖論──美国歴史学家組織主席演説集』、貴州人民出版社、1993 年）

実現をめぐる保障について定めた条項が加わり、権利に関する法体系と保障システムにおける新時代の幕が開かれた。1979年、全人代は「立法活動を全面的に強化させる」ことを打ち出した。82年憲法では、さらに中国の現状に即した権利体系と権利の保障体系が確立され、基本的権利の内容を付け加え、特に公民の基本的権利を憲法体系における重要な位置に置いた。1998年には「法によって国を治める」（依法治国）、2004年には「人権の尊重と保障」をそれぞれ憲法へ盛り込んだ。2007年には財産権の保護について定めた「物権法」を公布。そして2011年には、憲法を統帥とし、法律を主幹とした、憲法関連法、民法、商法、行政法、経済法、社会法、刑法、訴訟・非訟事件手続法などからなる多くの法律部門で構成される、中国の特色ある社会主義法体系が打ち立てられた。これに伴い、中国の司法制度、司法体系、弁護士制度、調停制度などは大きく発展し、権利をめぐる法体系と保護システムは、経済発展と社会の進歩に応じた発展と整備が続けられている。

2）**利害調整のしくみを徐々に整備**。利害の違いから起こる矛盾や衝突をなくすため、こうした権利を調整できるしくみを確立し、これらを適切で合理的に規制できる規定を設けることで人々の権利意識を正しく導き、そのプラス面を促しながらマイナス面を抑えていくようにする。現在すでに、

　①効果的かつ科学的に利害調整を行うしくみ
　②人々の権利と利益を保護するしくみ
　③要望を表明できるしくみ
　④矛盾を調停できるしくみ

といったものが作られている。

　①については、その時々で関心度が高く、人々の利益に切実に関わる問題には、党と政府の組織体系を通じて、末端組織、中華総工会、産業協会などの調整的役割を活かし、各利益集団の知る権利と参加する権利を保護し、利害をめぐり対立する双方が対等な対話を行えるように促し、法に則り、矛盾や紛糾の解決を図る。

　②については、人々の利益を保障できるしくみを確立し、権利・機会・規則を公平に保障する制度を整備し、人民大衆が平等に社会参加

できる権利をきちんと保障していく。

　③については、要望が各ルートを通じてスムーズに届けられるようにする。人民代表大会・政治協商会議・人民団体・産業協会・マスメディアなどによって、社会からの要望を届ける役割が果たせるようにしていく。そして、全方位的で多角的に民意を表出できるプラットフォームを構築し、民望をよりよく反映させていく。

　④については、矛盾を調停できるしくみを作り、人民による調停、司法による調停、行政による調停、弁護士による解決、を有機的に組み合わせ、各級の調停ネットワークを整備し、調停員やボランティアの育成を強化し、社会矛盾を根本的に解決していくことを強化し、民意と衆知を結集して科学的で民主的な意思決定を促していく。

第5章

政治制度改革の現状

現在、中国の民主政治建設では、主に政治体制改革が進められている。そのため、こうした改革を適切に進めることが、民主政治建設にとっての重要な担保となるだろう。試行錯誤を経て、問題への働きかけをめぐる改革、さまざまな試みを通じた改革、といった貴重な経験を重ねてきた。これらが中国の民主政治建設の基本政策となり、政治体制改革と民主政治建設を実践するなかで得た主な経験のひとつとなった。

１．政治体制改革をめぐる方法論

　政治体制改革は社会の一大プロジェクトであり、その指導方法や方針について、改革当初から常に思索、議論されてきた。なかでも「トップダウン設計」（頂層設計）に基づく「設計論」が、改革の理論的指導や客観的構想として重視されている。また、実際の進め方として「川底の石を探りながら川を渡る」といった「模索論」が実践され、昨今の政治体制改革の主張や考え方はこの２つに典型的に反映されている。

「川底の石を探りながら川を渡る」と「トップダウン設計」

　「川底の石を探りながら川を渡る」というやり方は改革当初に形成された。そして、「トップダウン設計」という考え方は2000年代以降に登場し、徐々に注目を集めている。

　確認できる公的文書では、「川底の石を探りながら川を渡る」という言葉が最初に登場し、改革に向けた政策として強調されるようになったのは、かつて党副主席、政治局常務委員を務めた陳雲[*1]の発言に由来している。1980年12月の中央工作会議で、陳雲は「我々は改革しなければならないが、その歩みは着実でなければならない。なぜなら、我々の改革は問題が複雑なため、急ぎ過ぎてはいけない。もとより改革は一定の理論研究、経済統計、経済予測に沿って行うが、より重要なのは、

＊１　陳雲：中国の政治家（1905～1995）。1925年に中国共産党入党。建国後は政務院副総理兼財政経済委員会主任等の要職を歴任。その後、大躍進政策に反対したことで文革期に批判され、職務を解任される。文革後、復権を果たし、中央政治局常務委員、党中央顧問委員会主任を歴任し、改革・開放政策に尊重な態度をとる保守派の代表として影響力を持った。

やはり試験的に行うことから始めて、その時々で経験を総括すること、つまり『川底の石を探りながら川を渡る』ことなのである。初めの歩みは小さくゆっくりでなければならない」[*2]と述べている。これが当時の指導部に認められ、この考え方に基づいた改革が実践されてきた。1987年の第13回党大会後に鄧小平は改革について触れ、「我々が今やっている事業は新しい事業であり、マルクスも語ったことはなく、その他の社会主義国も行ったことがない。そのため、すぐに学べる経験もない。我々はただやりながら学び、実践の中で模索するよりほかない」と語っている[*3]。

改革・開放からおよそ30年を経て、「川底の石を探りながら川を渡る」という改革の進め方は今なお指導者によって語られ、認められている。2012年12月31日、中央政治局の第2回集団学習の際、新たに党総書記に就任した習近平は次のように指摘している。「改革・開放は、これまで人類が取り組んだことのない全く新しい事業であり、必ず正しい方法論を堅持し、たゆまず実践と模索を重ねながら推し進めていかなければならない。『川底の石を探りながら川を渡る』とは、中国の特色に富み、中国の国情に合致した改革の方法である。これは、法則を探ることにほかならず、実践から正しい認識を得ることである。『川底の石を探りながら川を渡る』こととトップダウン設計の強化とは、弁証法でいう対立物の統一である。ゆえに、局所的で段階的な改革・開放の推進は、トップダウン設計の強化を前提にして行われなければならず、トップダウン設計の強化は、局所的で段階的な改革・開放の推進に基づいて計画されなければならない。我々はマクロ思考とトップダウン設計を強化し、改革の系統性・全体性・協調性をいっそう重視していく必要があり、同時に、引き続き大胆な試みや突破を奨励し、絶えず改革・開放を深めていく必要もある（抜粋）」。

いわゆる「川底の石を探りながら川を渡る」という進め方は、経験を持たず、また参考にすべき前例もないなかで、自らの条件と実践を通して実際の問題解決の過程で解決するためのアイデアと方法を探り出し、

[*2] 陳雲「経済形勢与経験教訓」(『陳雲文選』(1956－1985)、人民出版社、1986年)
[*3] 鄧小平「十三大的両個特点」(『鄧小平文選』第3巻、人民出版社、1993年)

さらにその法則性を見出し、認識する方法である。つまり、「川底の石を探りながら川を渡る」とは具象化された比喩である。科学的な方法論では、こうしたやり方は帰納法として分類される。すなわち実験を多く重ねるなかで少しずつ帰納と抽出を行って法則を認識するやり方を指す。

改革・開放事業の前進と深化に伴い、改革をめぐる方法論の文脈の中で、認識面での全面的な改革が求められ、理論的総括や全体設計を求める声が上がり始めた。これらの意見が改革を取り仕切る指導者にも認められたため、こうした方針をひとまとめにして「トップダウン設計」と呼ばれている。

確認できる公的文書の中で「トップダウン設計」について言及した権威的記述は、党中央による第12次5カ年計画に関する提言に見られる。第12次5カ年計画の第11章「改革の難関を攻略——社会主義市場経済体制の完備」の中で「より大きな決断と勇気で各分野の改革を全面的に推し進め、改革のトップダウン設計および全体計画をさらに重視し、改革の優先順位と重点課題を明確にし、総合的な関連改革の試験的取り組みを深化させ、各方面の積極性をさらに引き出し、民衆の創意性を尊重し、経済体制改革に力を入れ、政治体制改革を積極的かつ着実に推し進め、文化体制・社会体制改革を加速させ、重要分野と重要段階において突破口を開いていく」[*4]と述べている。これ以降、政治体制改革にも「トップダウン設計」を求める声が増え続けている。

近年、このような改革の方法と方針が提起されたのには2つの背景がある。

1つは、中国の工業化・都市化・近代化に伴い、経済・政治・社会分野が次第に複雑化し、利益の多様化が顕著になり、経済社会の組織・構造・管理が複雑化・精緻化していることが挙げられる。また同様に、社会の法体系と政策体系も徐々に複雑化・精緻化している。こうした状況で、法律間や政策間の矛盾や多義といった現象が増えてきている。そのため、法律や政策を打ち出したところで、もはや改革・開放初期のような明確な効果はあまり見込まれなくなった。むしろ、法律や政策が増え

---

*4 「中華人民共和国国民経済和社会発展第十二個五年規画綱要」
http://www.ndrc.gov.cn/fzgh/ghwb/gjjh/P020110919592208575015.pdf

ることで、それらが互いに抵触、衝突する場合すらある。したがって、こうした面では法律や政策の効果は薄れつつある。こうした背景から、法律、政策およびそれらの制定を担う部門間の協調を高める必要がある。

　２つめは、改革・開放事業が進むなかで、政治体制改革と民主政治建設の経験が形成、蓄積されてきたことが挙げられる。これまで、より主体的、自覚的な改革を模索し、こうした経験を理論へと集約し、その理論的指導に基づいてさらに実践を行ってきた。例えば、第16回党大会では、中国の特色ある社会主義民主政治建設の特徴と原則について、共産党の指導、人民の主人公としての地位の確立、法による治国、を有機的に結びつける「三統一」が提起された。この考え方はひとつの理論的総括であり、「トップダウン」を制度として配置し、今後の政治体制改革と民主政治建設の指導的意味合いを示している。

　こうして「トップダウン設計」を求める声は徐々に世論として形成されてきた。本来、この概念はシステム工学に由来する。一連の工程を設計する上で、統一計画に沿って各要素や各段階について考慮することを意味している。つまり、まず一貫した「全体理念」を定め、それに即した構造の統一、機能の協調、資源の共有、各部の標準化を図りながら、全体計画や統一設計を執り行っていくことを表している。第二次世界大戦後、西側諸国ではこうしたシステム工学に基づく概念が広く軍事や社会管理の分野に用いられ、政府の内外政策や発展戦略を決定する上で重要な考え方となった。こうしたシステム論に由来する考え方が「トップダウン設計」である。

２．問題へ働きかけるための手立て

　1980年代の改革・開放政策と中国の特色ある社会主義民主政治建設は、主に現実的な困難と問題を解決する必要から始まった。

（１）現象は本質を上回る──目に見えるところから始める

　1978年５月10日、多くの中央党校の理論工作者が修正に携わり、中央党校校長（当時）の胡耀邦自らが査読にあたった論文「実践は真理を

検証する唯一の基準である」が、同校機関誌である『理論動態』の第60期に全文掲載された。その後、同文は『光明日報』、『人民日報』、『解放軍報』などの重要機関紙に次々と全文掲載され、新華社はこれを全国へ配信した。同文は文革期の極左思想を整理した理論的論文であり、改革・開放の世論をリードする思想解放運動の幕開けの役割を果たした。

　思想解放運動は、文革期の極左思想、またその後も根深く残る「2つのすべて」という文革期の誤った思想的主張に対し[*5]、社会実践を通じてあらゆる真理を検証し、それらを党と国の路線・方針・政策の基準とすることを打ち出した。思想解放運動は、文革期に広がった誤った思想の盲信や文革の原因についての反省、左傾化思想へ全面的な批判を加え、過去の体制に対する人々の懐疑と批判を促した。

　10年に及んだ文化大革命は、中国経済と中国社会に深刻な打撃と影響を与えた。10年間で国内総生産はわずかに増えたものの、企業の管理制度は破壊され、無駄な消耗がかさみ、深刻な浪費が起こったため、経済効果と利益は著しく低下した。この間、国民全体の生活レベルが落ち込んだ。1976年の中国人1人あたり年平均穀物消費量は381斤（約190kgに相当）に落ち、1952年の395斤（約198kg）を下回った。1978年、全国の農村で約2億5000万人が衣食にも事欠く状況に置かれた。全国の労働者の平均賃金も下がり、都市部ではさまざまな生活必需品の供給が逼迫し、配給券による配給制が全面で実施された。住宅・教育・文化・保健などの公共事業の停滞は深刻化した。文革や度重なる政治運動によって多くの冤罪事件が生み出され、文革期に奨励された「上山下郷運動」（下放政策）は深刻な社会問題となった。1978年末には、雲南で知識青年によるストライキと陳情事件が起こり、人々が大挙して北京へ陳情に訪れ、社会の空気は緊迫した。

　第11期三中全会はこうした社会情勢の下で開催された。同会とその後の理論会議では、社会の正常化と文革の誤りの是正、旧政治体制と旧

---

*5　「2つのすべて」（両個凡是）という主張は、1977年2月7日に『人民日報』、雑誌『紅旗』、『解放軍報』の社説「学好文件抓住綱」（文献をよく学び、要を掴もう）の中で提起された。社説は「すべての毛主席の決定は断固守らねばならず、すべての毛主席の指示には忠実に従わなければならない」と述べている。こうした主張が提起されると、鄧小平や陳雲らは強く反対し、やがて全党を挙げた、真理の基準をめぐる問題についての大きな議論が行われた。

経済体制をめぐる改革、党内と社会の間に存在するさまざまな認識の違い、についてどのように解決するかが討議された。その中で強い影響力を持ったのが、左派路線を全面的に整理し、物事の是非を理論的に判断し、歴史の過ちを是正しようという主張だった。

　こうした過去の清算を目指した主張には、思想的・理論的に過去の過ちを認識し、誤った左傾化路線を根本的に正し、それらを清算することで、未来への正しい発展の道を選択できるというロジックがあった。また、この主張のもうひとつのねらいは、今後の発展を全面的に再計画することであった。というのも、第11期三中全会の前後に、党内では一部の理論家が「補講説」[*6]を唱え、「新民主主義の新段階」に戻り、資本主義の発展段階をやり直すべきと主張したためであった。

　過去を全面的に清算し、理論と政治の上から物事の是非を分別し、新たな未来へ向けた計画を立てていくべきか、あるいは政治的課題の重心を移動させ、現実の具体的な問題を解決していくべきか。1979年に始まった改革・開放政策は、実際には改革に対するこうした2つの考え方と選択肢を中国に迫っていた。鄧小平を代表とする党指導部は後者を選択した。当時、鄧小平はこうした違いを「過去の清算」か「前を向く」かの違いだと語った。

　1978年12月、第11期三中全会を目前に中央工作会議が閉幕した。その席上、鄧小平は「思想を解放し、実事求是の態度をとり、一致団結して前向きの姿勢をとろう」と題した著名な演説を行い、その後の三中全会の方向性を決定づけた。鄧小平は、過去の過ち、文化大革命、毛沢東をめぐる問題にどのように向き合うかについて語った。彼は、過去の過ちと残された問題は解決しなければならないが、完全に解決することは不可能であり、またすべきではない、という意見を示し、「大きなところに目を向ける」「残された問題を解決するのは前を向くためだ」[*7]と述べた。1979年の理論会議では、改革をめぐる議論が繰り広げられた。

---

*6　補講説：中国の社会主義はまだ初級段階にあたり、その現代化を実現するまでに約100年を要するため、今は資本主義がやり残した課題を補講、補修すべきという考え方。
*7　鄧小平「解放思想、実事求是、団結一致向前看」(『鄧小平文選』第2巻、人民出版社、1983年)

3月27日、同会の演説原稿の準備にあたり、鄧小平は胡耀邦と胡喬木らと会談し、思想界にはひとつの主導的思想が必要だと指摘した。彼によれば、思想を主導することが理論工作であり、その中心任務は人々が前を向くようにすることである。確かに過去への未練はある。三中全会の精神があまり広がらなかったせいか、一見正しいが実は誤りという意見が現れ、過激な意見も見られたが、これではいけない。これでは、一致団結して前を向き、人々の積極性を引き出し、ひたすらに「4つの近代化」を目指すことができなくなってしまう、と考えた[*8]。

こうして、第11期三中全会では、中国の改革・開放は現実の問題を解決することから始めることを選択し、社会の注意を、経済発展と生活改善へ向けさせることが決定した。これらは次第に改革・開放と民主政治建設の政策的原則になっていった。

「トップダウン設計」と「川底の石を探りながら川を渡る」という改革の方針と施策は、理論に重きを置いた物事の本質に迫った根本的な問題解決を重視している。また、実践に重きを置いて現象に着手することで具体的な問題解決を重視している。「トップダウン設計」は根本的な解決を重視する上で次のような条件を要する。1つは問題の本質に対する確かな認識と把握、2つめは根本的に解決できるための条件を備えること。通常、実践ではなかなか「最善の案」というものはない。そのため、「川底の石を探りながら川を渡る」は、一時的な解決を重視し、現象から着手することを指す。現象は本質ではないものの、それは本質を上回り、そこに本質が含まれている。したがって、現象面から取り組み始めることで、最終的には物事の「本質」に至ることができる。問題へ働きかけることは、すなわち「次善」を選択することにつながる。

（2）小さな積み重ねが大きな成功につながる
　　　——改革のコストを抑える

現実問題の解決を起点とする改革が「トップダウン設計」に基づく一連の改革計画よりも優れていると考える理由は、政治問題の複雑性と、

---

*8　中共中央文献研究室編『鄧小平年譜 1975－1997』（上）、中共中央文献出版社、2004年

こうした複雑性に伴うコストとリスクのためである。

これまでの政治制度の歴史を見ると、政治体制と制度の変遷は、一般的には大きな事件に対する反応や大きな問題を解決することで起こっている。世界の歴史を見ても、およそ十分な実践を欠いた改革は、往々にして根を張ることはない。政治の歴史を見ると、ある政策や制度を選択・構築するには、主に次の３つに左右されることが分かる。

①ある社会問題を解決するための政策
②解決への選択肢の中で、実施コストが比較的低いものを選ぶ傾向
③政策や制度の中で、リスクが比較的低いものを選ぶ傾向

改革の起点や方向性は、客観的にはこうした３つの要素に基づいて選択される。

「トップダウン設計」に基づく改革は、改革全体を推し進めようとするため、必然的に改革全体や各重要分野に波及し、より多くの条件、難しさ、不確定要素を伴う。そのため、こうした改革と問題自体へ働きかけるという改革を比べた場合、前者はより多くのコストとリスクが発生する。

問題そのものへ働きかける改革は、その関わる部分が少ないため、備えるべき条件やそれに伴う難しさや不確定要素も必然的に少なくなる。したがって、こうした改革によるコストやリスクは、一般的には「トップダウン設計」のそれに比べて低く抑えることができる。つまり、こうした改革によって民主政治建設を進めることで、それらに伴うコストを抑え、さらに、具体的な問題を解決することで得た蓄積を通じて、所定の改革目標を効果的に達成することができる。

ただし、こうしたやり方にも弱点はある。それは、他分野や政策間での足並みが揃いにくく、矛盾が起こりやすくなることである。これを解消するには、実践の中で少しずつすり合わせを行い、歩調を合わせられるようにする必要がある。

３．さまざまな試みを進めるために

政治体制改革と民主政治建設において、さらにポイントとなるのが、

さまざまな試みを経た上で、順を追って段階を踏むという原則である。政治上のあらゆる主張や政策にはある程度の不確定性が伴うため、政治分野には「万全の策」というものは存在しない。したがって、「実際から出発する」という原則を守りながら、必ず実験と試みを通じて、既存の政策を検証していかなければならない。

（1）試行錯誤──改革のリスクを分散させる

1990年代以降、中国の政治体制改革では多くの試み（試点）が行われてきた。こうした改革の試みの多くは実験を経たものであった。これは確実なやり方である。試みを通じて政策と理論を実践的に検証することは、誤りを正す機会を与えてくれる。こうした経験は次のことを示している。すなわち、政治体制改革が最も嫌うのは「ひとまとまり」の計画であり、それは一度間違えればその失敗が全体に及び、誤りを正す機会さえ持つことができない。いかなる試みも失敗を免れず、失敗はそれ以上の誤りを避けられることを意味し、失敗はより深い認識を得られることを意味する。つまり、試みとは試行錯誤であり、リスクを回避するための必要な手段である。

この先の進化や発展は順風満帆とはいかない。改革に失敗はつきものだが、大切なのはその誤りやズレを正す機会を残しておくことである。ある意味、失敗が「ひとまとまり」の計画や計画全体に波及しない限り、改革自体に問題や民主政治建設にズレが生じたとしても何ら悪いことではない。そうした誤りや問題を通して、改革と建設を貫く法則性をより深く理解できれば、変事を好事へと変えていくことができる。

（2）公推直選──改革の試みについての事例分析

中国では10数年前から党内民主が広く行われ、「公推直選」[*9]はこうした党内民主に呼応して民主を促すための、最も重要な改革の取り組みである。これは、民主選挙における競争性を広げていく重要な試みでもある。執政党の党内民主、社会の民主を将来的により広げていく改革の

[*9] 公推直選：党員や一般市民の推薦（自薦、他薦問わず）によって候補者を選出し、党員が直接選挙を行う制度。現在進められている「党内民主」の主な内容のひとつ。

方向性として、重要かつ先進的な意味合いを持つため、各方面から注目を集めている。この取り組みは、末端を起点とし、経験を総括し、試みを経て少しずつ進めるという実験的手順を踏んで行われてきた。これは、改革・開放以降の政治体制改革と民主政治建設において、試みを通じて改革を徐々に進めるという代表的な事例である。公推直選では、党委員会による指名、委任というもともとのやり方から、党組織の指導の下、党員個人の自薦、党員の連名による他薦、党組織による推薦という3つの方法で候補者を選出し、党員全体の直接選挙によって指導陣を選挙する。

　最初の公推直選は1999年に遡る。この年、広東省深圳市竜崗区のある郷鎮では党内の幹部の選抜任用に票決制が試験的に行われた。一般的には、正式な公推直選の最初は、2003年12月7日に四川省成都市新都区木蘭鎮で行われた鎮党委員会書記の直接選挙だと考えられている。実際、この時期は全国の多くの省・市で末端の党委員会の選挙において公推直選が行われた。これと似たものに、全国のより広い範囲で、より高いクラスの指導幹部の「公選」という試みも実施されている。関連資料によると、2002年から2006年の4年間で、こうした公開選抜で選ばれた党と政府の指導幹部の数は全国でおよそ1万5000名に上る[*10]。

　このような末端と地方での試みは、党中央からも認められるようになった。2004年9月、第16期四中全会で可決した「党の執政能力建設の強化に関する決定」では、「末端の党組織の指導グループ構成員の直接選挙の範囲を徐々に拡大する」ことが打ち出された。2007年10月の第17回党大会では、閉会後に公推直選を実施し、党内民主を拡大し、幹部の人事制度改革を主な施策とすることが正式に決定された。同大会報告は「党内の選挙制度を改革し、候補者の指名制度と選挙方式を改善する。末端の党組織における指導グループ構成員を、党員と大衆による公開推薦と上級党組織による推薦を組み合わせたやり方を推し進め、末端の党組織における指導グループの直接選挙の範囲を徐々に拡大し、党内の末端民主を広げていく多様な形態を模索する」、「幹部人事制度改革

---

*10 「中国官員選任制度改革加快選人用人更加民主」(『人民日報』、2008年4月9日)

を常に深化させ、高い資質を持った幹部陣と人材群の育成に力を入れる。党が幹部を管理する原則を堅持し、民主・公開・競争・優れた人材を選出することを堅持し、幹部の選抜任用における科学的なしくみを作り上げる。幹部の任用指名制度をルール化し、科学的発展観を体現した正しい業績観に基づく幹部の考課評価システムを確立し、公開選抜、競争の可視化、差額選挙といった方法を確立する」[*11]と述べている。

　これ以降、公推直選の試みはその範囲と実施レベルを広げ続けている。2009年5月15日、深圳市は初めて公推直選を行い、差額選挙によって深圳市民政局機関党委員会書記が誕生した。これは、公推直選が中・高級指導幹部の選抜制度にも浸透してきたことを表している。この後、深圳市民政局は、党組織からの推薦、連名の他薦、自薦、党員による直接選挙という方法を採用し、党委員会委員、書記、副書記、紀律検査委員会書記の選挙を行った。こうして、深圳市は1つの機関全体で公推直選を実施した最初の都市となり、全国の先駆けとなった。深圳に続き、2009年8月、江蘇省南京市の363都市にある社区（コミュニティ）では、公推直選を全面的に取り入れた形で、党組織の書記、副書記、委員を選出した。2010年5月、南京市郊外の806の村で同様の方法で村の党組織の指導グループを選出した。これと前年の取り組みによって、南京市では約8万人の党員と270万近い市民が参加した大規模な直接選挙が行われた。これにより、南京市も全国で初めて村と社区という末端の党組織で公推直選を全面的に実施した都市となった。

　2009年9月、第17期四中全会では公推直選が再び認められ、さらに範囲を広げていくことが打ち出された。こうして数年にわたって、多くの地域やレベルで公推直選が試行された。これらの施策は競争民主を発展させたものであり、公推直選という形態によって競争選挙と競争民主に対する認識を強化、深化させたという理論的な意味合いがある。

　これら積極的側面から見ると公推直選には次のようなメリットがある。
①**大衆公認という原則を体現**。指導陣を構成する候補者を最初に指名し

[*11] 胡錦濤「高挙中国特色社会主義偉大旗幟 為奪取全面建設小康社会新勝利而奮闘」（中国共産党新聞網）
　　　http://cpc.people.com.cn/GB/64162/64168/106155/106156/6430009.html/

た上で、大衆参加というしくみを確立している。この最初の指名権を少数の人々から多数の人々の手に渡し、党員全体や広く村民に委ねて党内候補者を指名することによって、彼らを政治における主要な参加勢力、監督勢力としていくことができる。

②**機会の平等という原則を体現**。党員全体が競争に参加することで、平等な選挙参加のしくみが確立できる。すなわち、各党員が平等に発展できる機会を制度的に保証し、規定の手順を踏めば、誰でも候補者になって当選することが可能になる。こうして優れた党員が頭角を現すことができる。

③**有権者の自由な意思という原則を体現**。党組織の書記の選抜にこうした直接選挙のしくみを確立し、党員による直接選挙あるいは差額直接選挙を行うことで、有権者の意思をより強く反映させることができる。また、党員からの信頼が厚く、党と人々に関わる事業に対して強い責任感を持った指導陣や書記を選出できることが保証される。

④**公平公正の原則を体現**。多くの末端組織では、こうした選挙を行う手順として「3つの監督」というしくみを確立している。すなわち、党員代表・村民代表・上級党委員会代表、という3者が選挙監督にあたるグループを構成し、民主選挙の全工程の監督にあたる。これにより、すべての選挙がルールに則り、公開・公平・公正に行われることを保証し、閉ざされた選挙から開かれた選挙へと変わりつつある。

しかしこれらの取り組みによって、公推直選が抱える問題と潜在的リスクも次第に明らかになってきた。こうしたことも、試みによって得られる重要な点である。

公推直選の理念と制度が目指すのは、いわゆる「多くの人々が多くの人々を選ぶ」という幹部選抜のしくみである。つまり、主要な指導者と組織部門が指導幹部の人選を一手に担うというかつてのモデルを変えることで、制度の透明性と公平性を高めてきた。しかしその結果、人々の認識を新たにすることはできたものの、単に選挙や推薦の範囲を広げて「多くの人々が多くの人々を選ぶ」ことが必ずしも公平性と公正性を高めることにつながるとは限らないことが分かった。例えば、2008年に中部地域のある県では、正科級[*12]幹部の「公選」が行われた結果、最

後に残った12名の候補者の大半が「幹部の子女や県内の２大不動産会社経営者の親戚」という有り様だった*13。また、2011年にある市が公推直選に似た「双推双考」*14 を行って４名の幹部を選んだところ、そのうち３名が市幹部の子女だったという*15。

このような問題が明らかになったことで、公推直選や民主がもたらす競争性に付随する問題を人々は徐々に認識するようになった。こうしたことから、中国社会や当面の発展段階では次の点に注意しなければならない。

１）歴史的伝統と国民性による制約

歴史的伝統と国民性はその国特有の事情の一部であり、あらゆる政治建設や民主の発展もこれらの影響を逃れることはできない。中国は長い歴史変遷の中で、農業社会の社会関係が大衆の濃厚な情を育み、人々は個人や家族関係を重んじながら個人の感情を大切にしてきた。多くの場合、こうした「情」が法律や物事の是非よりも上回っていた。この歴史的伝統と国民性は今でも広く存在し、社会のコミュニケーションや社会実践の中で実際の影響力を持っている。

公推直選を行うなかで、浙江省ではこうした点に着目した。浙江省の関連部門では、公推直選を実施する上で、一定の社会的・文化的条件が担保されなければならないことに気づいた。社会的条件とは、その地域に良好な社会的気風が保たれていることを指す。末端組織の結束力や支配力が強く、党組織自体に党派や派閥がなく、血縁や地縁が大きな社会勢力となることなく、人民大衆の思想や文化的素地が良好でなければならない。もし、こうした社会的・文化的条件が備わっていなければ、公推直選を実施したところでおそらく失敗に終わるだろう。そのため、浙江省では郷鎮級で試験的に実施する際、政治環境が

---

*12 正科級：中国の公務員の等級区分。大まかには国家級・省部級・庁局級・県処級・郷科級に分かれ、正科級幹部は郷級の正職にあたる。
*13 胡印斌「公選郷長、以符合程序之名假冒民意」(『中国青年報』、2009年８月26日)
*14 双推双考：個人や組織による推薦（双推）と公開考査や業績考課（双考）を組み合わせた方法。
*15 王晨光「"官推官選"、一個偽民主的様本」(『中国青年報』、2011年５月12日)

健全で安定した選挙が行える地域や浙北地域を選んで実施した。そして、選挙の複雑化が予想される地域や浙南地域については慎重な姿勢で臨んだ。しかし、2008年に省都の杭州市で実施したところ、そのうち2地域では宗族や宗派といった要素が絡み、党組織の書記を選出することができなかった。また、公推直選には一定の経済的条件も要する。つまり、順を追って厳格に進めていくには大がかりな社会的動員が必要になるため、その経済コストも高くなる。浙江省嘉興市秀洲区では郷鎮級で公推直選を試験的に実施するにあたり、区の党委員会組織部全体の機構幹部、区が管轄する各組織の人事幹部、各郷鎮組織のメンバーを選んで組織的な指導を行い、2カ月にわたって多くの人的資源・物的資源・財的資源を投じた。同市はこうした成功事例を総括し、まずは地域内の経済を加速的、安定的、均衡に発展させることを先決とし、公推直選が着実に実施できるための物理的基盤を構築しなければならないと考えた。こうした経験から見ると、一定の社会的・文化的・経済的条件は、公推直選制度を健全に進めるための欠かせない基盤であり保証であることが分かる。

2）公推直選をめぐる金銭問題

　末端自治の選挙をめぐっては、金銭が選挙結果を左右する現象が長年見られてきた。公推直選にも実際はこうした状況が見受けられる。公推直選はスタンダードな選挙ではないが、部分的には選挙の性質と特徴を兼ね備えている。市場経済という条件下では、選挙には必ず金銭問題が伴うため、経済資源と経済力をより多く掌握するグループは経済的な手段や作用を通じて有権者の意思に影響を与え、選挙を左右し、その結果までコントロールすることができる。このような問題は、公推直選や昨今の競争選挙、また一定の競争性がある幹部選挙などにも広く見受けられる。

　西側の政治学の中には、民主主義の主な含意は選挙であり、選挙こそ民主主義だと考える見方もある。著名な学者であるヨーゼフ・シュムペーターはこうした観点を代表する人物である。彼は「民主主義的方法とは、

政治決定に到達するために、個々人が人民の投票を獲得するための競争的闘争を行うことにより決定力を得るような制度的装置である」[*16]と述べている。

　ならば、選挙と民主は同義なのだろうか。つまり、選挙は有権者の真の願いを自由に表出させることができるかどうかである。もしこの前提が成立するのであれば、間違いなく選挙イコール民主である。しかし、経済資源が不平等に占有されている現実社会にあって、また金銭が均等に行き渡らない市場経済という条件の下では、経済資源や経済力の面で優位に立つ社会集団や個人を掌握することで、社会の情報伝達に影響を与え、コントロールすることが可能になる。このように、有権者の情報源をコントロールし、その意思に働きかけることで投票行為を左右し、最終的に選挙結果に影響を与える。これによって、選挙の民主性は信頼を欠き、成立しなくなってしまう。

　かつては「少数の人間が多数の人間を選ぶ」という選出方法は不透明、不適切であるという問題が存在し、「跑官要官」（官職を得るためのコネや不正行為に奔走すること）や「売官鬻爵」（賄賂と引き換えに職位や爵位を与える）が横行することがあった。しかし、これまでの試みによって、「多数の人間が多数の人間を選ぶ」場合も同様の問題が起こることが分かった。これらを通じて問題が真に浮き彫りになり、人々の主観的な意思を客観的に実現させられるかどうかが検証できる。

　こうした試みによって、我々の認識を検証し、我々の認識を深め、さらに全体に関わる重大な誤りを防ぐことができる。また、リスクを分散させ、危機を回避することを可能にする。あらゆる重大な決断は、必ずこうした試みを経て、少しずつ進めていかなければならない。これこそ、中国の政治体制改革と民主政治建設が得た最も重要かつ貴重な経験であり、今後も堅持、実行し続けていかなければならない。

[*16] ［米］熊彼特（シュムペーター）（呉良健訳）『資本主義、社会主義和民主主義』、商務印書館、1999年

第6章

各国における民主政治の比較

近年、民主政治研究は世界各国へ視野を広げ、なかには歴史や実際の面で中国に近い国、異なるタイプの国、あるいは途上国や先進国、アジア諸国や欧米諸国、資本主義国や旧社会主義国なども含まれるようになった。さまざまな国の民主政治を比較研究することで、他国の実践から何らかの参考や教訓を発見することができる。こうした民主政治の経験をめぐる国際比較は、差異の中に問題を見つけ、重複の中に法則性を見出すことにつながる。

　このような比較においては、欧米先進資本主義国、第三世界、ソ連や東欧の旧社会主義国の経験は、それぞれタイプが異なるものの、注目と研究に値する。

　欧米先進資本主義国は近代民主政治のパイオニアであり、豊富な歴史的経験を重ねてきた。欧米と中国では、社会発展の道、社会の性質、発展モデルは異なる背景を持つが、それぞれが異なる形態を選択したことは深い研究と思索に値する。東側と西側、すなわち社会主義国と資本主義国では、民主政治の内容における重点、あるいはその形態の選択や構造に、なぜこれほどまで大きな開きがあるのか。なぜ、西側諸国が実施する民主の形態が社会主義国では通用せず、もしくはその効果に雲泥の差が生まれたのか。これは民主政治の建設にあたり、中国が深く研究、認識すべき重要な問題である。

1．西側の民主政治についての分析と比較

（1）近・現代の西側民主における4つの時間概念

　近代以降の西側の民主政治は、イギリスに起源を持つ。1215年に英国王と貴族代表によって調印された「マグナ・カルタ」は、近代西側民主の先駆けとなった。「マグナ・カルタ」は法律という形で、王権が貴族の権利を保障することと、貴族代表会議と国王との一定の均衡抑制（チェックアンドバランス）について定めている。こうした「権利保障」と「権力抑制」が現代民主の2大原則となったため、「マグナ・カルタ」は現代の西側民主政治の起源とされている。400年余を経て、さらに3

つめの基本原則である「多数決」がイギリスで誕生した。1640年にイギリス革命が勃発し、1647年には革命後の新議会の創設にあたり、当時のイギリス政権を掌握したクロムウェルの軍隊内で意見が分かれた。このため、それぞれの意見を支持する両派による著名な「パトニー討論」が行われた。討論では、平民の利益を代表する「レヴェラーズ」（水平派、平等派）が「人民協定」を提出し、「人民主権」の理念を打ち出し、普通選挙による議会という政治的主張を行った。この「人民主権」の概念は、民主政治制度の原則である「多数決」の考え方を内包していたことに大きな意義があった。しかし、このパトニー討論で提起された内容は、さらに40年を経た1688年の名誉革命の時代にようやく実行に移された。イギリス革命を経て、現代の西側民主政治の形態における3つの基本原則である「権利保障・権力抑制・多数決」が確立され、これが後の資本主義民主制度へ大きな影響を与えた。これらの基本原則は、現代西側資本主義国の中で公民権、政権構造、基本法としてそれぞれを構成している。

　このように、西側民主政治の基本原則は17世紀にはすでに確立されていたが、それが普遍的な政治制度となり、さらに実施に至るには長い歴史を経なければならなかった。イギリス革命から100余年を経た1776年にはアメリカ独立戦争、1789年にはフランス革命が起こり、民族民主革命は最初のピークを迎えた。1848年からヨーロッパで起こったブルジョワ革命（市民革命）は「マグナ・カルタ」に起源を持ち、イギリス革命によって誕生した民主政治の原則はついに政治実践へ変わり、これらに基づく初歩的な資本主義民主政治制度が確立された。しかし、こうした制度の多くは19世紀に至っても未だに憲政体制としての意味合いを持つに過ぎなかった。つまり、憲法・法律・正式な国家機構という理論の上で、民主政治の基本原則を規定、体現しているだけだった。このような憲政体制に過ぎなかった民主政治が真に完成し、政治として実際に運用され、社会の現実になるにはさらに100余年を要した。こうして憲法や法律によって認められた政治制度は、20世紀半ばの第二次世界大戦を経てようやく現代の西側の政治実践として現実生活の中で実施されるようになった。例えば、1789年のフランス革命で叫ばれた「自由・平等・博愛」は、1958年のフランス第五共和政の時代に、

ようやく政治制度の中で安定して体現されるようになった。1860年代のアメリカ南北戦争の後、奴隷制の撤廃と権利の平等が宣言され、そのちょうど100年後にあたる1960年代に、勢いに乗った公民権運動によって、かつて宣言した権利の平等が現実のものとなっていった。

　これらの歴史を縦軸で見ると、800年、400年、200年、100年という4つの時間概念があることに気づく。すなわち、約800年前にイギリスの「マグナ・カルタ」で初めて西側に近・現代における民主主義の原則が確立された。約400年前のイギリス革命によって、これらの原則が全面的に確立された。約200年前のブルジョワ革命によって、これらの原則に基づく憲政体制が欧米で広く確立されるようになった。そしてこの100年来、広範かつ安定した民主が確立され、社会実践として普遍的に行われるようになった。

（2）競争選挙——現代の西側民主の重要な形態

　西側民主の内容と形態は多岐にわたるが、その最も基本かつ重要な形態はまぎれもなく「競争選挙」である。それは西側民主にとっての明らかな指標である。

　「選挙」の語源はラテン語動詞の「eligere」（選ぶ）に由来する。一般的に、選挙は公のルールや手順に沿って関係者を選んで公職に就ける行動を指す。古くは古代ギリシアのアテネで行われたが、当時は選挙権に厳しい制限を設け、また公職者を抽選でも選んでいたため、選挙はこれら2つの方法のうちの1つだった。また、選挙は必ずしも民主政治の中だけとは限らず、専制制度下にも存在していたことに注意すべきだろう。中世ヨーロッパでは、教皇と神聖ローマ帝国の皇帝は選挙によって誕生した。中国の元代でも、皇帝は選挙によって誕生していた。現代の民主制度における初の選挙は、イギリス革命における中・下層階級の政治的要求に由来している。前述したとおり、1647年、ロバート・リルバーンに代表されるレヴェラーズがパトニー討論の場で人民協定を提出し、普通選挙による議会の誕生という政治的主張を初めて行った。20世紀になると、西側諸国は次第に普通選挙の時代に入り、第二次世界大戦後には普通選挙制度が普及するようになった。

第 6 章　各国における民主政治の比較

　現代の西側の選挙制度と歴史上の選挙制度には、主に 3 つの違いがある。
　①特殊な規制を設けない普通選挙を実現
　②競争選挙を実現
　③ひとまとまりの規範的な選挙制度を確立
である。歴史上の選挙ではこれらの要素を欠いていた。レーニンは「ブルジョワ共和制、議会、普通選挙権——これらすべては、社会の世界的発展の見地から見れば、巨大な進歩である」と述べている[*1]。現代の西側の選挙制度は、資本主義民主が民主制度発展の歴史に築き上げたひとつの創造と貢献と言うべきだろう。一般的に、民主の一形態としての競争性を持つ普通選挙制度は、西側社会において主に次のような 3 つの役割を備えている。

1）**資本主義民主政治の条件下で、周期的に選挙を行うことで、社会からの利益要求に対して国家政権が速やかに反応できるよう促すことができる。**

　資本主義社会は利益が多元化した社会であり、各階級、各階層、各利益集団からの利益要求が常に噴出し、プロレタリアートとエリート階層だけでなく、エリート階層、統治階級、各集団内にありとあらゆる矛盾が折り重なっている。西側資本主義社会の安定は、これらのエリート階層がプロレタリアートからの利益要求をある程度反映させることで支えられている。また執政集団は、統治階級に属する各集団からの利益要求に応えなければならない。形式上は 1 人 1 票の選挙や多数決の原則が採られるため、資本主義国の与党や政権担当者は、選挙を通じて常に社会からのプレッシャーと向き合わざるを得ない。このため、社会の各階級、各階層、各利益集団からの利益要求、特に統治階級内の各集団からの利益要求に常に応じなければならない。政権と社会で利益が異なる場合、社会矛盾の適宜発見と解決を図ることで、山積した矛盾をある程度緩和させ、より社会の安定維持に努めようとする。西側諸国に見られる「小さい問題は常にあるが、大きな動乱は

＊1　列寧「論国家」（『列寧選集』第 4 巻、人民出版社、1995 年）

少ない」といった社会現象は、こうした矛盾に対する反応と解決のメカニズムがある程度関係している。

2）**資本主義民主政治の条件下で、多党競争、選挙、政権交代によって、資産階級や統治集団内の矛盾を規制し、緩和することができる。**

　現代の資本主義民主政治の条件下では、多党制が実施され、資産階級に属する各政党や各派閥が競争することで政権交代が行われている。形式上は平等競争という条件の下、統治階級や執政集団内の派閥争いは公開され、これによって一定の政治ルールが形成される。基本的に、派閥争いの目的は政権掌握であるので、周期的な政権交代が行われる。このような公開化と合規性によって、派閥争いの中での非合法手段をある程度規制できるため、勝者側が永続することなく、また敗者側は体面を保ちながら次の機会に備えることができる。したがって、こうした制度やルールが統治階級内の抗争の範囲や規模を一定範囲内に収めて激化を防ぎ、総体的には、統治階級内の団結と統一に役立つのである。

3）**資本主義民主政治の条件下で、周期的な選挙を行うことで、政権の合法性を再構築することができる。**

　それは、社会の矛盾や不満を周期的に発散させ、矛先を変える役割を果たしてきた。つまり、周期的な選挙、与党や指導者の交代や下野によって、これまでの矛盾や不満をある程度解消することができる。さらに、新たな政権与党や指導者が誕生することで、社会に新たな希望が生まれ、団結と結束が再び強まる場合もある。このように、執政の中間期に差し掛かると一様に支持率の低下や激減に見舞われるため、新たに選挙を行い、新たな与党や指導者が誕生することで再び「蜜月」を迎え、支持率が高まる。西側諸国ではこれらが繰り返されて、法則性を持ったひとつの普遍的現象として形成されている。

　実際、これは政治の合法性を再生させるひとつのメカニズムであり、これにより資産階級は統治を長続きさせることができる。

　競争選挙を含むあらゆる選挙は、確かにひとつの重要な民主の形態である。しかし、いずれの選挙も、それが民主の唯一の形態ではないことを指摘しなければならない。合法性、民意の表出、民主的監督は、選挙

以外の他の形態によっても実現させることができる。

（3）競争選挙の3つの限界

　我々の長年にわたる考察、研究によると、西側諸国の競争選挙のマイナス面として、金権政治、社会の分断、社会コストという3つの問題がある。これらの問題が西側民主政治の存立と発展を妨げている。

1）金権政治の問題

　政治制度は常に一定の経済制度を背景として存立、機能している。経済基盤を離れて民主制度を含めた政治制度を認識することはできない。西側社会では、政治の民主は資本主義の私有制を基礎として確立された。それは資本主義の生産関係に適したしくみだった。競争選挙は、民主の一形態として「公開・公平・公正」の原則を体現しようとしている。生産財の私有制を実施する経済制度の下では、経済資源や財の占有と分配は著しく不平等である。経済資源をより多く持つ個人や集団は、必然的にそれらを用いて、さまざまな手段を通じて社会の公権力に影響と支配を及ぼそうとし、各自の既得権益の保護と拡大を図ろうとする。金権政治は資本主義民主の不治の病である。資本主義における生産方式の本質は資本の増殖である。これは経済分野に留まらず、政治やその他の社会分野にも浸透し、あらゆる社会活動や行為基準までもが資本主義社会の支配を受ける。

　「金銭は政治の乳母である」。西側の競争選挙が金銭による支配や操作を受けることは争いようのない事実である。アメリカの政治家は「富豪クラブ」と言われ、近年では2012年の大統領選で誕生した議会は史上最も資産家が集まる議会であった。上位10名の富豪議員の個人資産の平均額は2億340万ドル、なかでも首位の上院議員ジョン・マケイン氏の個人資産は5億ドルに上った。2012年の米大統領選挙では、民主党と共和党の両党から選出された大統領候補者の選挙資金は、予想に違わずこれまでの歴史を更新した。民主党の大統領候補であるオバマ氏に集まった選挙資金は9億1500万ドル、資金総額は11億700万ドルだった。共和党の大統領候補であるロムニー氏は4億4600万ドル、資金総額は

12億3800万ドルだった。これらの候補者に寄せられる選挙資金の主な賛助者は、その多くが大企業集団、各地方や各産業団体である。同年の米大統領選の筆頭支援団体はカジノ企業のラスベガス・サンズだった。同企業は民主党と共和党の両党におよそ5240万ドルの支援を行った。他の上位10団体についても、皆、大企業や地方団体だった[*2]。1980年代以降、米大統領選では常により多くの選挙資金を集めた側が勝利している。そのためアメリカの世論では、候補者の選挙資金を見ることで選挙結果を事前に予測できると言われている。

　2012年の米大統領選では「市民連合対連邦選挙管理委員会」の判決[*3]が大きく取り沙汰された。同判決は、マーベリー対マディソン事件(合衆国最高裁判所によって違憲審査制が確立された事件)、ドレッド・スコット対サンフォード事件(黒人の公民権を認めた事件)、ニューヨークタイムズ対サリバン事件(マスメディアによる監督に対して一定の免責特権を与えた事件)というアメリカ史に残る3大判例と並び、アメリカおよび世界の司法史に大きなインパクトを与えた判例とされている。これを機に、合衆国の選挙における金権政治はさらに加速化した。2010年1月21日、合衆国最高裁判所首席判事のジョン・ロバーツは、9名の最高裁判事首席裁判官が5対4で「市民連合」の連邦選挙管理委員会に対する訴えの破棄差し戻しを決定したことを判示し、2002年に改正された「超党派選挙運動改革法」第441条b項にある、競争選挙の最終段階で企業や組織による営利あるいは非営利目的による候補者支援を制限することに関する条項が、合衆国憲法第1修正第1条にある言論の自由に反した違憲だという判決を下した。この歴史的判例は、アメリカが10数年を費やして「金権政治」をなくそうとした努力を水泡に帰してしまった。アメリカの選挙資金には「ハードマネー」と「ソフトマネー」がある。「ハードマネー」は個人が直に特定の選挙活動に対して行う献金を指し、「ソフトマネー」は連邦選挙法の規制を受けない政治

[*2] これらのデータは、アメリカ「責任ある政治センター(The Center for Responsive Politics)」のサイトである「オープン・シークレット」(http://www.opensecrets.org/)で提供された米大統領選挙の資料統計に基づいている。同センターはアメリカの選挙関連資料を最も細かく収蔵している民間研究機関のひとつである。

[*3] Citizens United v. Federal Election Commission 558 U.S.08205 2010

献金を指す。一般的に、前者は候補者へ直接渡り、後者は「政治行動委員会（PAC）」や各党の州本部へ献金される。選挙は金銭を基礎としている。アメリカでは選挙資金が増加の一途をたどるため、当然これに対する非難も高まってきている。1970年代以降、こうした選挙資金を規制する努力が行われ、一定の成果を上げてきたと言える。しかし、2012年の最高裁判決でこうした歴史が塗り替えられ、PACを通じた間接的な政党や候補者への支援限度額が撤廃された。これを受け、アメリカの有力団体や財閥は「スーパーPAC」を通じて、無制限に選挙資金を献金することができるようになった。

現代の西側資本主義社会では、政権は有力団体によって動かされており、その経済資源を政治権力へ変えていくプロセスはかなり複雑化している。しかし基本的には、金銭で選挙を左右し、世論を操作し、政策に影響を及ぼすというやり方である。つまり膨大な選挙資金を用いて、富裕層による政権独占、権利への制限を目に見えない形で担保している。こうした選挙資金がなければ、競争選挙では候補者として指名されてPR活動や票集めを行うことも不可能である。このようにして、選挙は利益集団の代表間の争いに転じ、一般庶民はこの高値の「ゲーム」の蚊帳の外に置かれている。また競争選挙では、経済力は主に情報統制の形で表れ、民意に働きかけることで有権者の意識に影響を及ぼしている。現代社会は「情報の非対称性」が高まり、国民の多くは情報に疎いか、もしくは盲目的な状態に置かれているため、複雑な社会政治や経済現象に対する認識と判断力に乏しくなっている。西側の政治社会学の関連研究によると、有権者の大半がマスメディアに強く影響されることが分かっている。西側資本主義の商業社会では、すべてを決定づけるのは価値法則[*4]であり、メディアは金銭に左右される。したがって、実質的な選挙プロセスは、金銭でメディアを掌握し、それを用いて民意に働きかけ、有権者の選挙意識に影響を及ぼすという過程になり変わっている。ここで忘れてはならないのは、現代西側社会の選挙ではこれらのプロセスが「陰謀論」の文脈ではなく、制度化されていることであり、商

＊4　価値法則：law of value。マルクス経済学の理論で、商品の価値はその生産にかかる社会的必要労働時間によって決定づけられるという考え方。

業化された社会では当然の現象だということである＊5。

2）深まる社会の分断

　競争選挙の実施により、それぞれの利益集団が、利益を表出し選択することを有利に進めることができる。しかし、こうした選挙メカニズムの細分化や固定化は、結果的に社会の分断を深める。したがって、社会における共通利益の形成や整合、合意形成にとって、競争選挙は不向きである。争いは必ず混乱を招く。世界の多くの国でも、競争選挙はややもすると社会矛盾に転じ、社会衝突に発展する導火線や燃料になりかねない。こうした分野の一部の学者は、「選挙政治はすでに特殊な利益集団の政治コロシアムとなっているが、彼らは大衆の利益を代表しないばかりか、さらに社会大衆を引き裂こうとしている……民主的な政党政治はあたかも社会の分断を生み、大衆を不要な争いに巻き込もうとしている」＊6 と失望している。

　競争選挙は「勝敗」や「優劣」を争う「ゼロサムゲーム」であり、これが社会を分断させる根本原因である。そのメカニズムは具体的に次の3つの面に表される。

①競争選挙は「事ではなく人に向かう」。競争選挙は候補者同士の競争であり、「1つの勝ちを生み出す」しくみである。そこでは、自身のPRや政策的主張の表明だけでは飽き足らず、必ずライバルへの攻撃を伴う。つまり、「他人の否定」によって「自らの正しさを示す」ことが重要であり、競争選挙ではこれに生き残った者だけが常に当選を果たす。選挙は往々にしてライバルとの泥仕合に陥り、社会の利益を発現・代表・調整させる役割は失われてしまう。これこそ、西側の競争選挙における実際的効果と理論的価値の間に存在するジレンマと疎外を如実に表している。2002年の仏大統領選挙では、金融スキャンダルが噂されたシラク氏と極端なナショナリストであるマリー・ル・

＊5　理査徳・斯克爾（リチャード・シャー）（張栄建訳）『現代美国政治競選運動』、重慶出版社、2001年

＊6　黄万盛「正在逝去的和尚未到来的──『破砕的民主』中文版序」
　　http://www.xschina.org/

ペン氏の一騎打ちとなった。これを受けて、フランス人は「『ペテン師か狂人か』のどちらかを選ばなければいけない」と感傷気味に語っていた。2012年の米大統領選では、民主党と共和党の間で前代未聞の舌戦が繰り広げられた。続投を勝ち取ったオバマ大統領は、国の転覆を企み、アメリカの基本的価値観を否定する「社会主義者」、果ては「ファシスト」と非難された。

② **有権者を分裂させ、社会を分断する。**競争選挙は有権者の争奪戦であり、その獲得をかけて、各社会集団の特殊な利益を常に「発掘」し、彼らからの利益要求を強化させる必要がある。その結果、大衆は目先の局所的な利益に目を奪われるようになる。こうして、他集団との利益の兼ね合いを鑑みず、部分的利益や権利意識だけを強めてしまう。これにより、社会では意識の対立が激化し、共通利益を見出すことができないままに、社会の合意や結束力を形成できず、社会が「断絶」されてしまう。

③ **「勝者総取り方式」。**競争選挙では、各党派や各政治家がそれぞれの社会基盤や支持層を持つため、選挙ではそれらを後ろ盾とし、当選のあかつきには相応の見返りをすることで、その社会基盤や支持層をますます強固にしていく。台湾では、当選者は選挙後にあちこちへお礼行脚（謝票）することが習わしになっている。その結果、社会の分断はさらに深まっていく。アメリカは伝統的にイデオロギーに由来する大きな対立がさほど見られない社会で、共和党と民主党の2大政党の政策的主張にあまり大差はない。しかし近年、選挙による社会意識の対立が次第に顕著になっている。無党派層が減り、2大政党への集中が高じたことで支持層や支持地域が固定化し、支持者も感情的になってきている[7]。

これらの経験を見ると、工業化を実現させ、経済社会の構造が大きく変動し、社会矛盾が頻出する「社会の転換期」において、競争選挙に基づく議会民主制は常に不安定な状態に置かれていることが分かる。こうしたやり方は、実際には転換期の社会的需要に適していない。このこと

---

[7] 倪峰「大選譲美国更"分裂"」（『人民日報』、2004年7月23日付第7版）

は、西側の民主政治発展の歴史の上で注意すべきひとつの重要な経験である。

　競争選挙や議会民主制が社会の転換期に適していない典型として、18〜19世紀のフランス、19世紀のドイツの状況が挙げられる。

　1789年、フランス革命が起こった。その後の100年でフランス社会は工業化を遂げ、社会は大きく変化した。ところが、ブルジョワ階級による民主政治は常に流動的で、フランスに真の安定が訪れるには長い年月を要した。1792年にフランス第一共和政が成立し、1800年のナポレオンの執政までの8年間、フランスでは3度の立法院選挙が行われた。この時期、「テルミドールのクーデター」「ヴァンデミエールのクーデター」「フロレアールのクーデター」「ブリュメールのクーデター」といった4度の政権交代という異常な事態が続いた。フランス革命で誕生した国民議会は党派抗争に終始し、時には武力衝突へ発展することもあった。国民議会が成立した1年目にあたる1793年5月から9月の間、パリ・コミューンの指導者だったジャック＝ルネ・エベールのジロンド派による逮捕、国民軍による国民公会の包囲攻撃、ジャン＝ポール・マラーとジャコバン派による「反革命容疑者法」の公布、といった反対派の逮捕や処刑という一連の事件が続いた。国民議会はこうした党派抗争に翻弄され、国として効果的・安定的に任務を遂行することができなくなった。そのため、直面する国内外の重要な仕事を処理することができず、次第に強大化する外的脅威に抵抗する術まで失った。政局は混乱を極め、議会からかつての光彩は潰えた。内憂外患と混乱が取り巻くフランスにとって、必要なのはあくまで「軍刀」であり、「清談館」（座して議論に終始する場）ではなかった。この局面で、無名の若者だったナポレオンが「ブリュメールのクーデター」を決行し、議員を追い払い、フランスの最高統治者の座に就いた。1804年の国民投票で、ナポレオンは「フランス皇帝」に選ばれ、フランス第一帝政が始まった。選挙では、ナポレオンは357万票あまりを獲得し、反対はわずか2500名ほどだった。

　ナポレオンが皇帝に即位した48年後、その甥にあたるルイ・ナポレオン（ナポレオン3世）が再びフランス皇帝に即位した。1852年、満21歳で公民権を持つフランス人男性によって帝政復活をめぐる国民投

票が行われ、96％が賛成、3％が反対、1％が棄権という結果だった。これを受け、ルイ・ナポレオンは叔父の後を継いで再びフランス皇帝の座へ就き、共和国は再び帝国へと変わった。

　こうしたフランスの歴史を目の当たりにした者の中には、民主政治は決して最善の制度ではないかもしれないが、最悪の事態は避けられるのではないか、と言う者もいる。それに対し、フランスの議会民主制の数奇な歩みは、こうした制度が社会の需要に適さなかった場合に、無用の長物と化し、さらに最悪の制度として時代や人々に打ち棄てられることを示している。もしそうでなければ、フランスが第一共和政から第一帝政、第二共和政から第二帝政へと変遷した歴史は存在しなかっただろう。こうした歴史は、転換期の社会にとって議会民主制や多党競争が不向きであることを反映している。

　フランスに次いでドイツでも、同様の状況が起こった。1848年のヨーロッパ各地の革命では、ドイツで「３月革命」が勃発し、自由な資産階級が政治の表舞台に登場した。しかし、選挙を経て成立したドイツ全体の国民議会であるフランクフルト国民議会は、対立が日々激化し空理空論に終始したため、議会は空転してしまった。ヨーロッパの近代化を後進する国として、当時のドイツが担っていた歴史的役割は、民族国家を樹立し、工業化を速やかに実現させることだった。「歴史の選択」とは、その民族が生存発展するために必要な制度であればこそ、人々に受け入れられ、最後には成立していく、ということをよく耳にする。今のドイツ民族国家を創建したビスマルクは、こうした法則を具える歴史現象に透徹していた。彼は「現下の大問題の解決は、演説や多数決によってではなく、血と鉄によってなされる」[*8]と語った。時代は英雄をつくる。フランスの第一共和政、第二共和政がナポレオン１世、ナポレオン３世といった人物を生み出し、弱体化し混乱化したドイツの政局がビスマルクを生み出した。ビスマルクはドイツ統一を旗印に、立憲君主制を用いて自由な資産階級から寄せられる政治的要求を抑え、フランスとの戦争に勝利して、ついにドイツ統一の礎を築いた。ドイツは、統一後もイギ

＊8　丁建弘『徳国通史』、上海社会科学出版社、2002年

リスやフランスの議会制度は実施しなかった。独立民族国となったドイツは、19世紀中盤から20世紀中盤までの約100年間を議会民主制と専制との間で揺れ動き、第二次世界大戦後にようやく安定・成熟した議会民主制を確立することができた。フランス同様にドイツの民主政治の歩みも、工業化と転換期を迎えた社会に、競争選挙や議会民主制が適していないことを再び証明している。

3）社会コストの問題

あまり知られていない事実として、競争選挙は激しい消耗を伴うということがある。2006年5月18日、国連開発計画（UNDP）が発表した『登記と選挙コストについてのグローバル調査報告』によると、民主選挙の成否は投入した選挙資金とその使途にある程度は左右されることが指摘されている。特に民主選挙（競争選挙を指す）が始まったばかりの国にとって、選挙は資源を著しく消耗させる過程である[*9]。競争選挙は大量の資源を投入しなければならないため、多くの国で重い社会負担としてのしかかっている。

西側先進国にとって、競争選挙は商業原理に則ったひとつの政治PR活動になりつつあり、それに伴う消耗も日々増大している。やはりアメリカを例に挙げると、2012年の下院議員選挙の選挙資金の総額は10億6500万ドルに達し、上院選では6億9900万ドルに上った。これらの大統領選や国政選挙は選挙活動のごく一部である。統計によると、アメリカ全土では選挙によって毎年100万近い公職が誕生し、全国各地で行われる選挙はおよそ13万回にも達するため、国民1人につき少なくとも2～3回、多い場合は7～8回も投票している計算になる。

西側では周期的に選挙活動を行うことによって、商業化された選挙活動とそれらを支える業種を後押しし、かえって選挙コストを激しく上昇させている。このように選挙を支えることに特化した業種にはさまざまなタイプの組織が存在し、選挙をめぐる民意調査、イメージ戦略、PR戦略、組織管理などを行っている。『ワシントンポスト』紙によると、

---

*9 『連合国毎日新聞』、2006年5月18日付
　　http://www.un.org/chinese/News/daily/

ワシントンでは選挙や遊説のサポート業はすでに飛躍的な発展を遂げ、莫大な収入を上げる重要な業種に成長している。現在、登記されている従業員数は3万5000人に達し、この数字と選挙で誕生する政府役人の比率はおよそ60：1であり、彼らが取り扱う資金は毎年20億ドルを超えている[*10]。アメリカでは、基本的に国の公共財政を選挙活動に充てることはできないが、競争選挙に費やされるこれらの資金も、突き詰めれば社会の財の一部である。

西側先進国にとって、競争選挙の形を採ることは公平で体裁がよいため、多額の資金が投入される。それが競争選挙を助長するひとつの要因である。競争選挙の多くは、投入した資源の多寡にある程度左右される。かつて合衆国下院議長を務めたティップ・オニール氏は「目下、すべての選挙は4つの側面を含んでいる。候補者・理念・選挙組織・選挙資金である。資金がなければ、ほかの3つを考えるまでもない」と語っている[*11]。

途上国では、この選挙費用がさらに重い負担となる。貧しい国の多くは、海外から資金援助を得て選挙を行うよりほかなく、あるいは反社会勢力による非合法的な票集めによってそのコストを下げ、選挙資金を節約しようとする。これが途上国の多くで民主政治が歪められてしまう要因である。

我々は、国内外の歴史、および現代の世界各国や各地域における選挙政治の経験と教訓を重視すべきである。中国の台湾・香港・マカオで実施している競争選挙についても、真摯な考察と研究に値する。台湾・香港・マカオは資本主義制度を実施し、それらは資本主義民主に分類されるが、それぞれの特色を備えている。これらは、確かに中国の特色ある社会主義民主政治を構成するものではない。しかし、中国の民主政治を構成する一部であり、同一の言語と文化を背景としながら、性質や形態を異にする民主政治であることから、特に注目に値する。

台湾は1980年代半ばから政党結成を解禁し、民主政治へ転換して20余年が過ぎた。台湾で民主政治が実施されることは進歩的な意義を持つ。

---

*10　国務院新聞弁公室「2005年美国的人権記録」
*11　張毅「美国国会選挙与金銭」(『美国研究』、1990年第2期)

1949年に国民党が台湾を壊滅させて以降、台湾では白色テロや鎮圧が行われ、その歴史に黒い影を落としてきた。そのため、台湾の民主化改革によって人々が長年の圧政から解放され、政党交代が行われたのは当然の流れだった。

　しかし、一方で深刻な問題も多い。かつて西側の世論が大きく喧伝した「民主主義の奇跡」は陰りを見せ、多くの社会の混乱に覆い隠されてしまった。こうした経験や教訓を研究、総括する必要がある。台湾の民主政治の歴史は浅いが、選挙政治が持つ限界が特に典型的に現れている。特に突出した問題として次の2つがある。

①政争がクローズアップされ、分断が深まり、社会に「亀裂」が生まれる。台湾社会が民主政治の道を歩み始めてから、政治化の傾向が強まった。国民の政治熱は高まり、一般的な投票率は7〜8割にも達する。これは今の世界各国や各地の選挙でも稀である。一方で、こうした現象は政治競争の熾烈さを物語っている。台湾地域の選挙では、「事ではなく人に向かう」という特徴がかなり見られる。特に野党だった民進党の選挙戦略は、分断や矛盾を露呈させるもので、こうした政策を掲げることで支持層の確立、強化を図ってきた。しかし、こうしたやり方は党内に限っては効果的だったが、社会の分断を深め、果ては社会を二分してしまった。

②裏金政治（「黒金政治」）の深刻化。台湾地域の選挙では、反社会勢力が介入する裏金（「黒金」）現象が深刻化し、各界の注目を集めている。台湾の研究者による調査では、台湾にある309の郷鎮（市）では、選挙への非合法的介入や関与が政治問題の8〜9割を占めている。台湾の法務部によると、調査を行った300名余の代表がこうした裏事情を持ち、これらをバックボーンとする県・市議員は35％に達すると指摘している[12]。裏金政治は台湾地域の民主政治の誇りを傷つけ、台湾社会を蝕んでいる。

　台湾では民主政治を実施して以降、特に政権交代以降に、景気の悪化、経済成長の減速、失業率の上昇が見られ、台湾経済に対する国際経済機

---

[12] 『中国時報』、1996年11月17日

関からの評価も低下している。近年の台湾経済の低迷は、確かにグローバル化による資本移転の影響はあるものの、台湾社会の高度な政治化、社会の混乱、与党の「政治偏重」「経済不偏重」などが要因となっていることも注目されている。

　台湾は多党競争による選挙制度や政党交代を行っているが、腐敗はますます悪化している。選挙前には裏金、選挙後には汚職が横行している。2006年に台湾で起こった腐敗事件（台湾トップである陳水扁の娘婿が株のインサイダー取引に関与したために拘束された汚職事件）や大規模な「倒扁運動」(陳水扁総統に対する辞任要求運動）の動きは世界のニュースにも取り上げられ、多くの人々が台湾の民主主義に注目した。こうした腐敗は、台湾で民主政治が行われるようになってから起こっている。つまり、多党制と腐敗抑止には必然的な関連が存在しないというだけでなく、多党競争がかえって腐敗をもたらすことを示している。

（4）西側の競争選挙が中国に示唆するもの

　近・現代の歴史において、中国民族は選挙民主の実践に乏しく、近代以降に成立した国家政権は競争選挙によって誕生したものではないため、数世代にわたって、全国規模の競争選挙の経験を持たないのである。こうした経験の乏しさから、我々はとかく競争選挙という未知の事柄に強い期待を抱く。人によっては、競争選挙こそあらゆる問題を解決する根本的な道だと捉え、それ以外は取るに足らないものだと主張する者までいる。こうした「ゼロかイチか」の見方は、イメージだけが現実を上回り、経験的裏づけを欠くため、中国の実情に即した条件や歴史的課題を冷静に深く認識したものではない。

　民主政治の重要な形態として、我々は競争選挙を拒むべきではない。しかし、実践経験の乏しさを踏まえ、より科学的で謹厳な姿勢で臨むべきである。西側の選挙民主を考える場合、競争選挙固有の「社会の分断を深める」と「金権政治」といった問題は、注意すべき重要な2つの問題である。これらの認識を持たない民主選挙に対する見方は、盲目的で浅薄なものだと言えよう。

1）競争選挙という形態にどう向き合うか

　中国は今まさに工業化と近代化の要となる時期を迎えている。他国と同様に、中国ではこの時期に社会矛盾が頻発している。全体としては成長と発展が進むが、社会が新たに分化し、利益が多元化し、人民内部の矛盾も多発、多様化していく。論争が合意を上回り、分裂が一致を上回る時期でもある。こうした矛盾・問題・論争・分裂の多くは、工業化と近代化の進展と経済社会の発展に伴って次第に収束していく。しかしこれらを今すぐに解決しようとし、さらに「抜本的に解決」しようとするのは現実的ではない。なぜなら、「抜本的な問題」とは基本的には解決できないことを指すからである。工業化、近代化の中で現れた問題は社会の構造変化と発展に伴い、次第に収束と解決へ向かっていく。そのため、この時期に競争選挙といった政策を採ることは火に油を注ぐこととなり、問題解決どころか、かえって矛盾を拡大・悪化させるメカニズムと機会を社会に与えることになりかねない。

2）「金権政治」にどう向き合うか

　もし中国で競争選挙が小規模で限定的に実施されたならば、金権政治の弊害が瞬く間に浸透するだろう。

　中国では、競争選挙は主に3つのレベルと分野に存在している。

①末端の大衆自治制度における村民委員会選挙。
②東南沿岸部にある経済発展地域の市・県級の人民代表大会代表選挙。
③「公推直選」の下で、一部の党内の指導職務の推薦や選挙に一定の競争性を持たすため、すなわち党内民主における「競争選抜」として行われるもの。

　これらのなかでも、③の範囲やルールはまだ不明確できちんと定まっていない。近年の実情に即せば、こうした「金権政治」は中国のあらゆる競争選挙に等しく見られる。

　中国社会科学院政治学研究所の「2011年選挙観察課題」によれば、2011年に中国の村級組織で行われた総選挙と県郷の人民代表大会選挙を観察、研究したところ、中国の東南沿岸部にある経済発展地域の末端選挙では、富裕層が経済資源を元に競争選挙で優位に立つ現象が多く見

られることが分かった。つまり、末端選挙、主に村委員会や市・県級の人民代表大会選挙では、こうした経済力と選挙資金が必須の条件と手段になっている。

これらの調査研究の結果、経済発展地域における競争では、村委員会主任選挙におよそ数百万元の資金が費やされ、経済発展が中程度の地域では、およそ20～30万元が費やされ、経済発展が遅れた地域でもおよそ数万元が費やされている。市・県級の人民代表大会代表選挙については、発展地域ではおよそ数百万元が使われている。その資金用途は主に4つに分かれる。

① 一般的な招宴。ある沿岸地域の県都内にあるすべての飲食店、ホテル、カラオケ店を調査したところ、そのすべてが選挙に備えた招宴で予約が埋まっていたことが分かった。また選挙後は、高級ホテルで村民全体の宴会が行われていた。
② 経済力のある候補者が普段から公共事業や慈善事業を行い、「名声」を築き上げて選挙を有利に進める。
③ 選挙にまつわる専門集団の出現。有償の選挙チームを起ち上げることは、発展地域ではごく一般的である。
④ 「陪選補償」。「陪選補償」とは人民代表選挙の中で、候補者間で話し合いが持たれて事前に「正選」(本命の候補者)と「陪選」(形式的な対抗馬)が決まった場合、「正選」側は「陪選」側へ、選挙戦前半に費やした費用を補償することを指す[*13]。

このほか、「公推直選」および党内や行政幹部の選抜にあたって、「金銭で道を開く」ことも次第に増えつつある。近年の腐敗事件では、党や政府役人の収賄目的のひとつが資金を集めてより高い職位や社会的名声を得ようとしていたことが明らかになっている。

このように、選挙において金銭が既存の体制に及ぼすマイナスの影響は次の2つに集中している。
① **幹部陣営の腐敗**。伝統的な幹部選抜体制の下では、上から下まで上級指導者や党の組織部門による考察を経て幹部の選抜を行っている。こ

---

*13 「近期我国基層選挙中値得関注的若干問題」(『中国党政幹部論壇』、2013年第4期)

うした体制で主に求められるのは、積極的な仕事ぶりと政治業績、そして上級指導者や同僚と適切な関係を構築することである。しかし、幹部選抜制度に競争的要素が取り入れられると、幹部個人の意欲や要素による部分が高まり、選挙活動あるいは形を変えた選挙活動へ個人の資源がより多く投じられる制度やしくみを生む。例えば、メディアを動員しての「官吏としての評判」作りや票集めのための買収である。末端や地方政治では、すでに西側の選挙政治で行われる「PR」(Public Relation) が見られるようになってきた。洋の東西や社会主義か資本主義かを問わず、こうした「PR」活動にとって資金は不可欠の条件である。このような体制が一部の幹部に腐敗を生む要因のひとつである。

② 「官商共同体」(政府と民間企業家の共同体) の形成。幹部腐敗の次の段階が「官商共同体」の出現と形成である。中国では、市場経済の確立と発展、経済社会の大きな構造変化に伴い、生産資料と富の占有、分配の不均衡が広がり、社会には富裕層が誕生した。「経済エリート」「政治エリート」「文化エリート」と呼ばれる集団の結びつきが次第に顕著になりつつある。そのため、資本の政権への浸透、権力と資本の結びつきは、すでに中国では現実のものとなっている。1998年から2003年にかけて、中央規律検査委員会と監察部は109件の省部級役人の規律違反事件を扱った。そのうち74件が経済系の案件であり、67.9%を占めた。さらにそのうち36件が私営企業に関わる案件であり、48.25%を占めていた。司法機関へ移管され刑事責任を追及された27件中の23件が私営企業に関連し、それらが82.5%を占めた。

特に2004年9月に四川省漢源県で起こった集団事件は研究に値する。これはダム建設をめぐる集団事件であり、表向きは土地の補償問題で一部の群衆が不満を抱いて抗議したことが発端となっている。しかし、背後ではごく一部の私営の鉱山所有者による組織的動員が関わっており、さらにそれらが同県の党・政府幹部の差し金だったことが分かった。これらの幹部は私営企業に投資を行い、企業主と緊密な「官商の利益共同体」を作り上げてきたため、この地域における党と政府の権力の資本化は深刻だった。同県の元副書記である白然高は、

第6章　各国における民主政治の比較

長年勤めあげてきたにも関わらず抜擢を断り続けてきたため、この土地で強い影響力を持つようになった。この漢源事件では彼が陰の中心的役割を果たしていた。「資金を集める方途」（銭途）が「官職に就く方途」（仕途）より重んじられることは、「官商の利益共同体」が形成されると国の政策が進めにくくなるだけでなく、さらに幹部の政治的立場や行動様式にまで深刻な影響を与え、ひいては末端政権を変質させてしまうことを示している。

金権政治をうまく解決できない状況で、競争選挙を取り入れた政治体制改革と民主政治建設の拡大に重きを置くことは、大きな不確定性とリスクを負ってしまう。

ほかにも、末端では選挙コストがすでに問題視されている。村民委員会選挙は、政権機関や役人による選挙ではないが、今なお多くの組織費用を費やしている。1回の全国的な村民委員会選挙につき、約130万〜170万人の幹部が投入され、少なくとも600万人の管理者を育成しなければならず、場合によっては1200万人以上にも達する。有権者1人あたり平均費用0.5元という基準に照らし合わせると、政府の財政支出による選挙費用は少なくとも3億元に達し、加えて各村が支出する選挙管理経費の総額は10億元近くに上る。このデータは候補者や支持者が負担する選挙費用は含んでいない。経済発展や農民の権利意識が進むにつれ、村民委員会選挙にかかる経費も大きくかさむ傾向が見られる[*14]。

我々にとって、選挙民主はまだ馴染みのないものである。こうした競争選挙を拒絶すべきではないが、盲信してもいけない。国の実情や実際から出発し、競争選挙のメリットとデメリットを正しく評価し、その両面に目を向けなければならない。現実の需要に即して、それに適した民主の形態をとらなければならない。しかし、現実の条件、歴史的任務、国際環境、また競争選挙自体の限界を鑑みると、中国の現段階の民主政治建設にとって、競争選挙という形態はそぐわないと言える。

---

*14　関連資料は、中国社会科学院〝基層民主政治建設研究〟課題チームによる『中国基層民主政治建設発展』報告から引用。

2．アジアの政治発展

　中国は工業化と都市化を通じて、国の発展と近代化を実現させた。工業化と都市化は、現代中国の政治発展の物的基盤である。各国の工業化の歴史を見ると、早期の欧米諸国や戦後のアジア諸国には、国の違いを問わず、工業化と都市化の進展に明らかな法則性が見られる。特にアジア諸国では工業化と都市化の歴史的起点や発展環境が似ているため、そこに、政治分野の発展に明らかな相似性と法則性を見ることができる。中国はこれらを重視して、研究することで、そこから何らかの参考や示唆を得ることができるだろう。

（1）アジア諸国の政治発展に見られる法則性

　近年の我々のアジア諸国の政治発展に対する比較研究によると[*15]、日本、韓国、シンガポール、タイ、インドネシア等のアジア諸国および中国の台湾地域は、その工業化における政治発展に明らかな相似が見られることが分かった。すなわち、「自由民主主義体制」から「権威主義体制」へ、さらに「多元主義体制」へと発展を遂げるという共通の特徴である。「自由民主主義体制」では、西側民主の憲政体制に倣い、社会の自由を拡大し、思想に活気があることが特徴である。しかしその反面、社会は混乱し、腐敗が横行する。経済は成長と回復に転じるものの、乱高下を続ける。「権威主義体制」では、経済社会における人々の権利が保障、拡大され、政治権力を集中させることで、速やかな経済発展が見られることが特徴である。アジア諸国は、こうした体制によって初歩的な工業化を成し遂げた。「多元主義体制」では、政治権力が開放され、競争選挙が実現し、選挙が社会で最も高く位置づけられていることが特

---

*15　2008 年に筆者を筆頭とする「東亜政治発展研究課題組」（東アジア政治発展研究課題チーム）が発足し、その後は「亜洲政治発展課題組」（アジア政治発展課題チーム）として、日本、韓国、タイ、インドネシア、シンガポール、ベトナム、フィリピン、インド、イランおよび中国台湾地域の工業化における政治発展をテーマとし、それぞれの経験を基礎とする調査研究と比較研究を次々に展開している。すでに『自由 威権 多元――東亜政治発展研究報告』（社会科学文献出版社、2011 年）等の著作や論文といった多くの学術的成果を出版、発表している。

徴である。

　我々の研究によると、アジアにおいては、日本は明治維新後と戦後当初、韓国は第二次世界大戦後の建国当初、インドネシアは建国当初、シンガポールは独立と建国当初、タイは1930〜50年代にかけて、期せずして各国がそれぞれ西側工業化国の政治体制を模倣した段階を迎えていた。こうした国々の自由民主の段階はおよそ次の通りである。日本では、明治維新から明治十四年の政変までの14年間、また戦後1945年から1960年代初めの高度経済成長期にあたる15年間。韓国では、建国から朴正煕政権成立までの16年間。インドネシアでは、1950年の建国から1965年のスカルノ政権時代の15年間。シンガポールでは、戦後1945年から1959年の初の普通選挙で人民行動党が選出されて執政にあたった14年間。そこに共通する特徴として、政治体制における自由度が比較的高く、ナショナリズムや社会運動が活発なことが挙げられる。しかしその反面、工業化はやや鈍化し、社会では深刻な対立、衝突、内乱が起こる場合もある。こうした時期を経験した後、これらの国々は「権威主義体制」に移行している。

　これらの国々の「権威主義体制」はおよそ31年に及び、長くても33年を超えることはなかった。日本では、明治十四年の政変が起こった1881年から、大正時代に最初の憲政擁護大会が開催された1912年までの31年間がそれにあたる。そして、日本では「55年体制」が戦後約38年続いた。池田勇人首相の「国民所得倍増計画」を機に高度成長期に入ってから、1993年の「バブル経済」崩壊で自民党の単独与党体制崩壊までの「55年体制」の全盛期はおよそ31年間だった。この「55年体制」は、典型的な権威主義体制とは言えないものの、閉鎖的な権力構造という特徴を具えていた。韓国の軍政体制は、1961年の朴正煕政権から1992年の金泳三の大統領当選までのまさに31年にわたって「文民政府」が成立していた。インドネシアのスハルト体制は、1965年から1998年まで33年にわたって続いた。シンガポールの状況はやや特殊で、現行体制も「権威主義体制」とは言えないものの、長い間続く「59年体制」はその特徴を具えている。建国以来、シンガポールは憲政体制の面では民主法制を実施し、憲政体制と理論の上で政権は開放されてきた。しかし、

国の権力構造は完全に人民行動党によってコントロールされてきた。この体制に変化が生じたのは1991年の総選挙だろう。野党議員が国会への進出を果たしたため、その後の政治体制では、権力の開放に対してさらに慎重な姿勢で臨むようになった。このように、シンガポールではやや典型的な「権威主義体制」はおよそ31年間続いた[*16]。

工業化と近代化の中で、アジアの国と地域では経済や社会構造に大きな変化が生まれ、新たな社会階層や利益集団が絶えず誕生、成長し、社会の利益構造は日々、多元化している。こうしたことから、アジアの政体は次々と多元主義体制へ転じている。これらのプロセスを、韓国やインドネシアなどの国は「民主化」と呼び、中国の台湾地域は「政権交代」と呼んでいる。多元主義体制と権威主義体制の根本的な違いは、権力の開放にある。多元主義体制では、競争性を持つ制度が敷かれ、各政治主体が競争を通じて政治権力を得ることができる。

（2）東アジアの政治モデルが果たした役割

アジア諸国と地域は、第二次世界大戦後、資本主義システムと既存の経済秩序がすでに世界に形成されているという歴史的条件の下で、国内外の条件を用いて、比較的短期間で工業化を実現させた数少ない国と地域であり、国際経済学の分野では「アジアの奇跡」と言われている。後進国だったこれらの国と地域が工業化に成功したのは、経済面の理由以外に政治面と社会面での理由も存在していた。なかでも、これらの国々に見られる「権威主義体制」の政治モデルが、重要かつ分析に値する要因と言えるだろう。

アジア諸国と地域の工業化は、経済発展の過程でもあり、また社会の進化の過程でもある。工業化時代の社会の進化には、社会の流動化、社会構成員の階層移動、社会の富の増加、社会関係の変化、が含まれる。工業化は多くの社会構成員を巻き込み、その中で人々は社会流動、階層移動、富の増加を実現させる。これらを成し遂げるには、主に2つの手立てがある。

[*16] 房寧主編『自由 威権 多元――東亜政治発展研究報告』、社会科学文献出版社、2011年

①**経済的手段**。教育と個人の努力によって、生産や経営活動を通じてその目標を実現させる。
②**政治的手段**。集団による政治活動や政党活動を通じて政治権力を得て、それによって社会のルールを変え、社会流動と階層移動を実現させる。

　第二次世界大戦直後のアジア諸国の多くは、西側先進資本主義国が確立した憲政体制に倣い、「自由民主主義」を実施し、政治権力を開放し、競争選挙を行った。その結果、社会の各利益集団へ政治参加を通じて政治権力をめぐる争いの機会を与えてしまい、それぞれの社会集団が政治闘争や権力闘争を行うようになった。こうした政治参加や政治闘争は最終的に社会の混乱を次々と招き、一部の国では工業化が妨げられ、社会が疲弊してしまった。例えば、韓国は建国後、李承晩政権期と張勉政権期に「民主主義の失敗」があった。シンガポールでも、建国後に「ムルデカ」（「自由」を表す）時代という政治的混乱が見られた。タイでは1930年代から80年代にかけて、権力の分散と集中が3つの周期にわたって繰り返され、その中で権力が開放されていた「自由民主主義」の時期は等しく国が混乱に見舞われる「国家多事の秋」だった。こうした多くの経験と事実が、工業化を進めるなかで権利と権力の両者を開放することは、社会集団が政治活動を通じて法律や政策を改変すること、つまり自分たちに有利になるように、さらに多くの利益をもたらすように社会の分配ルールや利益の構成を自らの力で変えることになりかねないことを教示している。工業化期に西側の自由民主の憲政体制や競争選挙を実施することによって、社会構成員は集団行動と政治参加を通じて、政治権力を勝ち取ることで利益を得ようとする。しかし、実際にはこうしたことは政治闘争を引き起こし、最終的に社会を混乱へ向かわせ、かえって工業化の歩みを阻害する。

　前述したように「アジアモデル」とは、比較的短期間で工業化を実現させたアジア諸国の一部を指す。こうした国々の経験は、工業化時期に社会の権利を開放することは同時に、社会が政治権力へ向かうことを閉ざしてきたことを示している。こうした国々に見られる「権威主義体制」は、確かに一時的に公民の政治的権利を制限し、競争選挙に由来する政治権力の正統性も一時的に失わせてしまう。しかし別の側面から見

れば、こうした体制によって、社会集団が政治活動や政治参加を通じて政権を奪おうとすることを防ぐことができる。また、利益分配をめぐるルールを自らの力で変えることで、ある種の「生産への動機づけ」を作り上げたことこそ、工業化期のアジア諸国の「権威主義体制」が果たした主な社会的役割であり、こうした国や地域が短期間で工業化を実現させることができた体制的要因だと考える。そこにはある種の普遍性と共通性があり、さらに何らかの示唆を含む法則的要素も存在している。

第7章

民主政治の実現へ向けた政策と展望

今後の民主政治建設と政治体制改革を円滑に進めるには、正しい政策が重要となる。それには、実際から出発し、発展に応じた政策か否か、がポイントとなる。こうした政策の選択は、一方では政治の方向性に左右され、既存の政治モデルによる論理的制約を受ける。またもう一方では新たな問題に対峙し、その解決を図り、発展の要求を満たさなければならない。すなわち、改革とは既存モデルを補完・修正・整備することであり、改革をめぐる政策とは、こうした目標を達成させるための手段である。

　中国の現行政治体制は、歴史の上で理にかなった正しさがある。それは、国の実情・時代・環境が生み出した産物である。あらゆる政治体制や政治モデルは、社会の各発展段階における産物である。今の中国の民主政治モデルもまた、工業化と近代化の時代における民主である。その誕生・発展・特徴は中国の工業化や近代化と切り離すことはできず、深くつながり合っている。こうした考えに基づくと、工業化と近代化が進むにつれ、必然的に中国の民主政治にも変化が生まれる。今後の政治発展と民主政治モデルの変遷について、今はまだその具体的な結果を推し量ることはできない。しかし工業化と近代化の趨勢に基づき、それらを分析・展望することは可能である。

1．中国の民主政治に求められる制度

　将来、中国の民主政治はどうなるのか。政治体制改革はどのように進み、どのような方向へ発展していくのか。この問題に多くの注目が集まっている。こうした見通しについて、主観的願望から出発し、ある種の理論に当てはめて推論・推断することは論外であり、実際から出発するよりほかない。すなわち、これまでの政治実践を理解・分析した上で、制度のイノベーションや体制改革の対象となる制度にどのような要素が求められるかを導き出すことである。つまり、中国の政治体制改革と民主政治は、果たして何によって進んでいくのか、ということである。

　その社会的要素は多種多様である。改革・開放以降、時期によって改革の原動力となった要素もある程度変化してきた。なかには主観的要素

をかなり含むものもあった。特に改革・開放当初は、中心的指導者と指導部の主観や政治理念が、政治体制改革へ明らかな影響を及ぼしていた。しかし、1989年以降からはこうした主観的色彩は次第に薄れ、客観的な情勢や条件に応じた要素が強く求められるようになってきた。この点は、上層部の政策決定の中に確かに見てとれる。改革・開放以降の民主政治建設と政治体制改革を牽引してきた要素について振り返ると、全体として主に次の3つの要素が存在した。

①適度な分権によって権力を抑制
②科学的な意思決定によって執政能力を向上
③反腐敗によって執政党を建設

である。

（1）権力の抑制

1980年8月、鄧小平は中央政治局拡大会議で「党と国家の指導制度の改革について」と題した演説を行い、ここから中国の政治体制改革が正式に始まった。この中で「党と国家の指導制度、幹部制度の面から見ると、主要な弊害は官僚主義、過度の権力集中、家父長制、幹部の指導職の終身制といった諸傾向や、さまざまな特権の傾向である」[*1]と述べた。鄧小平が挙げたこの4つの中では「過度の権力集中」がポイントとなる。なぜなら、これこそ他の3つの根源でもあり、主な弊害や問題はここに起因するからである。そのため、「過度の権力集中」をなくすことは、改革・開放以降の政治体制改革において常に中心的問題であった。この解決策は、適度な分権と権力の抑制であった。したがって、これが政治体制改革を貫くひとつの起点となった。

改革当初、過度な権力集中をなくすための基本的な考え方が「党政分離」であった。前述の演説の中で、鄧小平は政治体制改革における4つの任務を提示し、その主な内容は「権力が過度に集中してはならない」「党務と政務が混同し、党が政府に取って代わるという問題の解決」だった。第13回党大会を控えた1986年、経済体制改革に合わせた政治体制

---

*1　鄧小平「党和国家領導制度的改革」（『鄧小平文選』第2巻、人民出版社、1983年）

改革を急ぐ世論の声が上がるなか、鄧小平は4度にわたり政治体制改革について言及した。そのため、この時期から第13回党大会前後までは政治体制改革の新たなピークが訪れた。同年9月13日、鄧小平は中央財経指導グループからの報告を受け、政治体制改革の中身について、「まず党と行政を切り離して、党はどのように指導を習熟すべきかという問題を解決することだ。これがカギであり、第1に置かなければならない。第2には、権限を下部へ下ろして中央と地方との関係を解決することで、地方の各級機関にもそれぞれ権限の下放という問題がある。第3には機構の簡素化で、これは権限の下放と関わりがある」[*2]と語った。こうした「党政分離」の考え方は、1989年以降は修整が加えられ、政治体制改革の主な内容のひとつでありながらも、「党政分離」から「適度な分権、権力間の抑制」へと変わっていった。

ソ連およびソ連型モデルの影響を受けた社会主義政治体制の中で、中国と中国共産党は、事実上の権力の抑制として常に民主集中制を行ってきた。これらの制度や理論が公に認められ、さらに体制化・制度化されるのは、1989年以降の政治実践と政治体制改革の中であった。

1989年の政治風波とそれに続くソ連・東欧の政治変動により、1980年代から続いた政治体制改革と民主政治建設の流れは変わっていく。「党政分離」「社会対話」といった考え方は党の指導をより重視する方向へと変わり、1990年代以降の基本方針は中国共産党の指導を中心とする政治体制改革へと変わっていった。党の指導の強化と改善をめぐる改革を模索するなかで、党の指導と執政地位を確実に保証することが求められるようになった。こうした目標の下で、次第に権力システムを内側から抑制することが改革に求められるようになってくる。それは、「党政分離」や「社会対話」に伴う「外部性」を防ぐことができるだけでなく、権力の内側から監督・制限することができる。

2000年末、江沢民は第15期党中央規律検査委員会第5回全体会議で演説を行い、「改革の深化と体制のイノベーションを通じて、構造が合理的であり、枠組みが科学的であり、手順が整然とし、相互に制約し合

[*2] 鄧小平「関於政治体制改革問題」(『鄧小平文選』第3巻、人民出版社、1993年)

う権力運営メカニズムを確立する必要がある」[*3]ことを明確に打ち出した。これは、党の中心的指導者が、体制のイノベーションによって権力を抑制するメカニズムを確立することを初めて謳ったものだった。2002年の第16回党大会報告では、こうした問題について正式に言及し、「合理的構造、科学的配置、手順の厳密化、効果的に制約できる権力運営メカニズムを確立し、政策決定や執行などの各段階で権力に対する監督を強化し、人民から賦与された権力を真に人民の利益のために用いることを保証する」ことが重ねて述べられた。さらに、党と政府の主要責任者の人事権、財務管理、運用権に対する制約、また、党と政府の指導機関、党の紀律検査機関、司法機関、行政監察、審査部門間における権力の抑制、監督をめぐる制度配置についても触れている。そして、党と政府の指導機関の政務公開、党と政府の指導幹部による職務報告と資産公開、重要事項にまつわる報告制度を通じた組織内の上下間における制約と監督などについても述べている[*4]。これは「権力運用に対する制約と監督の強化」に対する確認と解釈について、初めて党大会で言及されたものだった。2004年9月、第16期四中全会で採択された「党の執政能力建設の強化に関する中共中央の決定」は再び権力抑制について強調し、「権力運用に対する制約と監督を強化し、人民から賦与された権力を人民の利益のために用いることを保証する。各級の党組織と幹部は党員と人民大衆による監督を自覚して受け入れなければならない。権力監督のルートを拡大・整備し、効果的な制約と監督の下で権力を運用していく」[*5]と掲げている。2012年の第18回党大会で、党は権力の抑制均衡の概念について正式に認めた。これが、共産党の民主理論におけるひとつの突破口となった。同大会報告は、「政策の決定権・執行権・監督権が互いに制約・協調し合うことを確実に保障し、国家機関は法が定める権限と手順に沿って権力を行使することを確実に保障しなければならない」[*6]と

[*3] 江沢民「推動党風廉政建設和反腐敗闘争深入開展」(『江沢民文選』第3巻、人民出版社、2006年)
[*4] 江沢民「全面建設小康社会、開創中国特色社会主義事業新局面」(『十六大以来重要文献選編』(上)、中央文献出版社、2005年)
[*5] 「中共中央関於加強党的執政能力建設的決定」(『十六大以来重要文献選編』(中)、中央文献出版社、2006年)

指摘している。

　改革・開放以降、特に1990年代以降に政治体制改革を通して実現した権力抑制については、主に次の4つに表すことができる。

①**権力中核内部での抑制**。中国の政治システムでは、権力構造の中核は、共産党の各級の指導機関である。今の中国では、まずこれらの機関の主要な責任者や指導部間で互いに権力を抑制し合っている。つまり、改革・開放以降の集団指導制と個人責任分担制は、「党委議事規則」を指標として徐々に実施、確立されてきた。これらの制度は規定、提唱されて久しいにも関わらず、1990年代以降からようやく実行に移されつつある。

②**部門間での抑制**。「党の指導」を強調する中国の政治体制の中で、これはややデリケートな部分である。しかし改革・開放以降、特にこの20年ほどで、主要な権力部門の間で権限をめぐる線引きが顕著になり、党中央による統一的指導という前提の下で、権力部門間での分担や抑制が徐々に形になりつつある。その1つが、人民代表大会の実際の役割と法制化のレベルの向上であり、同大会による「一府両院」（政府、法院、検察院）への監督と抑制として表れている。もう1つは、規律検査委員会や監察部門が他に比べて独立し、その権限が広げられたことである。

③**中央と地方の間での抑制**。政府機構の簡素化と権限委譲（簡政放権）は政治体制改革の端緒のひとつである。それは、広い国土と不均衡な発展という特徴を踏まえ、主に中央が地方へ権限を委譲し、地方の積極性に働きかけることを指す。これは中国の発展を支えた要のひとつである。このように、機構の簡素化と権限の委譲を長期的に続けた結果、地方と中央の権限は分割され、体制化されていった。これによって、中央と地方間における権力をめぐる抑制がある程度は形成されてきた。

④**共産党と民主党派の間での抑制**。共産党が指導する多党協力と政治協商は、中国の政党制度である。改革・開放以降、共産党以外の民主諸党派の政治的役割が高まり、政治協商は次第に体制メカニズムとして、

＊6　胡錦濤「堅定不移沿着中国特色社会主義道路前進、為全面建成小康社会而奮闘」（『中国共産党第十八次全国代表大会文献匯編』、人民出版社、2012年）

第 7 章　民主政治の実現へ向けた政策と展望

実際的な役割を発揮している。こうした党派間の政治協商の過程は、実際には権力を抑制するプロセスでもある。

（2）執政能力の向上

改革・開放によって、中国は速やかな工業化と近代化の道を歩み始めた。その中で目覚ましい進歩を遂げると同時に、次第に多くの複雑な情勢・困難・問題にも遭遇する。2002 年の第 16 回党大会を前に、江沢民は中国の近代化事業が直面したさまざまな困難・リスク・課題を振り返り、次のように述べた。「建国以来の歴史を振り返ってみると、我々は相次ぐ紆余曲折の道を辿ってきたと言えよう。反右派闘争から始まり、『大躍進』、廬山会議、『四清』運動などを経て、最後に『文化大革命』10 年の動乱に至った。党の第 11 期三中全会の後、鄧小平同志は我々を率いて『階級闘争をカナメとする』路線を否定して、改革・開放という新しい政策に取り組んだ。この間、全般的な情勢は安定していたが『西単の壁』の問題や、1986 年の学生運動[7]、1989 年の政治的風波も起きた」。また 1989 年以降の 13 年間を振り返り、江沢民は「ここ 13 年間、わが党が直面した国内外の情勢はかなり複雑であり、改革・開放と近代化建設の任務も非常に重かった。国外からのプレッシャーや国内の困難など絶え間ない試練を受けたと言えよう。我々はソ連・東欧の激変や湾岸戦争、1991 年の華東地域の大洪水、『台湾独立』を企てる分裂勢力が拍車をかけた祖国分裂活動、アジア通貨危機、1998 年の深刻な洪水・冠水の被害、コソボ紛争および在ユーゴスラビア中国大使館に対するアメリカの爆撃事件、中米軍用機衝突事件[8]、9.11 同時多発テロ事件およびアフガン戦争など、一連の重大事件に遭遇した」[9]と語った。

改革・開放以降、中国は工業化と近代化によって発展と進歩を遂げるとともに、経済社会の構造にも広範かつ深刻な変化が生まれた。社会の利益は日増しに多元化・多様化し、国際環境や国際情勢も歴史的な変化を遂げ、西側は中国の近代化に期待を寄せるよう装いながら全面的に封

---

[7]　1986 年の学生運動：安徽省合肥市で起こった学生による民主化要求運動。
[8]　中米軍用機衝突事件：海南島付近の上空で米中の軍用機が空中衝突した事件。
[9]　江沢民「対十六大報告稿的幾点意見」（『江沢民文選』第 3 巻、人民出版社、2006 年）

じ込めようとした。これに対し、中国共産党は近代化事業の求心力として、実践と理論の両面において複雑化した局面に向き合い、苛酷な挑戦を強いられてきた。21世紀初頭、江沢民は、マルクス主義に対する正しい態度、革命党から執政党への転換、「2つの先鋒隊」[*10]について、党の階級基盤の強化と大衆基盤の拡大、といった問題について明確に言及した[*11]。これらの問題は、党・政府・各級幹部に対して新たな要求を迫っている。すなわち、近代化事業を指導し世界最大の人口を擁する国の政権と各級の役人を統率する共産党は、より優れた執政能力を備えることを求められている。執政能力の改善と向上を支えるのは政治制度と政治体制の改革であり、執政能力を高める基盤は政治制度と政治体制の新たな社会環境への適応力にかかっている。

執政能力について初めて取り上げられたのは、改革・開放当初だった。鄧小平は指導幹部の終身制廃止をめぐり、幹部の革命化・若年化・知識化・専門化といった幹部の「四化」を提起するなかで執政能力についても触れている。また、改革・開放の断行は執政党と幹部陣にとって新たな学習と模索、また相応の執政能力・管理能力・文化および知識レベルの向上を意味していた。しかし、「執政能力」が正式に打ち出されたのは、2004年の第16期四中全会での「党の執政能力建設の強化に関する中共中央の決定」の中だった。同決定では、「科学的執政、民主的執政、法に基づく執政を堅持し、党の指導方式と執政方式を常に完全なものにしなければならない」と述べている。

改革・開放以降、執政能力の向上をめぐる政治体制改革と民主政治制度は主に次の3つに表される。

1）行政体制改革を推進し、効率化とコスト削減を図る

改革前の政治体制や行政体制は、計画経済に合わせて作られていた。そのため、市場経済に応じた改革と転換が求められ、改革・開放以降はこうした改革が次々に行われた。改革の前半期は機構の簡素化と権限の

[*10] 2つの先鋒隊：共産党は労働者階級の先鋒隊であり、また同時に中国人民と中華民族の先鋒隊でもあるという主張を指す。
[*11] 江沢民「関於十六大報告起草工作的批示」（『江沢民文選』第3巻、人民出版社、2006年）

委譲を中心とし、後半期は行政コストの削減を中心に行ってきた。経済社会の発展に国が重要な役割を担うことは、中国の実情と基本的な政治制度から見れば無理からぬことだった。中国の市場経済体制は、その大半が政府によって推し進められた産物である。社会主義市場経済体制の確立後も、政府は依然としてマクロ・コントロールと公共サービスという重要な役割を果たしてきた。こうして、市場メカニズムと政府の役割を有機的に結びつけることで、中国経済は安定的に高い成長を保ってきた。

　しかし、こうした政府の役割やマクロ・コントロールの体制メカニズムに新たな状況・問題・矛盾が次第に生じてきた。特に行政コストが一向に削減されないことが、各方面の問題や矛盾として先鋭化し始めるようになった。中国では各級政府が、経済社会の発展、社会秩序の維持、公共の安全を保障する公共管理と公共サービスを担っているため、効果的に統治できる反面、その行政コストは常に膨らみ続けていた。特に「安定維持」が日増しに顕在化しているなかで、「金を払って平穏を買う」といった現象まで見られる。これまで、地方の公共支出の多くは地方政府の予算外収入に頼ってきたため、地方政府によってはその支出の半分を自ら捻出せざるを得なかった。こうしたことが、例えば「土地財政」といった潜在リスクをはらむ深刻な問題を引き起こしてきた。行政コスト、地方政府の過度な財政負担、政府の役割、は互いに関連しており、政府の負担軽減によって行政コストを削減することが全ての基本であり、それはやはり改革にかかってくる。統治の効率化と行政コスト削減という二重の動機づけの下で、中央から地方に至るまで多くの改革が試みられ、次第に新たな体制メカニズムへと転じていった。こうした取り組みは、中央では改革による政府と市場の関係調整、資源配分における市場の役割拡大、として表れた。また、地方では社会建設や末端社会の管理において、大衆自治や自治組織の役割拡大として表れた。

２）末端統治と社会管理体制の改革によって、人々の権利意識と利益要求に応える

　民主思想の基盤は、権利意識の高まりである。改革・開放以降、中国

人民の権利意識は高まってきている。計画経済から市場経済へ移行したことで、経済社会の構造が大きく変化し、大衆の各階級・各階層・各集団間の利益関係にも変化が生まれた。こうした権利意識の高まりと利益関係の変移は、主観と客観の両面から、今の中国社会に新たな利益をめぐる多くの矛盾と衝突を生み出した。貧富の差、労働者と資本家、都市と農村、地域格差などが現代中国の主な社会矛盾である。また現行の政治体制下で、さまざまな社会矛盾が政権に向かって集中していく現象が見られ、これはひとつの中国の政治的特徴である。中国の社会制度が特に優れた点は「力を結集して大事に当たる」ことができることだが、こうしたメリットの別の側面は、さまざまな社会矛盾の訴えが党や政府へ集まりやすいことである。こうしてこれらのさまざまな社会矛盾が「官民の矛盾」に転化する。改革・開放当初の 20 年は、社会矛盾は比較的分散していた。経済社会の構造が変わるにつれ、これらの矛盾が官民の矛盾へと転化していった。1998 年は、こうした中国の社会矛盾にとってひとつのターニングポイントだった。この頃は、社会矛盾の多くが官民の矛盾へと集約・転化されていく傾向が顕著になった。それを物語るのが、国内の行政訴訟件数の激増である。2008 年以降、社会矛盾は国内でさらに増え続けている。世界金融危機によって中国の経済情勢が根幹から崩壊することはなかったが、それに付随した問題や困難が一部の中所得者層の所得に影響を与え、ひいては一部の低所得者層の暮らしに支障をきたす結果となった。また、より深い次元の問題としては、中国の工業化と都市化がすでに中間期に入り、東南沿岸地域や大都市では後半期に入ろうとしていることがある。こうした段階を迎えると、社会流動や階層移動の機会がゆるやかに衰微する。当然これにより、特に若年層や社会的地位の低い層における今後の見通しやその社会に対する感情や評価にも影響する。

　権利意識の高まり、社会矛盾の増加、それらが政権に集約される傾向は、新たな時期における政治参加への動機づけを生み出していく。そのため、これらに応じた制度整備が求められ、政治体制改革や民主政治の発展、特に末端における民主を実際に求める声が高まった。21 世紀初めの約 10 年は、こうした体制改革を求める声に応えてきた成長期であっ

第 7 章　民主政治の実現へ向けた政策と展望

た。その主な重点は、社会矛盾が直に起きる末端レベル、末端社会の統治と末端の大衆自治、末端における民主的管理、末端における党の仕事として大衆からの利益要求に応えること、末端における大衆の権利拡大、末端社会の安定維持、末端社会の統治レベルを向上させる体制、メカニズムの改革と制度のイノベーション、といった形で表れた。例えば、浙江省温嶺市で実施されている「民主懇談」（末端の公共事務をめぐる大衆による協議制度）、また浙江省杭州市の「複合主体模式」（都市の民主的管理モデル）、山東省新泰市の「平安機制」（末端の社会管理を強化し、社会矛盾の解決を図るしくみ）、河南省南陽市の「四議両公開」（郷村の民主的管理のレベルを向上させるしくみ）、広東省恵州市の「四民工作法」（末端の民主的統治レベルを向上させるしくみ）、貴州省銅仁市の「三会制度」（村級の民主的管理制度）等である[12]。

3）改革をめぐる政策決定において、社会の要望を汲み取るしくみを確立する

　経済社会の構造が大きく変化したことで、社会関係が日々複雑化し、社会矛盾が増え続けたため、社会統治と社会管理においてより高い能力やレベルが求められるようになった。こうした情勢の下で、社会からの要望を汲み取り、社会で広く協議することを通じて、社会統治における利益バランス、あるいは政策の包摂性を高めることは、政策を決定する上での主な原動力となる。このような取り組みは、政治協商や公共事務をめぐる協議の分野における体制メカニズムの改革として表れている。

　1992 年の第 14 回党大会で、江沢民は初めて、政策決定の科学化と民主化を、社会主義民主政治建設の重要任務として定めた。同大会政治報告では「指導機関と指導幹部は、広範な大衆の意見に耳を傾け、さまざまな専門家と研究諮問機構の役割を十分に発揮させ、民主的、科学的な一連の政策決定制度の確立を急がなければならない」[13]と述べている。

---

[12] これらの末端の体制改革をめぐる事例は、全国でもある程度知られている。我々が行った全国多数地域での調査研究によると、実際にはすでに全国で同様の制度・体制・メカニズムをめぐる改革やイノベーションが広く実施されている。これらの名称は各地で異なるが、実質的には類似している。

この党大会以降、さまざまなレベルや形式の政治的、政策的協議を確立させるための改革が模索された。党と政府の政策決定体制も大きく変化し、政治体制をめぐって一連の改革が実施された。1990年代以降のこうした体制改革として、立法の公開化（立法にあたりヒアリングを実施）、政治協商制度の整備（重要政策の決定に際し、社会から広く意見を募る）、公共事務をめぐる公聴制度（法律や政策における有識者や研究機関による諮問制度）などがある。

（3）汚職腐敗の防止

改革・開放以降、中国社会の経済基盤は大きく変わり、計画経済から社会主義市場経済へと移行した。経済基盤の変化は、政治体制と行政管理体制に影響を与えた。こうした市場経済の要素が政治体制や民主政治建設に与えた影響として、2つ挙げることができる。1つは、市場経済が民主政治を進める役割を果たしたこと。主に権利意識の高まりや利益の多元化によって、これらに応じた制度を求める声が高まった。もう1つは、市場経済の要素が社会主義民主政治に対してマイナスに作用したこと。すなわち、

①市場経済が社会を分化させ、経済的平等が失われた。経済的平等はまさに社会主義民主政治を支える物理的基盤であった。しかし、この問題はすでに中国社会で顕著に見られるようになり、富裕層と一般大衆の間で、利益要求・政治参加・能力といった多くの面ですでに明らかな違いが見られる。

②市場経済によって権力が腐敗する。市場経済とは貨幣経済である。人類社会の歴史では、商品経済は権力を腐敗させる直接的な誘因を与えてきた。こうした腐敗を最も直接的に示し、その具体的条件でもあるのが貨幣交換である。中国の歴史上、明清時代の官界に腐敗が横行した直接的な原因は銀の貨幣化であり、それは腐敗の歴史の中で初めて質的転換をもたらした出来事である。

改革・開放以降、腐敗の蔓延に伴ってそれを防止する動きも広がり始

---

*13 江沢民「加快改革開放和近代化建設歩伐、奪取有中国特色社会主義事業的更大勝利」（『江沢民文選』第1巻、人民出版社、2006年）

め、これらがさらなる体制改革と制度建設を後押ししてきた。こうした動きによって進んだのは、主に次の３つの分野であった。

１）党と政府における幹部の人事制度改革

「中国をうまく舵取りするカギは党にある」と言われる。党と政府の幹部人事制度改革は、政治体制改革の核として、また長年にわたる腐敗防止の原動力として進められてきた。それは主に、公務員制度、選抜任用制度、管理監督制度、党と政府幹部の回避すべき事項・人事交流・任期に関する制度、民主的な推薦、民主的な人事考課、民意調査、考察予告（幹部選出の際、考察を行うことを事前に対象者へ知らせる）、着任前の公示、離任前の会計監査、といった幹部管理をめぐるプロセスや手順を含んでいる。改革・開放以降、幹部人事制度の体系的な法整備が徐々に進み、「公務員法」「中国共産党党員指導幹部の廉潔な政治参加の若干の準則」「幹部人事制度改革を深化させる綱要」「党と政府の指導幹部選抜任用工作条例」「党と政府の指導幹部選抜任用工作における監督検査規則（試行）」「党と政府の指導幹部選抜任用工作における責任追及規則（試行）」が制定・公布・施行された。こうして、幹部人事制度改革をめぐる全面的な計画が実行され、幹部の選抜任用についての基本原則・基準・手順・方法といった厳密な規定が加えられ、幹部の政治的行為に対して合理的ルールと全面的監督が課せられるようになった。

２）政府の管理体制改革の深化──審査許可制度改革の重点的推進

腐敗防止は、政府および各級の党と政府幹部が経済や社会管理にあたるなかで起こる利益衝突を防止・軽減させることが核となる。そのカギは、政府と市場の関係を適切に扱うことであり、政府の管理行為を全面的・体系的にルール化させ、なかでも行政の審査許可制度の改革を重点的に推し進めていくことである。政府と企業の分離、政府と資本の分離、政府と事業体の分離、政府と市場仲介組織の分離、をそれぞれ行い、速やかに政府機能を転換していかなくてはならない。2001年に行政の審査許可制度改革が実施されて以降、国務院の各部門では2000以上の審査許可項目の撤廃・調整を行った。地方の各級政府では全項目の半数以

上を占める7万7000以上の項目がその対象となった。保留分については、行政サービスセンターを通じて審査許可を公開し、また審査許可を行う電子監査システム・責任追及制度・フィードバックシステムを構築し、業務の効率化を図りながら、権力によるレントシーキング（政府独占によって生じた超過利潤を受け取るために行われる企業から政府への働きかけ）の機会を減らしていく。

3）司法体制改革

　司法体制は政治体制を構成する主要な部分である。その改革は政治体制改革の主な内容であり、厳格に整備された司法体制の確立は、腐敗防止や民主政治の発展における主な指標でもある。改革・開放以降、中国の特色ある社会主義司法制度を堅持・確立し、裁判機関や検察機関の法に則った独立公正な裁判権・検察権の行使を保証することを、目標として掲げてきた[14]。こうして、捜査権・検察権・裁判権・執行権の科学的なあり方をめぐる数々の法整備が長年行われ、司法活動に対する監督が強化され、司法に携わる人々の自由な裁量権行使がルール化され、法執行における過失・違法・違反に対する責任追及制度が確立された。それらは、裁判制度の公開、人民陪審員制度、人民監督員制度、弁護士制度、法的支援制度、人民調停制度といった司法の民主を広げ、その公開化を進めるさまざまな具体的制度を含んでいる。

　改革・開放から30余年が過ぎ、こうした政治体制改革と民主政治建設を進める根本的な理由は、必ずしも人々の意識の問題ではなくなった。当然、これらが政治的発展に与えた一定の影響は否定できない。しかし、政治を動かしてきた真の要因は、政治体制を維持・存在・発展させたいという現実的要求に基づくものである。その最大の客観的要因としては、社会主義市場経済体制と人々の権利意識の高まりを背景とした、政治権力の自己抑制、執政能力の向上、清廉な政治、を現実的に求める大きな流れであった。この3つが中国の政治体制改革と民主政治の発展を推し

---

[14] 胡錦濤「堅定不移沿着中国特色社会主義道路前進、為全面建成小康社会而奮闘」（『中国共産党第十八次全国代表大会文件匯編』、人民出版社、2012年）

第7章　民主政治の実現へ向けた政策と展望

進めた真の原動力であり、さらにその今後を理解・予測するための基礎でもある。

2．民主政治を進めるための3つの基本政策

　民主政治の発展は、中国の工業化と近代化に不可欠であり、中国は今後もその特色を具えた民主政治制度を模索・発展させていく。国際的に見た場合、工業化と近代化の時期や社会構造の歴史的転換期に、競争選挙を主とする政党政治や議会政治を実施することは、必ずしも時宜に適った効果的な政治制度とは限らない。中国の歴史・実情・発展段階・現実的課題を考慮すると、民主政治の将来的な方向性をめぐる選択肢は、競争選挙や現行の末端選挙のさらなる拡大と推進といった、競争的な政治制度を広げていくことではないだろう。現段階の中国には、競争民主を進めていく社会的条件が整っていない。国と社会にとっての主な課題はやはり経済発展であり、それに即した政治を建設するには社会的合意を結集させ、生産と建設へ向けた人々の積極性に働きかけていくことである。

　こうした時代条件、歴史的課題、国際環境を鑑みると、筆者は、現段階の政治体制改革と民主政治建設をめぐる政策に対して、拙著『民主政治十論――中国特色社会主義民主理論与実践的若干重大問題』[*15]で示した基本的見解を今なお持ち続けている。すなわち、レベル別の秩序的な政治参加、協商民主の範囲拡大とその質の向上、権力のチェックアンドバランスのシステムと民主的監督の構築、を今後の重点的政策として採用すべきだと考える。

（1）レベル別の秩序ある政治参加

　政治参加は民主政治における重要な内容である。それは、中国の民主政治の中で重要な位置に置かれ、共産党の指導の下で人民を主人公とする民主的権利を実現するための重要な手立てである。政治参加はさまざ

[*15]　房寧『民主政治十論――中国特色社会主義民主理論与実践的若干重大問題』、中国社会科学出版社、2007年

まな形を伴い、民主選挙もそのひとつであるが、より一般的なのが、政策決定への参加である。これは大衆の意見を反映させた法律や政策を制定することを表し、こうした方法で諸民族の基本的な利益を党の執政方針や各級政権の法律や政策に正しく反映させることができる。改革・開放以降、このように民意を反映させるしくみが確立され、それは主に、各所での政務公開、民主的な政策決定、政策に対する評価、立法や重要な意思決定におけるプロセスの公示、公聴、専門家による論証、技術コンサルティング、意見公開、といったさまざまな具体的制度として行われている。このように人々から寄せられる意見を集約させる制度は、今まさに規範化、法制化されつつある。例えば、国務院が定めた「法に依る行政の全面的な推進実施綱要」の中で、政府は「公衆参加、専門家による論証、政府による決定を結びつけた」形で意思決定できる法的なしくみを定めている。

　中国の現実に即した社会条件の下では、政治参加を保証するための要件を満たすには、その秩序が保たれなければならない。それを満たすことができなければ、かつての歴史に刻まれた重い教訓が示す通りである。文革中、毛主席は青年や学生へ向けて「君たちは国家の大事に関心を持ち、プロレタリア文化大革命を徹底的に行わなければならない」と広く呼びかけ、「大民主」を行った結果、社会に大きな混乱を招いた。この教訓は、現在や今後の民主政治建設において真摯な研究と参考に値する。「政治参加」の角度から文革を見た場合、その過ちは人民大衆が「国の大事に関心を持つ」ことではなく、むしろ大衆による無秩序な政治参加に起因する。こうしたことから、次のことが導き出せる。①政治参加の方法と手順を欠いていた。②政治参加がレベル別に行われなかった。文革の時代、多くの大衆、特に青年や学生が国の政治へ動員され、その主なやり方は「大鳴・大放・大字報・大弁論」だった。これらはやがて意見の異なる集団間での争論や闘争へ発展し、ポピュリズムな政治参加へと変質していく。こうしたやり方が功を奏するはずもなく、ただいたずらに人々を分断し、矛盾だけを生み出したことは、これまでの事実が証明している。政治参加をレベル別に行わなかったことは、文革におけるもうひとつの大きな問題でもあり、今の我々にとって特に研究・参考に

すべき教訓である。ポピュリズム政治では、大衆運動は理に適っており、大衆は国の各レベルの政治に参加する権利があると考えられている。こうした文革における政治参加は、最終的には「プロレタリア階級が上部構造を占領する」結果に終わった。このことは、効果的で秩序ある政治参加にはレベル別の実施が不可欠だということを反面教師として教えてくれている。

　今の中国では、レベル別の政治参加は、その秩序を保証するためのカギである。現代では、間接民主政治の中で「エリート」と「大衆」という基本関係を適切に扱わなければならない。民主には大衆の政治参加が不可欠であり、多くの一般大衆がその権利を有している。しかし、参加の方法が問題である。つまり、情報の非対称性、経験の非対称性、部分的な利益、といった理由から、大衆が政治参加できる範囲と能力はおのずと制限されてくる。そのため、民主や政治参加について論じる場合、この点を踏まえなければならない。しかし、これらはあまり取り上げられることなく、時には全く加味されない場合もある。

　レベル別の政治参加の原則は、利益との関連性、豊富な情報、責任の連帯性であるべきだ。社会生活には、情報・経験の非対称や部分的な利益が存在するため、政治参加はレベル別に行われなければならない。つまり、各政務において、利益の直接的な関わり方、情報の掌握度、責任の連帯度、などを尺度とした上で、それらに関連の深い集団や代表がレベル別の政治参加をリードする必要がある。また反対に、利益に間接的にのみ関わる者、状況に疎い者、参加影響が不透明な集団、などについては、原則的に参加させないようにすべきである。上述の3点を原則とした場合、国政へ参与する大衆の権利を全体的に保証し、さらに政治参加に伴うロスや混乱をなくすことができる。

　秩序ある政治参加を進めることは、現在そして今後の民主政治建設と政治体制改革の重点であり、注力して模索すべき分野でもある。政治参加を広げることは、人民大衆の積極性に広く働きかけ、民意を反映させ、民主的な意思決定にも役立つ。しかし、社会矛盾の頻発期には、これらがその潜在リスクを誘発する場合もある。政治参加は、一方では政治システムの支柱となるが、もう一方では不安定要素を増幅するおそれもあ

る。とは言え、実践と模索を続けることで、こうした問題を解決することができる。今後、国の実情に合った政治参加のあり方やレベル別の政治参加に対する経験的蓄積を確立・整備する上で、さらに大きく発展することができるだろう。

（2）協商民主の範囲を拡大

　第18回党大会では「協商民主」の概念が提起され、協商民主制とそのしくみについて提案がなされた。これらを広範化・多層化・制度化させることを改革の目標とし、また今後の中国の特色ある社会主義民主政治の重点とすることを掲げた。協商民主は、中国の現代政治におけるひとつの伝統であり、強みでもある。競争選挙と比べて、政治協商は各集団間の利益を強調、整合させ、それらの対立を和らげ、社会全体の利益を形成していくことに役立つ。とりわけ工業化と近代化を進めるなかで、常に社会の利益関係や経済社会の構造が推移する転換期の国にとって、政治協商はそれらに適した民主の形である。

　共産党が指導する多党協力と政治協商制度は、中国の基本となる政治制度のひとつである。これらの制度、とりわけ人民政治協商会議は、新民主主義革命によって誕生し、中国の伝統的な政治文明の優れた点を受け継いだ、中国の特色ある社会主義民主政治制度におけるひとつの創造物でもある。こうした制度が成功し、今後も堅持・発揚し続けていくべきだということは、これまでの実践によって証明されている。しかし、この政治協商のしくみは、共産党が指導する多党協力と政治協商の範囲だけに留まるものではない。政治協商は、民主政治の中で広く用いられる基本的形式であり、それは国の政治的なしくみとして存在するだけではない。例えば、浙江省温嶺市の「民主懇談」のように、大衆が生み出した民主的協議のあり方として、末端の民主的自治においても行われている。あるいは選挙制度の中で、党と政府の指導幹部の選挙にもこうしたやり方が取り入れられている。これは良い形で結びつき、それぞれの民主に溶け込みながら、その長所を活かし短所を補う役割を果たしている。

　こうした協商民主を今後の民主政治の基本政策や重点としていくには、

第 7 章　民主政治の実現へ向けた政策と展望

さらにその範囲を広げ、民主的な協議のしくみを体制化・制度化させる必要がある。西側諸国では、権力分立によるチェックアンドバランスを民主政治の原則とし、政治体制の各所に配置している。例えば、国家レベルの政権機関の間では立法権・行政権・司法権の「三権分立」が実施され、権力者の間では民主選挙で選ばれた政治家と職業従事者という「政治家」と「官僚」という形で分業・抑制が存在する。また連邦制国家では、「国」と「地方」の間に権力と責任の区分が存在する。社会管理では、政府と自治組織の間に権力と責任の区分が存在している。したがって、中国の協商民主も社会・政治・生活の各分野へと広げていき、政治協商を法律や政策といった、制度化されたしくみや調和を図るためのしくみを構築することで、民主政治の核となる原則にしていかなければならない。

　協商民主の質を高めることは、今後の中国における協商民主の発展のカギを握っている。今の協商民主を取り巻く制度・施策を、常に建設・向上・整備していかなければならない。そして、これから中国独自の協商民主を進めるなかで、社会情勢や民意を客観的で正確かつ全面的に表出・反映させる制度上のしくみを確立することを、民主政治建設のアジェンダとして組み入れていく必要がある。協商民主は、その表出メカニズムにおいて選挙民主よりもやや弱い。そのため、協商民主の重点的な発展という背景の下で、中国の社会情勢や民意を調査するしくみを速やかに構築しなければならない。今の中国はこうした調査活動があまり進んでおらず、未だに専門的・体系的な調査システムが確立されていない。このため、協商民主を支えるための基盤がまだできていない。この面では、中国は他国の経験を幅広く学び、国内の実情と現実的ニーズを合致させた、専門化された調査機関やシステムを速やかに確立し、特に独立した専門化・職業化された民意調査機関を創設しなければならない。

（3）権力のチェックアンドバランスを確立

　中国の現段階の民主政治は、競争選挙の拡大を基本政策としないため、権力のチェックアンドバランスと民主的監督はより重要な位置づけと役割を担っている。

権力のチェックアンドバランスは、西側の政治理論と政治制度の中心的な内容のひとつである。それが権力の腐敗を防ぎ、その質を保障する有効な基本的施策であることは、長年の実践が示す通りである。それは人類の政治文明の優れた功績であり、民主政治体制の下で広く行われている原則でもある。その基本原理は、均衡する権力間で相互に監督・抑制を行うことを指す。また、民主的監督の基本原理は、授権者がその受託者あるいは代理人に対して監督・抑制を行うことを指す。権力のチェックアンドバランスと民主的監督はその性質は異なるが、政治権力に対する抑制と監督において類似の役割を持つ２つの管理メカニズムである。しかし両者とその関係性について、社会主義政治では長い間曖昧にされ、理論の上でも明確に認識されず、実践の上でも意識的に実施されたことはなかった。

　権力のチェックアンドバランスは権力システム内に置かれた抑制と監督であり、権力を合理的に分けることで相互に抑制・監督する役割と効果を持つ。権力システム内でこうした機能が常態化することで、法律や政策の成立過程において効果的に働き、権力の異化や濫用を防ぐことができる。なぜなら、これらはより専門性を備えた抑制と監督だからである。民主的監督は権力システムの外側からの抑制と監督を表し、さまざまな形で授権者に対して抑制と監督を行う。例えば、中国では一般的に「社会による監督」「大衆による監督」「世論による監督」などと呼ばれるものがそれに当たる。

　権力を制度の檻に「封じる」こと。これは権力のチェックアンドバランスについて表した通俗的な言い方である。長い実践によって、我々はようやく権力のチェックアンドバランスと民主的監督の違いを知るようになった。特に権力のチェックアンドバランスの価値を認めるようになったことは大きな進歩である。この両者を区別することは、今後の民主政治建設と政治体制改革における重要な前提であり基盤でもある。これらを区別することで、権力をより科学的かつ効果的に抑制・監督することが可能になる。

　権力のチェックアンドバランスと民主的監督を含めた政治制度を選択・構築するには、経済社会の発展の段階的特徴とそのニーズに基づく

必要がある。国の実情に即した、実際から出発したものでなければならない。当面の中国は、まさに社会主義の初級段階に置かれている。それは中国の基本中の基本となる要素である。この段階に置かれた国家と社会の主な課題は生産力の増進であり、大国として世界の先進レベルに追いつくことによって、世界の諸民族の中で自立した地位と能力を有していく必要がある。したがって、国の発展という主要課題と核心的利益を保証するためには、やはり、近い将来における中国の政治権力体制は集権化された政治体制を維持することである。したがって、競争選挙に代表されるような民主の発展戦略を採ることはないと考えられる。よって、中国の権力のチェックアンドバランス体制は現在も今後も西側の「三権分立」式のチェックアンドバランス体制を採らず、中国共産党の指導的地位のもとに、国の最高意思決定権を集中統一していく。しかし、このように党の指導的地位を担保しながら、権力システム内でその抑制メカニズムを発展させていることは、事実上、これはすでに中国に存在する権力のチェックアンドバランスのしくみといえよう。

　こうした政治体制改革の中で、タイプ別・レベル別・級別で権力を抑制するしくみを確立することで、必然的にひとまとまりの抑制システムを作り上げることができる。「タイプ別」とは、党委員会・政府・人民代表大会・司法といった主な権力機関内で、まずはその内部で権力を抑制するしくみを確立することを指す。「レベル別」とは、中央と地方あるいは部門によって、条件や需要に応じてそれぞれが特色ある権力のチェックアンドバランスのしくみを構築することを指す。「級別」とは、今の中国では発展段階と政治制度のために、政治権力は長い間集権化されている。そのため、中国では政治システムにおける権力のチェックアンドバランスのしくみが必ずしも均衡・均質ではなく、各級でそれぞれ異なる。したがって、最高権力や権力中枢とそれ以外の各級の権力のチェックアンドバランスのしくみは異なっている。

　競争選挙を持たないタイプの民主では、民主的監督の位置づけと役割が、より突出している。それは大衆の民主的権利を大きく体現したものだからである。特に社会主義市場経済の条件下では、民主的監督は民主政治におけるひとつの重要な形態として不可欠である。それは、執政党・

国家権力機関・政府機関のそれぞれが人民から賦与された権力を変質させないこと、またそれらを人民のために用い、利するための基本的方法であることを保証している。ある意味、民主的監督は、現段階の中国の民主政治を正しい方向へ導くことを保証するひとつの重要な要素でもある。これらを効果的に行うことで、その他の民主の形態も真に効果を発揮できるようになる。さらに、民主的監督の実施と強化によって、中国の社会主義民主政治が持つ特性を真に開花させることもできる。そのため、民主的監督は、現段階の中国の特色ある社会主義民主政治が大いに強化させていくべき重要分野である。

　こうした重要性から、民主的監督は中国の実際から出発し、実践に基づきながら常に改善・完成させていかなければならない。民主的監督には、まずは広がりが必要である。その範囲と参画は広がりを持たなければならず、監督すべき対象や内容をできるだけ多くその範囲に含める必要がある。次に、民主的監督をルール化・制度化し、ポピュリズムや越権につながることを防がなければならない。その重要な役割は腐敗を発見するしくみであり、監督の対象・範囲・方法を決める上で、科学的かつ規範的に進める必要がある。理論的には、民主的監督は権力の外側から、それが用いられた後に行われる。仮にそれが事前あるいは最中に行われるならば、その広がりは失われてしまう。「民主的監督は『善人』探しでなく『悪人』探しである」と俗に言われる。なぜなら、「善人」探しは当然その監督範囲が広く、場合によってはそれが全体や全過程へ及び、たちまちコストの問題に直面してしまう。コストの上昇に伴い、必然的に「選別的な法の執行」という問題が生まれる。このような問題が起これば、「誰が誰を監督するのか」という問題に波及する。明代の廠衛制度[*16]は、次第にこうした厄介な問題が起こるようになり、最終的にはその監督システム自体が腐敗してしまった。これらの歴史上の事柄は、今の我々にとって教訓にすべきことである。

---

*16　廠衛制度：明代に置かれた皇帝直属の特務機関。宦官によって諜報と刑獄を掌握し、官吏の不正や謀反に対する内偵を主な任務としていた。後には民間にまでその範囲を広げ、全国で行われるようになった。

3．中国における民主政治の展望

　中国の民主政治は進みつつある。今後、民主政治は中国の近代化事業の成否に関わる、中国社会の発展における重要な問題として、社会から注目を集めるだけでなく、国際的な影響もある程度は有している。特に、政局の長期的安定性、政治体制改革に伴うリスク、民主政治の将来像、などは人々が最も大きな関心を寄せる問題である。

（1）政治体制の構造的安定性をめぐって

　中国は 30 数年にわたる改革・開放によって、高度経済成長と人類最大の人口規模を擁する国の速やかな工業化の記録を作り上げた。世界の工業化の歴史では、一部の小規模経済国においてのみ、こうした工業化と中国同様の成果を見ることができる。まして中国の場合、今なお高成長を続けている。中国はこのような高度成長と社会的変遷という歴史段階にあるため、多くの社会問題や社会矛盾にも直面している。すなわち、発展と安定は一対であり、互いに影響を及ぼし合うトレードオフの関係でもある。

　現象面では、改革・開放以降、経済社会の発展に伴い、新たな社会問題と矛盾が増加の一途を辿っている。特にここ 10 数年では、1998 年と 2008 年が 2 つの節目として社会問題と社会情勢に著しい変化が見られた。

　1998 年は、経済体制改革の深化に伴い、主に国有企業の転換が行われ、社会の各利益集団の違いが明らかになった歴史的な時期にあたる。改革・開放以降、全体的利益が向上・改善されたことで、これまで見られなかった各集団の違いが歴然とし、その利益をめぐる違いはゼロサムゲームの様相を呈していた。これを機に、中国社会の内部では本来の均質化された利益の形はすでに失われ、次第に社会の格差が顕著になり、社会構成員や利益集団が抱える矛盾は多元化・多様化しながら増え続けてきた。

　2008 年は改革・開放から 30 年が経過し、東南沿岸地域の工業化と都市化という歴史的転換を経て、それらは初期から中期の段階、そして中

期から後期へと次第に進んできた。こうした転換は、社会関係や社会形態にも相応の変化をもたらした。その最大の変化は、初期に見られた大規模な社会流動が、次第に緩慢になってきたことである。社会流動が工業化と都市化の初期に社会構造へもたらした成果は新たな社会階層の分化であり、これによって新中国の歴史において初めて、財と資源が世代間継承されるようになった。つまり、東南沿岸地域の工業化という段階的転換によって、新たな社会情勢が生み出された。しかし、その一方で社会の流動化が弱まり、社会資源が世代間継承されることで、社会に二重の心理的プレッシャーをもたらすことにもなった。こうしたことが、2008年を機に国内世論や社会の雰囲気が変わった基本的な原因である。

2008年以降、中国社会は改革・開放以来の社会問題と矛盾の頻発を抱える時期を迎えた。その顕著な表れが社会における集団事件や過激化した事件の増加であり、これらを受けて世論はよりネガティブな方向へ傾きつつある。こうした情勢の下、一部の世論では中国社会や政治体制が不安定な局面に立たされていると考える向きもある。国際的には、一度は影を潜めた「中国崩壊論」が再び台頭している。政治的安定は大きな社会問題である。科学的に見ると、政治的安定をめぐる認識と判断は極めて複雑で難しい問題である。ある国が安定しているか否かは、特定の現象に基づいただけではきちんと判断することができない。認識と判断のプロセスに存在する主観的要素を排除しなければならない。さもなければ、いかなる判断も価値を持たない。今のところ、政治的安定性に対する認識は、主に関連する歴史的な経験と国際的な比較によって導き出すことができる。

中国の社会構造を政治学の角度から見ると、改革・開放以降、経済社会の発展に伴い、その社会構造は大きく変化してきた。その最も顕著なものが「三大新興社会階層」の登場であり、そこにもとからある「三大社会階層」を加えると、主に6つの社会階層が存在する。すなわち、幹部、国有企業や事業体の従業員、農業従事者、農民工、都市部のホワイトカラー層、私営企業家である。なかでも、幹部、国有企業や事業体の従業員、農業従事者は、改革・開放時にはすでに存在し、昔から社会の主体だった階層である。そのため、改革・開放によって大きな変化を経

験したものの、その社会的地位や全体的な役割としては基本的な変化は見られない。農民工、都市部のホワイトカラー層、私営企業家は、改革・開放以降に登場した新興社会集団であり、改革・開放の産物とも言えよう。アジアの歴史的経験によると、これらの新興社会集団の政治参加は政治システムそのものを変える要因となる。こうした法則性に基づくと、農民工、都市部のホワイトカラー層、私営企業家といった「三大新興社会階層」の動向は、今後の中国の政治的安定に構造的に関わってくる要素である。

新興社会集団の政治参加に対する意思と実行力を中心に、「三大新興社会階層」の関連要素を分析することで、今後の中国の政治的安定について一定の認識と判断に至ることができるだろう。これは、政治的安定に構造的に関わる要素に対するひとつの認識モデルである。

農民工とは、主に給与所得で暮らしながらも戸籍上は農民に属する集団を指す。彼らは中国の改革・開放と近代化を支える重要な勢力である。この一群の形成は、都市と農村に区別された戸籍制度と深い関係がある。ここ数年、農民工の出稼ぎ（外出流動）は数字的にも構造的にも安定している。数字の上では、2001年以降に1億を突破し、2009年には1億4500万に達したが、ここ数年の増加率は明らかに減少しており、比較的安定した状態を保っている。我々の研究によると、彼らは主に、就業機会と労働所得の平等、労働時間、労働条件、労働の苛酷さ、といった労働をめぐる権利と利益の面できちんと保護されることを望んでいる。また彼らは、農民工の人的資本としての価値が高まることにも期待を寄せている。全体として、農民工は、工業化と都市化によって流動の機会を得たひとつの世代の人々であり、彼らにとっての最大の利益と機会は、社会の流動化が実現したことである。現状ではこうした階層の考え方は穏やかである。政治参加の角度から見ると、彼らは新興社会集団の中で、思考力・組織力・経済力において最も弱者にあたる。そのため、政治参加の主体としてはさほど影響力を持っていない。したがって、近い将来に彼らが単独の利益集団として社会的な行動を起こすだけの力を持つことはないと思われる。

ホワイトカラー層とは、企業・事業体・社会組織に従事し、物理的な

生産労働には直接携わらない給与所得者層(党組織から任命された主要な指導幹部は除く)、および物理的な生産に携わらない自由な職業人、すなわち専門技能によって生計を営む集団のことを指す。試算によると、中国には現在およそ6820万人のホワイトカラー層が存在している。その経済的地位は中レベルに位置する。給与所得で見ると、その大半が全国の都市部の平均給与を上回り、比較的安定している。全体として、ホワイトカラー層は改革・開放の恩恵を受けた人々であり、その一部が従事している職業自体も改革・開放の産物である。そのため、彼らは概ね「改革・開放」と「中国の特色ある社会主義」の方針を支持し、社会の安定に関心を寄せている。しかしその反面、自我意識や自立心が強く、執政党や政府に対する批判や意見も多い。彼らは自らの利益に関わる政策には関心を寄せ、社会の公正・公平、行政の効率化、公共サービスのレベル、といった問題に対して敏感である。政治参加の角度から見ると、彼らは一定の思考力と集団意識は持っているものの、その組織力と経済力が近い将来に形成されることはないと思われる。したがって、彼らが独立して政治参加するだけの力はまだ弱いと言える。

　私営企業家とは、私営企業の投資家を指す。私営企業とは、各地の工商管理局に「企業資産が個人の所有に属し、従業員8名以上の営利を目的とした経済組織」として登記されている企業を指す。私営企業家は2009年末までに約1650万人に達している。これらの層が最も望んでいるのは企業を良くすることであり、政治的要求の大半が企業の成長に関係するものである。我々の関連研究によると、こうした私営企業家の大半が改革・開放政策に賛同している。なかでも一部の大企業の経営者は、社会と政府への満足度が高く、行政の主管部門とのつながりも深いため、企業問題の解決もスムーズに行っている。中規模企業の経営者の政治に対する評価はごく普通である。小規模企業の経営者については、関連する政策や政府に対する満足度はやや低い。政治参加については、これらの階層は概ね政治に対して賛同を示している。彼らにとって、現実的な利益、政府の政策、社会の安定、は互いに強く関連している。特にその上位階層は、政治を強く支持する社会集団でもある。しかし角度を変えると、これらの階層は他の2つの集団と比べて、思考力・組織力・経済

力の面で最も強い力を有している。つまり彼らは、中国の新興社会集団の中で最も政治参加できる力を持った集団であり、今後の政治的発展に対して最も影響力を持った集団でもある。

　アジアの政治的発展の経験に基づくと、新興社会集団の政治参加は、工業化を進める国の政治的変遷に対して構造的な要素をもたらすことが分かっている。この経験を参考に、中国の状況と対比させると、こうしたことが今後の政治的変遷に対して構造的な動機づけとなることはないと考えられる。政治的安定を表す専門用語に換言すると、当面の中国社会は「社会騒乱」は存在するが、「社会運動」は存在しないと考えることができる。ここで言う「社会運動」は政治学上の意味であり、社会学上の意味ではない。いわゆる「社会運動」が存在しないとは、このところ頻発している集団事件が基本的には分散化した社会利益の衝突であり、それが必ずしも大規模な社会集団の政治参加によるものではないことを表している。したがって、今後、中国社会は、かつてのアジア諸国の一部で起こったような構造的な政治的変遷につながる基礎的な条件を備えることはないだろう。

　中国社会の実際の発展状況を総合し、国際的な経験と結びつけて再考すると、中国でり現行の政治権力構造が緩やかに引き継がれる体制上のしくみがすでに出来ているため、10〜20年先の近い将来はこうした体制が安定的に維持され続け、そこに構造的な変化が起こる可能性は低いと考えられる。

（2）政治体制改革に伴うリスク

　このような判断は、必ずしも今後の政治的発展にリスクが伴わないことを意味していない。構造的な安定は保たれるという前提がある場合でも、依然としてその他のリスクは存在する。こうしたリスクを予測・分析することは、今後の政治的発展と民主政治建設にとっての要件を展望することにもつながる。上記と同様に、国際的な経験と中国の現状分析によると、今後の中国社会とその政治システムには若干のリスクが存在し、不安定になりやすい可能性が存在している。特に次の3つに注目すべきだろう。

1）権力の分散化というリスク

　権力の集中と分散は、政治体制を判断するもうひとつの基準でもある。民主政治の発展は、政治権力、特に中枢にあたる政治権力の分散化を招いてしまう。これは民主政治の自然の趨勢である。このため、マルクス主義や社会主義の文脈の中で語られる民主には、これまで民主と集中のどちらに重点を置くかという問題が常に存在してきた。今後、中国の政治システムと権力構造は基本的には安定を保つが、例えば、政治参加、協商民主、権力のチェックアンドバランスと民主的監督、といった社会の民主を進める政治体制改革は続けられ、地方や部門における体制改革も続いていくだろう。こうした改革すべてに、中央集権を分散させる潜在的リスクが存在している。

2）経済社会の発展の変化というリスク

　工業化と近代化の進展は社会矛盾の頻発期につながる。中国では、社会矛盾は社会と国との問題に集中・転化されやすく、それが大衆と党・政府との矛盾へ回収されていく傾向がある。経済の持続的成長と社会の流動性維持は、工業化と近代化が進むあらゆる国で、その社会を安定させるために担保されなければならない。30数年に及ぶ改革・開放政策でも、この点が証明されている。そのため今後10〜20年は、経済の持続的成長と社会の流動性維持が中国社会の安定にとっての基盤となる。しかし、経済成長はそれ自体が決して安定的成長という特性を持たないため、今後の中国経済の成長にとって大きな潜在力と発展余地はあるものの、経済変動や外部環境の影響というリスクは常に存在している。仮に大規模で長期的な経済変動や経済危機に見舞われれば、社会の安定は損なわれ、政治体制の構築にとって試練や脅威になりかねない。

　今後の中国経済が変動する最大の可能性として2つ考えられる。1つは経済政策や改革措置の失敗。もう1つは外部の経済情勢による影響である。これらのリスクを抑える力は、今後の中国の安定にとって重要な要素となる。

　国内のリスクについては、「退路」のしくみを設けることがカギと

なる。重要な経済政策や改革措置に対峙した反証や善後策を講じ、これらに重大な瑕疵が生じた場合、救済・修復できるしくみを準備しておかなければならない。こうしたしくみは、経済社会の発展に伴うリスクを抑える一環として重要である。

国外のリスクについては、グローバル経済の時代では世界経済の不確定要素から生じるリスクがますます高まりつつあるため、国外で引き起こされるリスクも増え続けると見られる。とは言え、こうしたリスクを防ぐ努力は払わねばならない。これらのリスクに対しては、
①強力な国有経済の維持存続
②金融面での慎重かつ段階的な対外開放
③戦略物資の安全供給の保障
といったことが最も重要な要素となる。国外からのリスクをいかに抑えられるかは、この3点にかかっている。

3）世論の対立と暴走というリスク

社会におけるイデオロギー、世論、不満に対する管理は、国の統治の重要な内容であり、社会の安定維持にとって重要な思想的条件でもある。社会構造の安定性からその社会自体の安定を観察・判断することは、伝統的な政治学に基づく視点である。前述した通り、社会構造の変動や新興社会集団が今後の中国社会に与える影響は、当面はさほど大きくないと見られる。また、政治システムと社会的安定が、将来的に構造的な課題やリスクに直面する可能性もさほど高くないと考えられる。しかし、他国の経験および国内のここ数年の新たな状況を見ると、こうした既存の構造的な問題以外に別のリスクが高まっている。すなわち、世論の対立と社会的不満を管理する面での課題である。

中国の工業化と近代化が今まさに正念場を迎えていることは論を待たない。しかし、何をもって「正念場」とするのか。工業化と近代化の視点から見た場合、今後10～20年のうちに、中国は工業化の初・中期から中・後期への転換点に差しかかる。こうした工業化の転換は、社会構造・社会関係・社会思想といった分野にも反映され、これらも同じく転

換を迎えていく。社会構造では、工業化の初・中期に見られた社会の流動化は、ピークから緩やかに下降し、安定した状態へ転じていく。これは20～30年前と比べて、社会流動性が明らかに低下していることを意味している。換言すると、次世代の若者はその父母世代に比べ、機会がやや減少することを示している。社会関係では、改革・開放前の比較的均質だった社会はすでに存在せず、それに代わって利益が多元化した複雑な社会関係が生まれ、社会矛盾が頻発・増加する傾向にある。思想分野では、思想や意識の多様化が基本的な流れとなり、社会において自我意識の高まりが見られる。さらに、工業化が中・後期を迎えることによって、社会流動の機会が相対的に減少し、それがより多くの社会問題や不満へつながることから、世論や社会的不満はますますネガティブなほうへと転じていく。こうした現象は一度形成されると次第に強まっていき、政権の合法性や正当性への対抗軸となっていく。

　伝統的な社会統治においては、社会世論のツールや伝達手段は主に国家政権が掌握していたため、一般的に政治権力はイデオロギー、社会世論、社会的不満を誘導・コントロールすることができ、少なくとも主導権を握ることは可能だった。しかし、新たな社会条件の下では、技術革新と新しいメディアの登場や普及によって、現代社会における伝達手段や伝達ルートに革命的な変化が起こった。こうした変化はひとつの結果を生み出した。すなわち、これまでは世論のツールや伝達手段は、社会統治における重要な手段として政権が独占・主導していたが、それが一般化されるようになり、次第に大衆が掌握するようになった。こうした現象は現代世界ではごく普通の出来事であり、あらゆる国家政権にとっての課題でもある。したがって、中国も当然例外ではない。

　このように工業化の中・後期には、社会世論や社会的不満の変化、世論のツールや伝達手段の多元化と非独占化、といった二重の変化と対立が見られる。そのため、今後は他の途上国と同様に、中国社会の安定もこうした未曾有の課題とリスクに直面することになる。これらは、必ずしも構造的要素によって支えられているものではなく、思想分野に限ったものかもしれない。あるいは、これらは決して「サイレントマジョリティー」を代弁するものではなく、単に発言権を持った一握りの人々の

思想や要求に過ぎないのかもしれない。しかし、こうした人々がかつてない大きな試練を課し、社会に対してこれまでにはない非構造的な動揺をもたらす可能性もある。このような「社会に対する非構造的な動揺」は決して現実的な根拠に基づくものではない。

　この10年来、改革・開放と経済社会の進歩によって、社会の自我意識が高まりつつある。そのマイナス面として、社会的不満がすでにある程度は世の中に行き渡ってしまったことがある。この10数年、主に民間では民族意識、宗教意識、権利意識といった自我意識が高まった。こうした高まりは２つの面を持っていた。１つは、このような自我意識を称賛することで社会の進歩を促したこと。もう１つは、それが過激化しネガティブな傾向が現れたことである。例えば、民族意識が過激化することで民族間の分断意識へと変わり、宗教意識が過激化することで極端な宗教思想へと変わり、権利意識が過激化することでポピュリズムへと変わっていった。こうした現象は、すでに中国で主流とされるイデオロギーや社会の安定に影響を及ぼしている。

　社会思想の誘導、社会世論のコントロール、社会的不満の管理は、今後の社会統治においてより重要な位置を占め、今後の社会的安定を維持する上でより大きな役割を果たすだろう。こうしたことは、中国の将来的な工業化と近代化を保証する要件のひとつとなっていく。

（３）中国における選挙の現状と問題点

　長い間の実践と模索、そして他国の経験や教訓から、執政党と指導部はすでに次のことに気がついている。すなわち、工業化と近代化を進める社会主義の初級段階では、協商民主を軸とした民主の形態を採るべきだということである。

　現段階の中国では、民主政治の形態と政策として協商民主を選択している。しかし、それによって選挙民主を排除することはなく、それも民主政治における重要な形態のひとつとして捉えている。

　選挙民主が現段階の中国では行われていないこと、それ自体が問題視されている。つまり、いつあるいはどのような条件の下で、選挙民主、競争選挙、普通選挙が中国で実施されるのか、という重要な問題が絡ん

でいる。これはかなりシビアでデリケートな問題であるが、多くの人々、特に学術界から依然として高い関心が寄せられる問題でもあり、これをめぐるさまざまな議論が巻き起こっている。しかし、中国で民主政治が発展する将来的な可能性、そして競争選挙がその政治的発展に与える意義についての議論は、今のところその意義を見出そうとする議論に留まっている。また、その多くは論者の主観的願望や価値観を反映させた主張に過ぎず、何らかの経験や実証分析に基づいた議論は少ない。そこで西側諸国の似たような歴史的経験を引っ張ってきたところで、それは抽象的で表層的なものであり、主観的意図という価値観から脱却できていないため、中立性と科学性に乏しく、強い説得力を持たない議論である。

　選挙民主はタブーではない。むしろこれを真摯に研究することは、将来的な選択肢として参照、比較すべき経験である。厳密に言うと、中国にとって必要かつ参考に値するのは、発展における起点・環境・段階が類似した国の経験である。中国における民主の今後を議論し展望するには、主観的願望から出発するのではなく、この国の実際から出発した上で、さらに国際的な経験も真摯に参考にしていく必要がある。

　国際的な経験では、途上国の多くが工業化の各段階で競争選挙を実施し、それらが「民主化」や「民主主義への転換」と言われてきた。こうした「民主化」を遂げた途上国では、国によっては比較的スムーズに安定した普通選挙型の民主体制を作り上げた。しかしその一方で、選挙によって、かえって混乱に陥り、工業化と近代化がそのあおりを受け、国が長期にわたって不安定になったケースもある。このように、選挙民主がそれぞれ異なる結果を生むのは何故だろうか。「転換」を遂げるには、どのような条件が必要なのだろうか。これは、今後の中国の民主政治を真剣に考える上で、まず答えなければならない問題である。

　近年、我々はアジアおよび一部の西側諸国の民主政治についての研究を行った結果、選挙民主を実現するための要件は、工業化を進めるなかで社会構造を転換できるかどうかだと考えた。そして、1980年代以降、アジア諸国で起こった「民主主義への転換」を例に、これらの国と地域が転換を成し遂げた3つの基本的条件を導き出した。

1）新たな社会構造の形成

「新たな社会構造」とは、工業化と都市化がもたらした社会の流動性、社会構成員の身分や地位の変化が、新たな利益関係を固定化し、そこから新たな社会構造を形成し、新たな階級・階層・利益集団を形成することを表す。こうした構造が形成されると、政治参加や政治権力が階級・階層・利益集団の社会的身分や地位を変えていく役割は大幅に減少する。なぜなら政治参加や権力のシェアは、さまざまな地位にある社会集団にとって、何らかの利益をもたらす改善であっても、基本的な利益のあり方を変えるものではなく、ましてやその身分や地位を変えることもあり得ない。このように、社会構造という基礎的な要素を変えるという条件の下で、政治権力を開放し、競争的制度を設けるならば、政治参加や権力のシェアに向かう原動力は低下し、基本的な社会秩序と政治秩序が保証されるだろう。

2）新たなエリート層の形成と順応

アジアの政治的発展をめぐる経験は、工業化と都市化やそれに呼応した政治的発展の中で、社会や政治におけるエリート層も変化を遂げてきたことを示している。彼らは分化と統合を繰り返しながら、従来のエリート層の消滅と変化を経て新たなエリート層が登場し、これらの各集団間で新しい繋がりや関係が構築され、最終的には一定の合意が形成されていく。こうした合意は、彼らが基本的な社会制度、政治的秩序、政治や社会における理念をめぐって意見の一致に至ったことを意味する。これらを基にして、各集団は自らが代表する集団を統率・統制する。このような形は、政治権力が開放された競争的な体制の下で、社会秩序の安定と秩序ある政治参加にとっての重要な保証となる。また、こうしたエリート階層の各集団が順応と協調の関係を形成することで、政治参加と政治過程もその機能を効果的に発揮していく。

3）新たな保守意識の形成

工業化と都市化に伴い、イデオロギーやメンタリティーも大きく変化する。その基本的傾向としては、新たな社会構造を基盤とした新し

い社会主体が一定数に達することで、経済や社会において優位的立場の集団を形成し、やがて彼らが保守的な社会意識を作り出し、現行の社会制度や秩序に賛同を示すようになる。新たな社会の保守意識は、その社会の雰囲気を変え、さらにポピュリズム、反体制的で過激な社会思潮、社会運動、が発生し成長する思想的条件を生み出さないようにする。こうした保守意識は、体制転換にあたって社会の心理的条件と保証を与えている。日本・韓国・シンガポールの工業化と近代化の中で、人々は左翼思想の凋落を目の当たりにしてきた。1998年以降、インドネシアは比較的安定した政治的転換を成し遂げてきた。その背景となった思想文化の条件として、現地のイスラム教が緩和されたことがある。これは、社会の保守意識と体制転換との関連性の表れである。

アジアのこうした経験は、工業化と都市化が初歩的に完成し、新たな社会構造、新たなエリート層、新たな保守意識、という３つの条件が整った場合にのみ、最終的に競争選挙を旗印とした新しい民主体制を安定した形で確立できる、ということを示している。中国は社会主義国であり、中国独自の事情を抱えている。しかし、工業化と近代化に伴う社会的生産力の増進と社会構造の変化という面では、中国も他国と同様の客観的条件を備えていくことは避けられない。こうした基盤の上に、類似あるいは同一の法則性が顕出してくる。

中国が選挙民主を実現させるための要件は、いわゆる「民主主義への転換」を成し遂げた途上国がかつて備えていた条件と類似していると考えられる。なかでも最も重要な条件は、社会構造が転換を遂げること、すなわち、工業化の基本的な完成だと思われる。これによって新たな社会構造が安定的に形成されるという条件を満たしてこそ、中国が選挙民主を実施するための基本的条件が整ってくる。

仮にこれらの分析が成立し、ここで述べた他国の経験が参考になるのであれば、それに基づく形で、中国が選挙民主に踏み切るタイミングを推測することができる。つまりそれは、選挙民主における社会的要件を満たすタイミングのことを指している。そして、他国における経験を工業化と都市化の到達度へと置き換えて判断基準とし、その都市化率を基

準に試算することで、将来的に中国が選挙民主を採用する時期をひとつの概念として算出することができる。

　1970年代以降、アジア地域の途上国の多くで民主化運動が起こり、一部の国は次第に「民主主義への転換」を成し遂げた。その主な旗印は、権威主義体制の終結、多党制と普通選挙制度の実施だった。1980年代から1990年代へかけて、ソ連や東欧の旧社会主義国では政治変動が起こり、西側型の民主政治へと移行する様相が見られた。それらは「転換型国家」（移行国）とも呼ばれた。これらの国々は、民主化時期とその経済発展の時期がそれぞれ異なったため、工業化と近代化の到達レベルを判断する都市化率もそれぞれ異なっている。

　1970年代以降は、アジアとヨーロッパの一部の国々や地域でも、こうした民主化へ向けた動きが相次いで起こった。

　アジア諸国、中国の台湾地域、ロシアの政治的変化を見ると、普通選挙制を旗印とした「民主化」の時期には経済社会の発展レベルが比較的高いことが分かる。やや特殊なロシアの例を除くと、都市化率が70％を超える国や地域——韓国、台湾では、社会の安定的発展を概ね保ちながらも競争的な民主体制が根づき、大きな揺り戻しも起こらなかった。その一方で、「民主主義への転換」時期における経済社会の発展レベルが低く、都市化率が50％に満たない、あるいはさらに低い国では、「民主化」以降に経済社会が混乱を起こし、発展が遅れ、政局が不安定になった。国によっては政体の揺り戻しが起こった国もあった。こうしたさまざまな特色を持つ途上国や地域における経験から、都市化率を基準とした経済社会の発展レベルは、「民主主義への転換」の成否、あるいはその安定的存続に関わる重要な要素だということが分かる。例えば、70％以上という都市化率の高さは、その国や地域が円滑かつ安定した「民主主義への転換」を遂げるための経済社会における要件でもあり、また「民主化」を実現させる上でのひとつのハードルでもある。

　中国の場合、民主政治が歩んできた道程は異なるが、今後も中国の特色ある社会主義民主政治の道を堅持していくだろう。しかし、民主政治は、当然、経済基盤の影響を受け、経済社会の発展に合わせて同様の発展と変化を遂げていく。各国の場合を見ても、多少の差はあるものの、

経済社会の発展が最終的には政治的発展に影響を及ぼしていることが分かる。このことは、我々が今後の中国の政治的発展と民主政治建設を考察・分析する上での重要な枠組みであり根拠でもある。

各国の工業化と近代化には等しい法則性がある。それは、工業化と近代化が進むなかで、都市化率が経済社会の発展レベルを測る基準となり、さらに社会構造の変化における重要な指標となることを示している。中国の場合、1984年は改革・開放の初期にあたり、農村から都市部へ向けた改革が実施された年でもある。当時の都市化率は23.01％だった。約30年を経て、改革・開放と国民経済の高度成長によって、2011年における常住人口の都市化率はすでに51.27％に達している。1984年から2011年までの常住人口の都市化率は、年平均およそ1.04％上昇している。この期間は、中国の高度経済成長期にあたることから、その経済成長率は10％近くに達している。長期的な動向から見た場合、すでに中国の経済成長のピークは過ぎている。当面の一致した意見では、今後の中国経済は中速度の成長期に入るとされている。もし、中国経済が今後6％前後の成長率を維持し続けることができたなら、都市化率の伸びもそれに応じて0.6％程度に下がっていくだろう。こうした試算に基づくと、中国の都市化率が75％に達し、「三歩走」[*17]の発展戦略を達成し、中所得国の水準に到達するには、今から起算しておよそ40年の歳月を要する。つまり、建国100周年頃には国の基本的な工業化を達成することができる。その頃には、経済・社会・文化の各方面における条件は今より遥かに大きく変化していることだろう。経済基盤の大きな変化は、必然的に政治体制に対する新たな要求を生み、さらに政治体制自体にも新たな改革の余地が生み出される。建国100周年を迎える時、中国の民主政治建設にはさらなる選択肢と発展へ向けた空間が広がり、社会主義における選挙民主の基盤となる、より多くの条件を備えていることだろう。

---

*17 三歩走：「3段階の発展戦略」を指す。
　第1段階：1980年代以降、GNPの倍増と衣食が満ち足りた状態の実現を目標とする。
　第2段階：1990年代以降、GNPのさらなる倍増と「小康社会」の実現を目標とする。
　第3段階：2001年以降、GNPを4倍に増やし、中所得国に到達することを目標とする。

結 語

中国なりの民主を語っていくために

中国の民主政治は、民族の独立、国家の富強、社会の進歩を背景に誕生した。それは、この国の歴史と実情に深く根差した工業化と近代化の歩みであり、また工業化と近代化を進めるための政治的条件でもあった。このような歴史的進歩を遂げた時代に、民主政治も長足の発展と進歩を遂げてきた。こうして、中国の実情と社会の発展に即した社会主義民主政治制度を初歩的に確立させ、民主政治建設において多くの経験を得ることができたのである。こうした経緯を踏まえて、これまでの経験を総括・集約することで中国なりの民主をめぐる発言（中国語で「話語」）体系を構築する必要がある。それは決して奇をてらうことではなく、中国にとって必要な民主を、今後も継続・向上させていくことにつながっていく。

　中国の今後については国内外でさまざまな見方が広がり、真摯な関心が多く寄せられる一方で、依然として批判的で侮蔑的な意見も少なくない。ひとつの政治発展モデルの良し悪し、あるいはひとつの政治理論やその発言体系が持つ意義については、最終的には実践によって検証されなければならない。今日における大衆、とりわけ研究者は、その観察者として位置づけられている。こうした観察者が客観的かつ科学的であれば、社会の実際の歩みを真摯に観察・理解することができ、客観的な事実を知ることができる。

　今日の中国でいったい何が起こっているのか。簡単な問いのように見えるが、人々を真の理解へ導くことは難しい。中国で暮らす者が自然と中国を理解できるのとは異なり、外国から見た場合ではなおさら難しいだろう。なぜなら、その視点や範囲あるいは自らの立場がしがらみとなり、全体的、客観的、正確に中国を知ることは不可能だからだ。もし、今後の見通しを持つために中国を理解したいのであれば、その全体像をより広く深く知るよりほかはない。また、国際比較や歴史比較といった視点も不可欠である。つまり、他国の類似した実践や経験を比較し、その歴史における相似性を対照させる必要がある。

　こうした比較に際し、まず中国の実践と経験を理論的に集約させなければならない。それらの理論化と抽象化を通じて形而上の概念へと普遍化させることで、国際比較や歴史比較をすることが可能になる。すなわ

ち、あらゆる具体的事物の比較は、ある程度抽象化された意味において行われる。換言すれば、あらゆる比較は概念を必要とする。しかし、今の民主をめぐる問題は、その大部分の学説と理論的概念は等しく西洋に起源を持っている。その理論や概念は西洋民主主義の歴史と実践を反映しており、煎じ詰めれば中国の実践を抽象化させたものではない。実践から生まれた理論や概念を用いてさらに別の実践について認識しようとすれば、それを既成の条件に無理やり当てはめることになりかねない。残念ながら、こうしたことが今なお続いているのだ。このような西側の理論に沿って中国の現実を切り取るやり方は、中国を正しく知る上での妨げになる場合もある。

　このためにも、中国は自らの実践を総括した上で、実践と民主政治建設での経験を反映した民主をめぐる発言体系を打ち立てていく必要がある。これは、中国独自の理論を打ち立てることではなく、まず自らを知り、それを対外的に説明する上で不可欠である。

　実際には、これらはすでに中国で初歩的に形成されつつある。まだ不完全で体系化されてはいないものの、これまでの実践と経験に裏打ちされた中国なりの理論的な思索と表現を備えている。こうした民主をめぐる要素・定義・課題・段階に対する考え方は、すでに中国でも広く知られ、多く取り上げられている。これらの考え方には、中国の特性を備えた民主政治の実践と経験が、理論的に整理・総括された形で含まれていることから、筆者はこれらが中国の民主を語る上で重要な部分を成していると考える。

1．民主の3つの要素について

　民主とはいったい何か。その核となる要素は何だろうか。古くからさまざまな意見が存在している。概念や定義の違いは、そこに含まれるさまざまな政治的要請・寓意・価値観・論理を表し、また人々による政治的選択を表してきた。イギリス人学者のアンドリュー・ヘイウッド（Andrew Heywood）は、著書の中で「公共事務の世界では、およそ民主主義という言葉ほど、混乱し、人々を困惑させるものはないだろう」[*1]、

「『民主主義』という言葉以上に正確な分析と慎重な使い方を要するものはない」*2 と語っている。このように、民主に対する理解は民主政治建設の方向性の選択に直接影響を及ぼし、やがてその成否にまで関わってくる。このため、「万事は、民主主義の真の意義を見つけることにかかっている。これに成功するなら、我々は民主主義をかたづけることができるし、そうでない場合には我々はもうおしまいである」*3 と言われてきた。したがって、民主が包摂する意義を定めることが、その理論構築にとっての前提かつ基礎であることは当然である。

　シュムペーター*4 とハンティントン*5 が提唱した「選挙民主主義論」は、昨今の中国では高く位置づけられている。しかしこうした観点においては、民主に対する理論界の理解が高度に単一化され、学識者は「民主」を一面的に捉えて、「選挙」と同一視している。シュムペーターは「民主主義なるものが競争的闘争を遂行するひとつの是認された方法たるように見えること、およびあらゆる規模の社会にとって実際に利用し得る方法は選挙方法以外にはない」*6 と述べている。さらにハンティントンは、はっきりとシュムペーターの思想的流れを肯定している。このように、広く認められた民主として、選挙は欠くことのできない明確な指標となった。やがて「選挙は民主主義の本質」*7 といった考え方が人々の意識に深く浸透し、いわゆる西側民主国家の政治的ツールとして選挙は全世界へ広がっていった。こうして、民主の一部をなす競争選挙の特質がどこまでも広げられ、「民主」と「選挙」が同一視されるようになっ

---

*1　［英］安徳魯・海伍徳（アンドリュー・ヘイウッド）（張立鵬訳）『政治学』（第 2 版）、中国人民大学出版社、2006 年
*2　［米］悉尼・胡克（シドニー・フック）（金克、許崇温共訳）『理性、社会神話和民主』、上海人民出版社、2006 年
*3　馬克思、恩格斯（マルクス、エンゲルス）「『新莱因報』政治経済評論第 4 期上発表的書評」（『馬克思恩格斯全集』第 7 巻、人民出版社、1959 年）
*4　シュムペーター（Joseph Alois Schumpete）：第 5 章 P.181 参照
*5　ハンティントン（Samuel Phillips Huntington）：サミュエル・フィリップス・ハンティントン。アメリカの国際政治学者、ハーバード大学教授。主著に『第三の波——20 世紀後半の民主化』や『文明の衝突』などがある。
*6　［米］熊彼特（シュムペーター）（呉良健訳）『資本主義、社会主義与民主』、商務印書館、1999 年
*7　［米］亭延頓（ハンティントン）（劉軍寧訳）『第三波——20 世紀後期民主化浪潮』、上海三聯書店、1998 年

た。中国の学術界にもこれに追随した「選挙民主論」といった安易な主張が出現した。民主にとって選挙という後ろ盾は必要である。しかし、「選挙政治がすべてではない。選挙政治では足りない部分をさらに別のもので補足し完成させなければならない」[*8]というアメリカ人学者の見解もあるが、こうした見方は西側の主流ではないため、さほど重要視されていない。

　民主が包摂する意味合いは極めて多様である。選挙は民主政治における重要な要素ではあるが、そのすべてではない。これまでの民主政治は、政治制度という形態においておよそ3つの要素を含んでいる。すなわち、「公民の権利の保障」、「政権構造の権力の分立とチェックアンドバランス」、「多数決による権力の構成と運用という原則」である。これらはともに民主の基本的内容を構成し、民主政治の歴史的軌跡と現代的なあり方として認められている。

　「権利の保障」は民主の基礎をなす要素である。それは、民主に「人民による統治」あるいは「人民を主人公とする地位の確立」という意味合いを与えている。キケロは「権利」と「法」を同等に捉えた。ハーバーマスはより単刀直入に「公民の権利の保障は民主主義の主な要素であり、民主主義国家をつなぎとめる政治的秩序の基礎を構成する。政権構造の権力の分立とチェックアンドバランスは、民主主義を保障するための要素である。権利の保障と権力の分立とチェックアンドバランスは、政治をめぐる思想や実践の歴史における2大テーマであり、現代の民主主義と道を共にしてきた2人のパートナーでもある」[*9]と指摘している。こうした民主をめぐる制度的措置は、現代政治の基本的なパラダイムになりつつある。「権力の分立とチェックアンドバランス」は権力を抑制する科学的な方法としてだけでなく、民主の存続を保障する役割として西洋の政治では常に優先的地位を与えられてきた。それが現在に至り、権利の保障と同様に民主における重要な基本要素となった。

*8　［米］皮特・F・伯恩斯（ピーター・F・バーンズ）（任国忠訳）『仅有选举政治是不够的――少数群体利益表达与政治回应』、中央編訳局出版社、2011年
*9　［仏］査爾斯・S．邁耶（チャールズ・S．マイヤー）「法国大革命以来的民主」（［英］約翰・鄧恩（ジョン・ダン）編、林猛ほか訳『民主的歴程』、吉林人民出版社、1999年）

民主の形式は、上述した３つの要素で構成された有機的全体である。建造物に例えると、「権利保障」と「権力の分立とチェックアンドバランス」は建物の土台にあたる。この土台がなければ、選挙・協議（協商）・監督などの「多数決」といった民主の形態も機能を失ってしまう。選挙は、この「多数決による権力の構成と運用という原則」として、民主の要素のさまざまな表れ方における一形態に過ぎない。それは民主の部分的要素に過ぎず、その全体を構成するものではない。さらに各国が実際に行う民主政治は、その各段階で形態をめぐる選択にも必然的な違いが存在している。これを踏まえた上で、例えば選挙という具体的な民主の形態を、その国の民主政治を測るバロメーターとすることはできない。また、これを以ってその国が民主であるか否かを推し量る基準にすることもできない。

　「権利の保障」「権力の分立とチェックアンドバランス」「多数決」の３つの要素が結びついてこそ、民主政治の誕生・発展・進化という歴史的過程をきちんと反映させ、民主の意義を科学的に表出することができる。こうした中国なりの実践と経験が導き出した民主の意義や概念を理解することは、西側を起源とする単一的で選挙と同一視された民主からの脱却と是正につなげていくことができる。

２．民主は歴史によって定義される

　民主は世界的潮流としてすでに人口に膾炙している。人によっては、西側の民主制度を成熟した最も優れた模範として、また唯一の民主モデルとして捉えることもある。あるいは、それらに照らし合わせた「民主と独裁」「民主と非民主」といった区別を、唯一かつ究極的指標と考える者もいる。中国国内では、「民主の移植」や「民主の拿来主義[*10]」（民主主義を外国から取り入れる主義）という言い方が散見されるが、理論の上で少々迷走している感は否めない。こうした西側民主は確かに魅力的ではあるが、決してパーフェクトではない。そこには自己修復の難し

[*10]　拿来主義：魯迅の言葉に由来する。本来は、プラグマティズムの観点から、外からの良いものを選択した上で取り入れる意味を表す。

さや不備も存在し、この点は西側の学識者も憚ることなく次のように指摘している。「今日、いずれの資本主義社会も、民主主義社会と呼ばれるに理に適ったものは存在しない」*11、「現代の民主政治は必ずしもうまく機能しているわけではない。この基本的な見立てに疑問を呈するのはわずかな人間だけである」*12。これらの欠陥やジレンマに注意を払わず、ただ西側民主制度の表層にのみ目を向けるならば、我々は学術研究において無自覚のままに自らを「非民主」の陣列に見出すことになるだろう。そして、「民主と非民主」「民主を標榜する西側諸国と独裁主義の非西側諸国」という安易な二元論の図式から脱却できなくなり、我々の民主制度の歴史的な必然性や正当性を正しく捉えることができなくなる。

国別、段階別にそれぞれの民主モデルが用いられている。西側の民主制度もまた長い歳月を経て、成長・進化しながら形成されてきた。そのため、民主の条件とは、その地に根差した成長を遂げられるか否かにかかっている。「民主主義の移植」を強く主張していたジョヴァンニ・サルトーリ*13 でさえ、その著書の中で「『輸入の条件』を考慮せずともよいのだろうか。それは輸入する側の国の条件であり、民主主義をどのような地域へ輸出するのかである」*14 という点に触れている。西側の政治学者であるロバート・パットナム*15 やガブリエル・アーモンド*16 は、民主が成長するための条件をそれぞれの観点から考察している。これらの学者は、西側諸国の政治的立場や価値観に立った民主の条件を提唱し

---

*11 〔米〕塞繆爾・鮑爾斯（サミュエル・ボウルズ）、赫伯特・金蒂斯（ハーバート・ギンタス）（韓水法訳）『民主和資本主義』、商務印書館、2003 年
*12 〔米〕詹姆斯・布坎南（ジェームス・ブキャナン）、羅傑・康格爾頓（ロジャー・コングルトン）（張定準、何志平共訳）『原則政治、而非利益政治：通向非岐視性民主』、社会科学文献出版社、2004 年
*13 ジョヴァンニ・サルトーリ（Giovanni Sartori）：イタリアの政治学者。コロンビア大学名誉教授。政党制の研究で知られる。
*14 〔伊〕喬万尼・薩托利（ジョヴァンニ・サルトーリ）「自由民主可以移植嗎？」（劉軍寧編『民主二十講』、中国青年出版社、2008 年
*15 ロバート・パットナム（Robert D. Putnam）：アメリカの政治学者。ハーバード大学教授。ソーシャル・キャピタル（社会関係資本）の考え方を提唱した。
*16 ガブリエル・アーモンド（Gabriel Abraham Almond）：アメリカの政治学者。スタンフォード大学名誉教授。政治発展論、比較政治学を専門とし、『現代市民の政治文化——五カ国における政治的態度と民主主義』（シドニー・ヴァーバとの共著）で独自の政治システムのタイプを提唱した。

てきたが、最終的にはひとつの結論に帰着している。すなわち、民主の成長と発展には客観的法則性が存在し、人々の思惑や意のままに操ることはできない、ということだった。

　こうしたことは、民主の誕生は究極的には歴史に委ねられ、歴史によって定義されるということを我々に教えてくれている。マルクス主義では、民主を「具体的・現実的・歴史的」と捉え、「理知と歴史を愚弄しなければ、それは明確である。つまり、異なる階級の存在だけでは『純粋な民主主義』とは言えず、ただ階級における民主主義と言えるに過ぎない」[*17]、「民主主義の発展は、常に特定階級の利益・経済基盤・社会の歴史的条件と結びついている。どの国にも歴史的伝統、経済・社会発展の実際の状況が存在し、民主主義はその国の実情に即したものでなければならない」[*18]と捉えている。

　政治における民主は歴史の範疇に含まれる。したがって、その導入のタイミング、スピード、選び方、制度は、各々の国の自然条件と経済属性、国際環境、歴史・文化・伝統、経済社会が抱える課題、といった前提条件に応じて成立させていく必要がある。この４つは、民主政治と最も深い関わりのある前提だと筆者は考える。これまでの民主は、国や形態を問わず、例外なくこうした歴史的条件の制約を受けてきた。民主には、社会の客観的趨勢と大衆の主観的願望がまぎれもなく反映されている。民主は歴史主体による必然的な選択である。しかし、その主体は歴史環境がもたらした可能性という空間の中での選択を余儀なくされてきた。そして、その可能性の空間は、前述の条件が結びつくことで作り出されてきたのである。どの国の民主政治建設もこうした条件を無視することはできない。さもなければ、それは実際から乖離したものとなってしまう。このような意味において、民主は歴史によって定義されるものである。あらゆる民主は外からの力ではなく、内からの力によって生み出されてきた。そのため、ある国が民主政治の道を選択する場合に、最終的にどのような民主の形式を選択するかは千差万別である。民主の多元性は、西側民主が必ずしも現代における唯一の民主ではないこと、ま

[*17]　列寧「無産階級革命和叛徒考茨基」(『列寧選集』第３巻、人民出版社、1995年)
[*18]　江沢民「関於講政治」(『十四大以来重要文献選編』(中)、人民出版社、1997年)

た、ひとつの統一的基準を用いてこれまでの複雑な歴史経緯を判断することは非科学的である、ということを示している。それはまさにアメリカ人学者のデューイが次のように指摘するところでもある。「各世代の人々は自らのために民主主義を再建する必要がある。民主主義の本質と真髄とは、一個人や一世代が次に継承することのできないものであり、社会生活から生まれる必要性・問題・条件に基づいて構築されなければならない」[*19]。

3．民主が担う課題とは

「民主が担う課題」は前項で指摘した内容と深く関連しながら、さらに民主と工業化との関連性を強調している。つまり、民主政治を決定づける4つの前提条件のうち、経済社会が抱える課題が最も重要である。民主政治のプロセスとその時代に課せられた主題は、不可分の関係である。民主政治モデルを選択することは、こうした時代的主題と密接に関わっている。歴史の各段階にはそれぞれ異なる歴史的主題が存在し、それらが民主の文脈の中でさまざまな要求や意味合いとして形成されてきた。マルクスとエンゲルスは『共産党宣言』の中で、資本主義は経済発展の各段階で「それに対応した政治的進歩を伴ってきた」[*20]と指摘している。これは、資本主義における民主は、その社会や政治といった上部構造として、各時代の経済発展における主題に適応してきたことを示している。ハンティントンは、こうした政治発展と現代工業社会をひとつに捉えて、「政治発展は、現代工業社会特有の政治に向かう運動と見なされている」[*21]と指摘している。すなわち、民主政治を言語で表すと抽象的になるが、そのモデルの形成は具体的かつ歴史的である。つまり現代社会では「民主」は必ずしも先験的ではなく、現代の言葉で表される

---

*19 ［米］杜威（デューイ）（孫有中編訳）『新旧個人主義──杜威文選』、上海人民出版社、1997年
*20 馬克思、恩格斯「共産党宣言」『馬克思恩格斯選集』第1巻、人民出版社、1995年
*21 ［米］亭延頓（ハンティントン）、喬治・Ｉ．多明各斯（ホルヘ・Ｉ．ドミンゲス）「政治発展」（載格林斯坦（グリーンスタイン）、波爾斯比（ポルスビー）（儲復耘訳）『政治学手冊精選』下巻、商務印書館、1996年

ものであり、人類社会の工業化と近代化という時代が求める生き方や要求からは切り離すことができない。これは、「民主は具体的であり歴史的である」という観点に対する時代に応じた解釈である。こうした現代世界において、ある国が工業化と近代化を成し遂げることは、あたかも見えざる手が社会の歩みを司る時計の針に触れることで、その社会制度や民主の政体をめぐる選択や変遷を決定づけてしまうようなものである。頭で描いた民主は、生き生きとした社会実践の中で体験する民主には到底及ばない。

　概して、現代の民主政治は、ある国が工業化と近代化を達成することに主眼を置いた政治の歩みである。これは多くの発展途上国にも当てはまる。世界の歴史は、工業化と都市化に成功した国ではその発展と進歩を促す政治という上部構造として民主政治制度が行われていることを示している。そのため、現代の民主政治はいみじくも工業化時代の民主と言うべきであり、その時代的特性を体現したものでもある。中国に隣接する日本・韓国・タイ・シンガポール・インドネシア・中国台湾といった東アジア地域の民主政治をめぐる選択と構築、発展と後退といった歴史的現象の陰には、次のような影響と決定的要因が存在していた。すなわち「速やかな工業化の実現」という近代以降の歴史環境と主題であった。このような歴史の歩みを深く考察すると、その向こう側にさまざまな複雑な社会現象が見てとれる。それらは、実際には民族の独立・生存・発展をめぐって繰り広げられたものである。これらの社会勢力や政治勢力は、民族独立と国家富強を求める流れに伴って栄枯盛衰と紆余曲折を経てきた。さまざまな社会制度や政治体制も、工業化と近代化の中で興隆と衰退を余儀なくされてきた。つまり、工業化と近代化の推進に与する場合には興隆し、そうでなければ衰退の道を辿ってきた。ここから、次のような結論を導き出すことができる。すなわち、今の発展途上国において民主政治の構築と発展を司る要素はその国の工業化と結びついたものであるか否かであり、また、工業化の促進と実現はこうした国々が民主政治を実施する上での主題でもある。

　中国の場合も同様に、民主政治建設においては国の工業化と近代化という歴史的目標が主題であった。ただし社会主義国であるため、先進国

や他地域の近代化とは異なる。しかし、それは人類の流れの重要な一部を為し、歴史の舞台で重要な役割を果たしてきた。1979年、鄧小平は「民主がなければ社会主義はあり得ず、社会主義的近代化もあり得ない」[*22]という重要なテーゼをすでに語り、両者の深いつながりを示唆している。かつて鄧小平はこうした見解を何度も述べ、これらを政治的要求として提起し、また現代中国の民主政治における法則性に対する認識としても提唱してきた。1986年、鄧小平は、経済改革、経済発展、国の民主化建設、社会主義の近代化には政治体制改革が重要な意義を持つという考えを集中して述べている。ある意味、中国の工業化と近代化という歴史の流れは、民主政治における中心的課題でもある。

このように、約13億の人口を擁する大国の工業化と近代化という歴史的主題と民主政治建設が持つそれぞれの役割について、理論的により深く掘り下げていくことは確かに必要である。民主政治建設を通じて、どのようにより効果的に人々を組織し、歴史的任務を達成し、心を合わせて協力していくか。また、都市と農村、地域間の差といった発展による格差が、国の政治的発展に与える客観的な制約や影響をどのように克服していくか。これらは、今後の中国の政治体制改革と民主政治建設に大きく関わってくる。しかし、我々がまず考えに刻むべきは、今の民主政治における主題は国の工業化と近代化の実現ということに尽きる。

こうした中華民族が直面する民族の命運と未来を左右する時代的主題を離れて民主を語ることは、それらを抽象的に捉えることにつながり、民主の意味を履き違えることになりかねない。

4．民主の段階について

民主は歴史の範疇に属し、人類史のある段階における産物である。民主にはさまざまなタイプが存在するだけでなく、同タイプでもその段階によってまた大きく異なる。民主政治は一朝一夕に成し遂げられるものではなく、民主の要素が増加・成長していく相対的なプロセスである。

[*22] 鄧小平「堅持四項基本原則」(『鄧小平文選』第2巻、人民出版社、1994年)

したがって、同じタイプの民主、あるいは1つの国における民主政治も、さまざまな発展段階を経なければならない。これについては、前述した内容を基にその発展の法則性に対して、より理論的な認識と概括を示したいと思う。

このような民主の段階について述べる現実的意義は何か。それは、中国が民主政治を確立させるなかで、「社会主義民主政治建設」という最終目標と「段階的任務」を明確に区別することにある。社会の発展段階、経済・社会・文化的条件、発展における主題、に応じて各段階の任務を定めることで、行き過ぎや後れをなくしていかなければならない。

こうした行き過ぎにおいて明らかに警戒すべきは、かつての「大躍進」や「未成熟消費」[*23]にならないようにすることである。それは、アメリカ人学者が「この厳しい時代をさらに忌々しくする病の多くがデモクラシーの行き過ぎに由来するというものである」[*24]と指摘している通りである。行き過ぎによって、いともたやすく統治機能は失われてしまう。例えば、徹底した選挙民主を訴える人物が現れたとする。しかし、その主張が実際と合致しなければ、中国人がようやく手に入れた「経済建設を中心にする」という30余年にわたって着実な成長を遂げてきた輝かしい局面を揺るがしかねない。どれだけの途上国が時宜に合わない選挙のために、「1人1票」に人々を狂喜乱舞させながら、国と国民の暮らしを歴史のもうひとつの扉へと誘ってしまったのだろうか。「人間は生まれながらにして政治的動物である」として動機づけることで、本能としての政治行動・集団行動・政党活動を通じて、利益分配のあり方を変え、政治権力を得ることによって、工業化と近代化の中で社会の富を増やそうとしてきた。しかし、その結果はどうだろうか。社会全体が大きく乱れてしまったのである。あらゆる社会的集団は、政治行動を通じて利益を得ようとしてきたが、その結果、社会は政治争いと階級闘争に翻弄されてきた。中国人民はこうしたことを深く体得してきた。つまり、これこそ文化大革命の時代に行われた「大民主」であった。こうした歴史は、

---

*23　未成熟消費：原文は「超前消費」（pre-mature consumption）。
*24　［米］本傑明・巴伯（ベンジャミン・バーバー）（彭斌、呉潤洲共訳）『強勢民主』、吉林人民出版社、2011年

結語　中国なりの民主を語っていくために

「大民主」が必ず「階級闘争を要とする」状況を引き起こすことを証明している。

　現在、一部の国や地域の民主政治にも、こうした法則性を持つ現象が見られる。選挙民主は、異議や対立を助長させる傾向を含んでいる。民主政治の比較研究で知られるアメリカの学者であるリプセット（Seymour Martin Lipset）は、多くの国々の民主発展史に対する幅広い考察を経て「定期的に現れる凶兆は、あらゆる民主主義システムにとって固有のものである」[*25]と断言している。台湾の学者である石佳音は、清末から民国までの政治史を整理した上で次のように指摘している。すなわち、民主の度合いが足りなければ、憲政を確立させることは当然難しい。しかしそれが度を超すと、低水準の公民権、直接選挙による公職の過多、高頻度な選挙、などによって、かえって憲政を損ない、結果的に国全体を脅かすことにつながる[*26]。実際、競争選挙制を実施している民主政治で争いと衝突が広く存在し、これにはその段階に目を向けることがカギとなる。工業化を遂げた「脱工業化社会」では社会が安定期を迎え、矛盾や衝突といった要素が減り、安定の度合いも高まっていく。西側諸国では、「脱工業化」の段階で競争的民主に則った制度を実施することで、社会矛盾や衝突をある程度は抑えることができた。これらは、民主政治の中で顕現した段階性という法則性でもある。つまり、段階を飛び越えることは民主政治にとって大敵であり、それは民主を進めることにはなり得ない。

　その国の発展段階に応じた政治であれば、常に補完され、豊かな生命力と活力を具えたものであり続けられる。しかし、その条件が整わない時期に他国の民主モデルをそのまま取り込むことは不可能である。これについて、鄧小平は「積極性を発揮させることは最大の民主である。どのような民主の形式をとるのか、民主をどうやって実現させるのか、これは実際的状況を見なければならない」[*27]、「我々は社会主義の民主化

---

*25　[米] 李普塞特（リプセット）（張紹宗訳）『政治人：政治的社会基礎』、上海人民出版社、1997年
*26　石佳音「過度的民主会危害整個国家」
　　鳳凰網、歴史チャンネルより
　　http://news.ifeng.com/history/zhongguoxiandaishi/special/duihuashijianyin/#pageTop

を実現させようとしているが、しかし慌ててやってはだめで、西側と同じ方法を持ち込んでもうまくいかない」[*28]、「わが国のことは、わが国の実情に基づいてやらなければならない」[*29]と指摘している。プーチン大統領は、ロシアの動乱後にこうした経験を総括して「民主主義は歴史の産物」だと痛切に語った。これほどシンプルな道理はないだろう。これこそ、約10年にわたって民主化による混乱を経験したロシアが得た教訓であり、この含蓄に富んだ言葉は、おそらく今の中国人が未だに味わったことがないものであろう。2005年2月の米露首脳会談で、アメリカのブッシュ大統領は、ロシアもジョージア、ウクライナ、モルドバのように、アメリカ式の民主制度を受け入れることを要請した。これに対し、プーチン大統領は2005年の年次教書演説で、ロシアの民主に対する立場をめぐる回答として次のように述べている。「ロシア国民は国の歴史・地縁・政治・その他の要因から出発し、どのように民主主義を発展させ自由を保障すべきかについては自らで決定していく。ロシアは主権国家として、国の民主化の進め方とタイムスケジュールを自らで決定していく」[*30]。

　民主政治の確立は中国が身がもって経験することであり、そこには文化大革命という大きな挫折から得た教訓も含まれている。こうした教訓は、民主政治の確立は経済建設と同じく功を焦ってはいけないこと、社会主義民主政治の構築はひとつの漸進的な過程であること、政治的発展にはそれぞれの段階があること、を教えてくれている。社会主義民主政治は、必ずしも社会主義国で、また社会主義という国体を確立したからといって構築されるものとも限らない。それは、いったん確立されれば常態化するものではなく、順を追って斬新的に進める発展のプロセスである。したがって、中国の特色ある社会主義民主政治を確立させるには、国体によってさまざまなタイプの民主に分けるだけではなく、さらに政

---

*27　鄧小平「改革的歩子要」(『鄧小平文選』第3巻、人民出版社、1993)
*28　鄧小平「圧倒一切的是穏定」(『鄧小平文選』第3巻、人民出版社、1993年)
*29　鄧小平著「我国方針政策的両個基本点」(『鄧小平文選』第3巻、人民出版社、1993年)
*30　岳連国「普京発表年度国情諮文 談俄面臨的三大発展任務」
　　（新華網）
　　http://news.xinhuanet.com/world/2005-04/25content_2876918.htm/

体に応じた、また、社会の発展段階に応じたさまざまな民主のタイプに分類していくことに注意を払わなければならないのではないだろうか。

訳者あとがき

　本書は『民主的中国経験——China's Experience on Democracy——』（中国社会科学出版社、2013年）の日本語版である。原著は、序論・本論（第１章〜第９章）・結語からなる。原著では第１章と第２章において、西側諸国における民主主義の起源と清末民国初における民主政治の模索、また、各国および中国独自の民主政治の成り立ちについて言及されている。これらは歴史的経緯に重点を置いた内容であるため、周知の事柄が多く含まれると思われたこと、また、出版上の紙幅の関係や日本人読者への読みやすさ等を考慮し、オリジナルの一部を割愛した上で、章構成および章題の表現に修正を加えさせていただいた。

　本書では、民主政治の歴史的起点が国によってそれぞれ異なることを基軸に、中国の場合、それが近代の列強諸国による植民地化に対する民族的危機に由来し、新中国成立後は国家建設と工業化を速やかに促すための「政治的なしくみ」として捉えられていることが特徴的である。したがって、本書ではこうした背景を有する中国の民主政治が、ある種の「普遍的価値」として位置づけられる他国の民主政治とは一線を画していることが明確に示されている。このような役割を担ってきた中国の民主政治においては、対立・衝突・分裂などの政治的コストをより多く伴う「選挙民主」に比べ、意見調整や合意形成によって共通の利益を模索する「協商民主」という形に帰着することは必然的な流れだったとも考えられる。

　なお、本書における脚注、語句の表現、政治文書の引用部の邦訳については、主に以下の著書、訳書、関連サイトを参考にさせていただいた。

天児慧、石原亨一、朱建栄ほか編『岩波現代中国事典』（岩波書店、1999 年）

長谷川啓之監修『現代アジア事典』（文真堂、2009 年）

『中国共産党資料集』（勁草書房、1970 年）

『中国共産党最新資料集＜上巻＞ 1978 年 12 月〜 1981 年 5 月』（勁草書房、1985 年）

『中国共産党最新資料集＜下巻＞ 1981 年 6 月〜 1984 年 10 月』（勁草書房、1986 年）

http://www.geocities.jp/maotext001/index.html （毛沢東選集＜電子版＞外文出版社、1977 年）

『周恩来選集（1926 〜 1949 年）』（東方書店、1981 年）

『周恩来選集（1949 〜 1975 年）』（外文出版社、1989 年）

『鄧小平文選（1975 〜 1982)』（外文出版社、1984 年）

『鄧小平文選（1982 〜 1992)』（テン・ブックス、1995 年）

『習近平国政運営を語る（日文版)』（外文出版社、2014 年）

人民網日本語版

本書の翻訳にあたり、科学出版社東京の向安全社長、柳文子様、関係各位に深く感謝するとともに、監訳者の佐々木智弘先生、編集者の豊浦史子様に多くの労を取って頂いたことに、ここで改めて感謝を申し上げたい。

2016 年 7 月

岡本恵子

■著者略歴

房寧（Fang Ning）

中国社会科学院政治学研究所所長、研究員。長年にわたり、民主政治をめぐる理論と実践の研究に従事してきた。主な近著に『民主政治十論——中国特色社会主義民主理論与実践的若干重大問題』、『自由 権威 多元——東亜政治発展研究報告』、『中国的民主道路』などがある。

■監訳者略歴

佐々木智弘（ささき のりひろ）

1967年兵庫県生まれ。防衛大学校人文社会科学群国際関係学科准教授。1994年慶應義塾大学大学院法学研究科前期博士課程修了。日本貿易振興機構アジア経済研究所を経て現職。編著に『現代中国の政治変容—構造的変化とアクターの多様化』（日本貿易振興機構アジア経済研究所、2005年）、共著に『20世紀中国政治史研究』（放送大学教育振興会、2011年）などがある。

■翻訳者略歴

岡本恵子（おかもと けいこ）

1974年大阪府生まれ。フリーランス翻訳者。創価大学文学部外国語学科中国語専攻卒業、北京大学哲学部宗教学専攻修士課程修了。その後、中国の映像関連の企業で翻訳業務に従事し、映画『狙った恋の落とし方（非誠勿擾)』の制作チームに加わった。主な訳書は、高尚全編『転換を模索する中国—改革こそが生き残る道—』（科学出版社東京、2015年）。

民主を進める中国

2016年9月16日　初版第1刷発行

著　　者	房寧	
監　訳　者	佐々木智弘	
翻　訳　者	岡本恵子	
発　行　者	向安全	
発　　行	科学出版社東京株式会社	
	〒113-0034　東京都文京区湯島2丁目9-10　石川ビル1階	
	TEL 03-6803-2978　FAX 03-6803-2928	
	http://www.sptokyo.co.jp	
編　　集	豊浦史子	
組版・装丁	越郷拓也	
印刷・製本	モリモト印刷株式会社	

ISBN 978-4-907051-14-3　C0033

『民主的中国経験』© Fang Ning, China Social Sciences Press, 2013.
Japanese copyright © 2016 by Science Press Tokyo Co., Ltd.
All rights reserved original Chinese edition published by China Social Sciences Press.
Japanese translation rights arranged with China Social Sciences Press.

Sponsored by the Innovation Project of CASS

乱丁・落丁は小社までご連絡ください。お取り替えいたします。
禁無断掲載・複製。